T0209636

REALIEN ZUR LITERATUR
ABT. E
POETIK

HARALD FRICKE

Aphorismus

MCMLXXXIV

J.B.METZLERSCHE VERLAGSBUCHHANDLUNG

STUTTGART

CIP-Kurztitelaufnahme der Deutschen Bibliothek

Fricke, Harald:
Aphorismus / Harald Fricke.
Stuttgart: Metzler, 1984.
    (Sammlung Metzler ; M 208 : Abt. E, Poetik)
    ISBN 978-3-476-10208-9
    ISBN 978-3-476-03912-5 (eBook)
    DOI 10.1007/978-3-476-03912-5

NE: GT

M 208

ISBN 978-3-476-10208-9

© 1984 Springer-Verlag GmbH Deutschland
Ursprünglich erschienen bei J. B. Metzlersche Verlagsbuchhandlung
und Carl Ernst Poeschel Verlag GmbH in Stuttgart 1984

INHALT

V

Abreißkalender für jeden Tag sind in letzter Zeit etwas aus der Mode gekommen. Zu den Vergnügungen, um die uns damit der Drang nach längerfristiger Terminübersicht bringt, gehört die Lektüre des täglichen Spruchs auf der Rückseite des Kalenderblatts – wie etwa des folgenden, den ich vor Jahren einmal beim Abreißen in die Hand bekam:

»Wer das erste Knopfloch verfehlt, kommt mit dem Zuknöpfen nicht zu Rande.«

Eine Banalität. Das weiß nun buchstäblich jedes dreijährige Kind. Schon wollte ich das Blatt verärgert in den Papierkorb werfen, da entdeckte ich unter meinem Daumen einen verdeckten Zusatz. Die vollständige Beschriftung lautete so:

»Wer das erste Knopfloch verfehlt, kommt mit dem Zuknöpfen nicht zu Rande.

Johann Wolfgang von Goethe«

Ach so – von Goethe! Also wohl doch nicht ganz banal. Dann könnte ja auch mehr darin stecken – z. B. ein bewußter Gegenentwurf zu dem Sprichwort »Ende gut, alles gut!«; mit der Andeutung, daß es für das Ganze weniger auf das gute Ende als auf den richtigen Anfang ankomme, aus dem alles Weitere zwangsläufig folgt. Das ist in der Tat ein ganz zentraler Gedanke Goethes, der sich in Abwandlungen durch sein gesamtes Schaffen zieht und auch in seinen Dichtungen immer wieder gestaltet, ja sogar ausdrücklich formuliert worden ist. Unter seinen Dramen etwa finden wir in »Faust I« gleich eine berühmte und nahezu synonyme Einkleidung dieses Gedankens:

»Das erste steht uns frei, beim zweiten sind wir Knechte.« (HA III, 49)

Im Bereich der Lyrik wird jedermann hier der sprichwörtlich gewordene Hilferuf des »Zauberlehrlings« einfallen:

»Die ich rief, die Geister,
Werd' ich nun nicht los.« (HA I, 279)

Ähnliche Gedanken kann man auch in Goethes Romanen verwirklicht finden. Nicht nur singt der Harfner in einem seiner Lieder aus »Wilhelm Meisters Lehrjahren« ausdrücklich:

»Denn alle Schuld rächt sich auf Erden.« (HA VII, 136)

Sogar ein Roman insgesamt kann in gewisser Weise als poetische Umsetzung des Grundgedankens vom verhängnisvollen falschen Anfang gelesen werden: die »Wahlverwandtschaften« entwickeln die unaufhaltsam tragischen Folgen aus einer falschen und zuerst – trotz Charlottes trüber Vorahnungen – eigentlich harmlos aussehenden Anfangsentscheidung, nämlich den Hauptmann auf das Schloß des Ehepaars einzuladen.

Doch nicht nur im dichterischen Schaffen Goethes, auch in seinem theoretischen und besonders in seinem naturwissenschaftlichen Denken bestätigt sich überall die zentrale Stellung des Gedankens vom rechten Anfang, aus dem sich im positiven Falle »Bedeutende Fördernis durch ein einziges geistreiches Wort« (HA XIII, 37–41) ergeben kann, während im negativen Falle gilt: »Wer sich an eine falsche Vorstellung gewöhnt, dem wird jeder Irrthum willkommen sein« (MuR 1297). An der Lichtanalyse Newtons, auf die diese Bemerkung gemünzt ist, hat Goethe ja gerade der vermeintliche Anfangsfehler gestört, das Licht ausgerechnet ›im Dunkeln‹ untersuchen zu wollen. Im Gegenzug dazu hat er sein eigenes »ganzes Verfahren«, nämlich das »Ableiten« aus einem »prägnanten Punkt« (HA XIII, 40), besonders in der bekannten Lehre von der Morphologie der Pflanzen demonstriert, die sich in ihrer Vielfalt aus der bereits vollständig angelegten Keim-Form der Urpflanze organisch entfalten – ein Prinzip, das dann wiederum seinen dichterischen Niederschlag in den berühmten Zeilen aus »Urworte. Orphisch« gefunden hat:

»Und keine Zeit und keine Macht zerstückelt
Geprägte Form, die lebend sich entwickelt.« (HA I, 359)

Bis in Goethes politische Überzeugungen hinein reicht diese Vorliebe für organische, allmähliche Entwicklungen und seine tiefsitzende Aversion gegen plötzliche, umstürzlerische Veränderungen wie die Französische Revolution – hochpoetisch umgesetzt in »Hermann und Dorothea«, in von Schiller bis Karl Kraus gerügter Plattheit direkt verkündet in dem Einakter »Der Bürgergeneral«. Auch hier geht es jeweils darum, daß etwas, was schon so falsch anfängt wie mit der gewaltsamen Beseitigung bestehender Privilegien, niemals etwas Gutes nach sich ziehen kann – denn »Wer das erste Knopfloch verfehlt, kommt mit dem Zuknöpfen nicht zu Rande«.

Die scheinbare Banalität erweist sich so bei näherem Überlegen geradezu als ein ›prägnanter Punkt‹, aus dem heraus sich beinahe das gesamte Goethesche Denken und dichterische Schaffen ›ableiten‹ läßt. Und nicht nur das Goethesche: einmal auf dieser Spur, stößt man leicht auch bei Schiller auf durchaus entsprechende Stellen wie etwa das berühmte Diktum aus den »Piccolomini«:

»Das eben ist der Fluch der bösen Tat,
Daß sie, fortzeugend, immer Böses muß gebären.« (V 1, V. 2452f.)

Und blickt man über die Weimarer Klassik hinaus, fällt einem in diesem Zusammenhang erst so recht auf, daß ja z. B. das Werk Franz Kafkas nahezu vollständig und geradezu manisch beherrscht ist von diesem Schrecken des falschen ersten Schrittes mit seinen unausbleiblichen Folgen – im »Prozeß«, im »Schloß«, am deutlichsten wohl in der Erzählung »Ein Landarzt« mit seinem den Gedanken explizit machenden Schlußsatz:

»Einmal dem Fehlläuten der Nachtglocke gefolgt – es ist niemals gutzumachen.«

Ich breche die Kette der Assoziationen zu Goethes Ausspruch hier ab – sie ließe sich beinahe unbegrenzt fortsetzen (freilich auch beinahe Punkt für Punkt bestreiten). Wichtig an ihr ist nur die Einsicht, daß eine triviale Alltagserfahrung plötzlich zu einem Kernsatz von nahezu unbeschränkter Vielbezüglichkeit werden kann, sobald ich ihn – hier ausgelöst durch das Schlüsselsignal »Goethe« – *als einen Aphorismus* zu lesen beginne. (Hier übrigens mit gutem Recht: der Satz steht tatsächlich als Nr. 900 so in den »Maximen und Reflexionen«.) Ein Leser, der aufgrund dieser veränderten Rezeptionshaltung mehr in einem Satz sucht als das wörtlich Ausgedrückte, wird in aller Regel auch mehr darin finden.

Woran liegt das? Welche Bedingungen gibt es für diese aphoristische Einstellung des Lesers gegenüber einem Aphorismus? Am bloßen Wortlaut kann es nicht liegen, denn der war ja in der ›banalen Lesart‹ des angeführten Kalenderspruchs genau derselbe. Und unter anderen Umständen könnte derselbe Wortlaut gar nicht aphoristisch aufgefaßt werden – wenn er beispielsweise von einer Mutter im praktischen *Handlungskontext* zu ihrem an seiner Jacke verzweifelnden Kind gesprochen würde oder aber in einem anderen verbalen *Kotext*, etwa in einem Kinderbuch zwischen gleichartigen Merksätzen stünde:

*Wer den linken und rechten Schuh verwechselt, fällt beim Laufen leicht auf die Nase. Wer das erste Knopfloch verfehlt, kommt mit dem Zuknöpfen nicht zu Rande. Wer . . .

Man könnte deshalb geradezu auf die Vermutung kommen, ein geeigneter Kotext und Kontext könnten schlechterdings jeden beliebigen Satz zu einem Aphorismus werden lassen. Doch dem ist nun auch wieder nicht so; ohne große Mühe kann man sich Äußerungen vorstellen, die auch dann nichts Aphoristisches bekämen, wenn sie in genau entsprechender Weise auf dem genannten Abreißkalender präsentiert würden:

*Gestern kam ein Brief von Schiller.

Johann Wolfgang von Goethe

Das wäre gewiß kein Aphorismus (allenfalls eine mögliche Tagebuch-Eintragung). Für die aphoristische Rezeption sind also ganz verschiedenartige Faktoren von Bedeutung: Faktoren im Wortlaut des Textes selbst, Faktoren im Kotext seiner verbalen Umgebung und Faktoren im situativen Kontext seiner Präsentation, in der wir der entsprechenden Äußerung begegnen.

Diese Faktoren auf den verschiedenen Ebenen so genau wie möglich zu ermitteln und in ihren historischen Abwandlungen so zuverlässig wie möglich zu beschreiben, ist ein zentrales Ziel dieses Buches. Vier unterschiedliche Schritte sollen diesem Ziel näher führen. Der systematischen Erfassung typischer Züge des Aphorismus dient der erste Abschnitt, der auf eine allgemeine Theorie und präzisierte Definition der Gattung zielt und deshalb zur Bestimmung der erwähnten textuellen und kotextuellen Faktoren gelegentlich auch textlinguistische Detailarbeit unumgänglich macht; zumal für die Zwecke dieses Bandes müssen dabei die Grenzen des Aphoristischen nicht bloß klarer, sondern auch deutlich enger gezogen werden, als es sich aus dem allgemeinen Sprachgebrauch oder aus der in dieser Frage bislang höchst uneinheitlichen und im ganzen unbefriedigenden Forschungssituation ableiten läßt – andernfalls würde hier schon das erste Knopfloch hoffnungslos verfehlt. Für die somit enger gefaßte Gattung Aphorismus wird der zweite Abschnitt einen historischen Abriß geben, also zunächst die verschiedenartigen Quellen und Vorläufer des modernen literarischen Aphorismus skizzieren, dann seine Beziehungen zu bestimmten Nachbarbereichen wie philosophischen und religiösen Spruchcorpora andeuten und schließlich die Entwicklung des eigentlichen Genres Aphorismus als einer festen literarischen Gattung überblickshaft nachzeichnen; hier beziehe ich auch ausländische Aphoristiker in dem Maße ein, in dem sie gleichsam zur ›aphoristischen Weltliteratur‹ gehören und ebendeshalb auch in Deutschland rezipiert worden sind. Da bei so hochkarätigen Individualisten, wie es Aphoristiker zu sein pflegen, das Zusammenpferchen unter Epochenbegriffe oder eine Filiationskette vom Typ »Lichtenberg zeugte Goethe, Goethe zeugte Friedrich Schlegel usw. usf.« noch weniger angemessen sein dürfte als sonst, behandle ich in einem dritten Abschnitt die großen deutschen Aphoristiker lieber in Form von 10 Einzelporträts; daß dabei die Auswahl sowohl der Autoren wie der an ihnen thematisierten Aspekte persönlich gefärbt und keineswegs erschöpfend ausfällt, dürfte sich im Rahmen dieser auf knappen Zuschnitt berechneten Buchreihe von selbst verstehen. Auf der somit gewonnenen Materialbasis soll im vierten Abschnitt dann abschließend nochmals ein systematischer Zugriff in Form einer Typologie häufig wiederkehrender aphoristischer Techniken versucht werden.

Um die Benutzung im schulischen und akademischen Unterricht zu erleichtern, beziehe ich mich in der Auswahl zitierter oder als Beleg genannter Textbeispiele – soweit dies möglich ist und keine anderen Gründe dagegen sprechen – vorzugsweise auf die von Gerhard Fieguth zusammengestellte und voraussichtlich für viele Jahre als Lehrmaterial verwendete Anthologie »Deutsche Aphorismen« (Stuttgart 1978); genau wie alle anderen, durch Sigle oder Verfassernamen vertretenen Titel aus dem »Verzeichnis abgekürzt zitierter Literatur« im Anhang zitiere ich sie abkürzend z. B. als »DA 41/10« (= Deutsche Aphorismen, S. 41, Nr. 10 der auf dieser Seite beginnenden Aphorismen), füge aber jeweils die Belegstelle der maßgeblichen Werkausgabe mit der dort maßgeblichen Zählung oder aber Paginierung hinzu (hier also »MuR 207« = Maximen und Reflexionen, Hecker Nr. 207). Jeweils am Kapitelende folgt weiterführende Spezialliteratur (die vielfach den bibliographischen Recherchen von Werner Hein zu verdanken ist). Eine vollständige bibliographische Erfassung von Primär- und Sekundärwerken ist in diesem begrenzten Rahmen weder möglich noch zweckmäßig; Interessenten seien auf die recht umfangreichen Listen in der Monographie und dem Sammelband von Gerhard Neumann verwiesen (*Neumann* 833–849 bzw. WdF 479–489).

I. Theorie des Aphorismus

1. Forschungsüberblick

Forschungsberichte, wenn sie über die bloße Bestandsaufnahme hinaus der Vorbereitung von Verbesserungen dienen sollen, leiden an einer strukturbedingten Ungerechtigkeit: über der Kritik der zu kurierenden Mängel kommen die großen Leistungen der Vorgänger unweigerlich zu kurz – obwohl doch ohne sie die eigene Position, gerade auch in ihren kritischen Einsichten, gar nicht denkbar wäre. Wenn dies unvermeidlicherweise auch im folgenden der Fall ist, so hilft hier nur der alte Trost des Bildes von den Schultern der Riesen, auf denen auch Zwerge weiter sehen können – oder im Falle der Aphorismus-Theorie das treffendere Bild, daß man aus dem Stolpern der Vorgänger lernen kann, wo die Stolpersteine liegen und wie sie zu vermeiden sind.

Denn einem Leser, der sich sein Bild von der Gattung Aphorismus allein durch Lektüre der bisherigen gattungstheoretischen Forschungsarbeiten zu verschaffen suchte, würde sich ungefähr folgender Eindruck aufdrängen: Aphoristiker müssen irgendwie andere Menschen sein als wir normalen Sterblichen; zumindest aber geht das Denken bei ihnen auf ganz andere Weise vor sich als bei allen übrigen Literaten und Wissenschaftlern.

In Grundsatzarbeiten und -kapiteln zum Aphorismus nämlich ist statt von Aphorismen immer wieder die Rede von der »aphoristischen Existenz« (*Fieguth* 4, 11 – denn »Aphoristisches Denken ist ›existenzielles‹ Denken«, *Grenzmann* WdF 188), von der »aphoristischen Situation« (*Requadt* 143), der »aphoristischen Grundhaltung« (*Höft* WdF 118) oder »Einstellung« (*Müller* 81 bzw. 101f.), allgemein von der »aphoristischen Subjektivität« (*Besser* 103) und speziell sogar von der »Veranlagung des Aphoristikers« (*Kipphoff* 19). Diese besteht offenbar in einer Art geistiger Behinderung oder Abnormität des Aphoristikers, denn »er denkt aussparend und kann nicht anders denken« (*Müller* 100). Positiv gewendet, erscheint dies als eine »Begabung (. . .), die ebenso ausgeprägt und nicht erlernbar ist wie die des Lyrikers oder Dramatikers« (*Wehe*, WdF 131; ähnlich *Klein*, EE 968). In Entsprechung zur unseligen Legende vom ›geborenen Verbrecher‹ entsteht so die Legende vom ›geborenen Aphoristiker‹: »Der Aphoristiker hat den Mut zur Aufdringlichkeit« und zum »Eigensinn« – steht er doch unter dem »Zwang des So-Sein- und So-Schreiben-Müssens« (*Wehe*, WdF 131f.).

1

Dieser nahezu ubiquitäre Hang zum Psychologismus resultiert dann in Merkwürdigkeiten wie der, daß ein Buch im Haupttitel eine Arbeit zur »Problematik der aphoristischen Form« verspricht, hingegen schon im Untertitel statt dessen einen »Beitrag zur Psychologie des geistigen Schaffens« ankündigt (*Besser*) und daß ein weiteres Buch mit dem Untertitel »Zur Morphologie des Aphorismus« schließlich endet in Feststellungen wie: »der Aphorismus ist feinste, vergeistigtste Erotik. Der Trieb zum Aphorismus ist der ›Geschlechtstrieb des Geistes‹« (*Fink* 105) – der an anderer Stelle denn auch prompt zur »aphoristischen Zeugung« führt (*Mautner*, WdF 46).

In den harmloseren Fällen gerät dergleichen lediglich zu haltlosem existenzialistischen Gerede wie dem folgenden:

»Eine so verstandene ›aphoristische Existenz‹ wird das Leben sehr bald als eine gefährliche Gratwanderung zwischen Welt und Ich, dem Sicheren und Gültigen und zweifelnd Befragten, zwischen Denkmöglichkeit und geprägter Sprachform empfinden. Es gehört zu den strengen Bedingungen dieser Gattungsform, daß erst aus der radikalen Dreingabe der eigenen Lebenssicherheiten (. . .) der haltbare, widerstehende Aphorismus erwächst.« (Fieguth, Nachwort DA 373f.; vgl. dgg. *Schweikert 1970*)

Um nicht mißverstanden zu werden: Dies alles ist nicht etwa falsch, sondern es ist schlicht sinnlos – in dem Sinne, daß man ebensogut das jeweilige Gegenteil behaupten kann (und, z. B. mit Bezug auf Goethe, auch behauptet hat), ohne daß es sich beweisen oder widerlegen ließe. Anstelle dieser harmlosen Variante kann eine solche Neigung zum Irrationalismus in der Aphorismen-Forschung unter entsprechenden Umständen aber auch in gefährliche und nachgerade faschistoide Bereiche führen; dies geschieht besonders markant in einem Aufsatz (bezeichnenderweise aus dem Jahr 1939) von Walter Wehe, der sich nicht nur mit Äußerungen wie »Der Aphorismus ist eine betont männliche Literaturform« (WdF 133) als ein Vertreter des ›male chauvinism‹ erweist (dazu mehr in III.7), sondern weit schlimmer auch als ein politischer Chauvinist der Geisteswelt, durchaus im Sinne der damaligen Parteigermanistik:

»Der Mut zum Gefährlichen, das kämpferische Ethos verlangte schon eine sprachliche Prägung, in der das Unbedingte und Angreiferische seiner Haltung voll zur Geltung kam. Zu dieser seelischen Bereitschaft und geistigen Spannung kommt bei Nietzsche ein ausgesprochen künstlerisches Sprachempfinden, und diese drei Voraussetzungen mußten ihn zum deutschen Aphoristiker par excellence werden lassen, wobei ›deutsch‹ noch stärker zu betonen ist als ›Aphoristiker‹, denn sowohl im Gehalt wie in der Absicht und im Entstehen sind Nietzsches Aphorismen am weitesten von den klassischen französischen entfernt. Darin also hat sich der deutsche vom französischen Aphorismus unabhängig gemacht, daß er nicht einer gesicherten oder für sicher gehaltenen Erkenntnis die abgeschlossene und abgewogene Form gibt, sondern eine neue absichtlich aufreizende Erkenntnis zur Diskussion stellt und dabei schon ihre Formulierung so kategorisch wählt, daß einer Auseinandersetzung nicht auszuweichen ist. Das Dynamische, Gefährliche, Kämpferische, Enthusiastische, Unbedingte geht ganz von selbst vom Gedanken auf den Stil und die Form über.« (*Wehe*, WdF 142)

Aphorismustheorie als geistige Kriegsvorbereitung – gewiß ein Extremfall innerhalb der Forschungsgeschichte. Fast ausnahmslos aber begegnet einem zumindest der Hinweis auf ein besonderes »aphoristisches Denken« (zumal seit der vielzitierten Arbeit von *Requadt*, bes. 133ff.), auf »Denkweisen des Aphoristikers« (*Fieguth*, Nachwort DA 376), eine »aphoristische Art des Nachdenkens« (*Margolius*, WdF 292) – so daß die Konstanten der Aphorismen-Forschung von *Fink* (1934) über *Wehe* (1939) und *Requadt* (1964) bis zu *Fieguth* (1978) in der folgenden Zusammenfassung leider noch immer angemessen wiedergegeben sind: daß nämlich

»der Aphorismus eine literarische Form ist, die von Menschen bevorzugt wird, denen eine bestimmte Art des Denkens gemeinsam ist. Das aphoristische Denken steht im Gegensatz zum systematisch fortschreitenden Denken. Es ist daher auffallend, daß gerade ursprünglich rationale Denker sich zum offenen Denken und dem Aphorismus als Ausdrucksform hingezogen fühlen. Darüber hinaus ist der Aphoristiker eine kämpferische Natur, der nicht die Auseinandersetzung scheut, sondern sie im Gegenteil bewußt provoziert. Er befindet sich in permanenter Opposition.« (*Kipphoff* 18)

Die ansteckende Wirkung dieses psychologistischen Ansatzes scheint so groß zu sein, daß selbst solche Autoren davon infiziert werden, die sich eigentlich gerade um eine innerliterarische Bestimmung des Aphorismus bemühen und für die dann doch wieder »der zentrale Wesenszug des Aphorismus Symbol für das Selbst-Bewußtsein des Autors ist« (*Stern*, WdF 273; vgl. dgg. *Stephenson* 5) – oder auch die »Polarität zwischen rationalem und mystisch emotionalem Denken« (*Mautner*, WdF 73) bzw. »der Konflikt von Erfahrung und Denksystem« (*Neumann* 42).

Dieser vermeintliche Bezug auf ein ›System‹, genauer die prinzipielle Opposition zwischen »System und Aphorismus« (*Margolius*, WdF 280) als »Konflikt von Allgemeinem und Einzelnem« (*Neumann* 829) ist gleichfalls zu einem stehenden Forschungstopos geworden. Aber was ist eigentlich ein »System«? Es wäre ratsam, diesen nebulosen Begriff zu Entzugszwecken einmal für wenigstens 50

Jahre aus der Aphorismus-Forschung zu verbannen. Denn wie die Fixierung auf den Autor noch immer im Banne der andernorts längst überwundenen Lebens- oder Existenzphilosophie steht, so bleibt die Fixierung auf ein ›System‹ obsoleten Positionen des nachkantischen deutschen Idealismus verhaftet. Dabei bieten die psychologiefrei begründete Logik, Textlinguistik und Pragmatik längst zureichende Möglichkeiten, um unscharfe Vorstellungen von einem ›System‹, von ›Einzelnem‹ und ›Allgemeinem‹ sprachbezogen zu objektivieren. Doch an die Stelle sprachlich-literarischer Gattungsbestimmung tritt in der Aphorismus-Forschung nach wie vor die spekulative Psychologie.

Denn der Haupteinwand gegen alle und selbst die mildesten Varianten der These vom »aphoristischen Denken« ist einfach der, daß wir nicht darüber informiert sind, wie dieser oder jener Aphoristiker gedacht hat; wir wissen nur, was er geschrieben hat. Einer der frühesten und berühmtesten deutschen Aphorismen-Texte, die »Athenäums-Fragmente«, ist sogar von vier Autoren gemeinsam verfaßt worden – sollten die gar kollektiv gedacht haben? Und daß persönlich so heterogenen Autoren wie etwa Lichtenberg und Novalis, Seume und Goethe, Nietzsche und Marie von Ebner-Eschenbach »eine bestimmte Art des Denkens gemeinsam« sein sollte, will von vornherein nicht sehr glaubhaft erscheinen.

Selbstverständlich enthalten viele Untersuchungen neben solchem fruchtlosen Ringen um »Die metaphysischen Grundlagen des aphoristischen Denkens« (*Fußhoeller*) auch zahlreiche Einzelansätze zur eigentlich literarischen Charakterisierung des Aphorismus, an die die weitere Forschung anknüpfen kann und sollte. Hüten muß sie sich dabei jedoch vor drei häufig wiederkehrenden Mängeln, die viele Versuche einer allgemeinen Gattungsbestimmung haben scheitern lassen. Zum einen setzen diverse Arbeiten bei einem Lieblingsautor oder Lieblingstyp des Aphorismus an und extrapolieren ihre Befunde dann zu einer allgemeinen Gattungsbestimmung, müssen infolgedessen jedoch gegenläufige Beispiele aus der Gattung ausschließen (wie *Müller* 104 die romantischen Fragmente, die sich seiner an Lichtenberg gewonnenen These vom satirischen Ursprung des Aphorismus nicht fügen) oder zumindest als ›Verfallsformen‹ herunterspielen (so z. B. *Grenzmann, Requadt, Kipphoff, Stern, Stephenson, Krupka*). Umgekehrt beschränken weiterzigere Autoren sich oft auf eine bloße Typologie aphoristischer Erscheinungsformen und verzichten ganz auf die Bestimmung gemeinsamer Grundzüge der Gattung (so z. B. *Mautner* WdF 19ff., *Fink, Fieguth, Knauff*). Ein dritter Mangel liegt in dem verbreiteten Versuch, allein innerhalb des einzelnen Aphorismus zureichende

Kriterien dafür zu finden, ob er zur Gattung gehört oder nicht (so z. B. *Asemissen* WdF 159ff., *Stern, Stephenson, Krupka*). Am Beispiel der »Knopfloch«-Äußerung Goethes hat sich aber schon gezeigt, daß der Wortlaut einer Einzelbemerkung als Grundlage dafür gar nicht ausreicht, sondern daß sich erst aus dem Zusammenspiel von Text, Kotext und Kontext die Zugehörigkeit zur Gattung Aphorismus ergibt.

Vier Beiträge zur Aphorismus-Theorie scheinen mir so gewichtig, daß ich sie abschließend noch gesondert behandeln möchte – zwei als einflußreiche Grundlegungen und zwei als vielversprechende Neuansätze. An erster Stelle muß natürlich *Franz H. Mautner* stehen, der in seiner Studie »Der Aphorismus als literarische Gattung« (WdF 19–74) als erster für den Aphorismus entschieden den Status einer eigenständigen poetischen Gattung reklamiert hat und so mit dieser sowie mit seinen folgenden Arbeiten aus vier Jahrzehnten zum Vater der literaturwissenschaftlichen Aphorismus-Forschung geworden ist. Freilich ist er in seinem Bemühen um nachsichtige Integration möglichst aller übrigen Forschungsansätze gelegentlich ein allzu gütiger, gleichsam alliebender Vater; und wenn er schließlich (mit der Bemerkung: »Gewiß, ein Löwe in einem Zoo ist ein Löwe«) sogar manchen Sätzen im Drama oder Roman den Gattungscharakter von Aphorismen konzediert (*Mautner 1969*, 366), dann öffnet er damit wieder genau jene Einfallspforte für »Jede sonst nicht definierbare kürzere Prosaaufzeichnung« (*Mautner*, WdF 31), zu deren Schließung er ursprünglich gerade angetreten war. Unter seinen Definitionsvorschlägen für die Gattung lautet der kürzeste: Der Aphorismus ist »die (1) knappe sprachliche (2) Verkörperung eines (3) persönlichen (4) äußerlich isolierten (5) Gedankens.« (*Mautner 1965*, 44) Seine weitere Untergliederung in die beiden Typen »Einfall« und »Klärung« (WdF 46; orientiert am ursprünglich kunstgeschichtlichen Gegensatzpaar »offene und geschlossene Form«, wie *Fink* passim) ist zwar heuristisch hilfreich, gattungstheoretisch aber problematisch. »Einfall« scheint eine produktionsästhetische, »Klärung« eher eine rezeptionsästhetische Kategorie zu sein (dem Leser soll etwas klar werden). Unerlaubt psychologistisch sind sie beide. Und sie schließen sich beileibe nicht aus: es mag ja wohl auch klärende Einfälle geben.

In neuerer Zeit stammt der gewichtigste Beitrag zur Aphorismus-Forschung ohne Zweifel von Gerhard Neumann – zum einen durch seine verdienstvolle Dokumentation der Forschungsgeschichte (WdF), zum anderen durch eine besonders auf die Goethezeit zielende, aber historisch viel weiter ausgreifende Monographie von respektheischendem Umfang (*Neumann*, beide 1976). Auf absehbare

Zeit dürfte keine Arbeit zur literarischen Aphoristik ohne dankbare Benutzung dieser beiden grundlegenden Werke auskommen (auch dieses kleine Realienbuch nicht). Deren Verdienste liegen freilich in erster Linie in der Fülle an erfaßtem Material und in der Vielschichtigkeit der behandelten Aspekte, nicht vorrangig in der begrifflichen Klärung und entschiedenen theoretischen Durchdringung der Gattung Aphorismus – hier verfährt Neumann eher eklektisch und leistet so zwar eine nahezu enzyklopädische Ausarbeitung des ›Standes der Forschung‹, aber »has done little to alleviate this situation« (*Stephenson* 2). Und seine einzige theoretische Neuerung, das »Darstellungsverfahren der Aphorismengruppe« (*Neumann* 829), dürfte für die Gattungsbestimmung statt eines Gewinns eher einen riskanten Verlust an Trennschärfe gegenüber Nachbargattungen wie ›Thesen‹ und ›Essay‹ einbringen (wie sich gerade an Neumanns bevorzugtem Demonstrationsobjekt Goethe unter III.6 näher zeigen wird).

Belebende Impulse sind der deutschen Aphorismus-Forschung neuerdings von zwei ›auswärtigen‹ Seiten zuteil geworden: aus der englischen Germanistik und aus der deutschen Slavistik. In einer äußerst scharfsinnigen Grundsatzkritik bisheriger Aphorismus-Theorien weist ein Aufsatz von *R. H. Stephenson* den unauflöslichen Widerspruch zwischen zwei argumentativen Klischees der bisherigen Forschungsliteratur nach: Einerseits schreibt man seit Bacon dem Aphorismus die Vermittlung eines neuartigen, dem ›System‹ widerstreitenden Gedankens zu – dessen Informationsgehalt sich also auch von der aphoristischen Formulierung abtrennen läßt; andererseits gelten gerade im Aphorismus ›Form‹ und ›Inhalt‹ als untrennbar. Stephensons Lösungsvorschlag für dieses Dilemma verzichtet ganz auf die Annahme eines neuartigen ›Gedankens‹ und unterstellt, daß gerade die Altbekanntheit, ja häufig sogar Banalität des Mitgeteilten alle Aufmerksamkeit auf die Formulierung mit subtilen rhetorisch-sprachkünstlerischen Mitteln lenke. Schon die Erinnerung an den ganz schmucklos formulierten »Knopfloch«-Aphorismus läßt aber Zweifel aufkommen, ob sich diese an ausgesuchten Goethe-Beispielen überzeugend demonstrierte Lösung gattungstheoretisch verallgemeinern läßt.

Die erste literaturtheoretisch wirklich moderne, in der linguistischen Poetik fundierte Arbeit zum Aphorismus ist eine Dissertation über Lec und die polnische Aphoristik von *Peter Krupka*; im Anschluß an den Russischen Formalismus, den Prager Strukturalismus und die allgemeine Semiotik definiert sie den Aphorismus im Rahmen einer Verfremdungs- bzw. Abweichungstheorie der Literatur (vgl. *Škreb 1981*, 82–85). Die Übertragbarkeit auf westeuropäische und speziell deutsche Verhältnisse wird dabei eingeschränkt durch den im Polnischen engeren Gebrauch des Wortes »Aphorismus«, etwa in Abrenzung zum »Phraseologismus« (poln. »fraszka«); dies ist auch bezüglich der interessanten Matrix zu beachten, in der Krupka die Nachbargattungen Epigramm / Anekdote / Fabel / Sprichwort / Phraseologismus / Geflügeltes Wort / Sentenz / Maxime / Aphorismus / Essay nach 7 Kriterien differenziert und dabei den Aphorismus folgendermaßen bestimmt: ›Autor: bekannt / Verwendung: einmalig / Kontext: selbständig / Umfang: ein Satz / Inhalt: Allgemeinaussage / Geltung: gegensätzlich / Ästhetische Funktion: Innovation‹. Leider wird die Zuverlässigkeit solcher Bestimmungen im Kontext gleich wieder gemindert durch Bemerkungen wie »So können Aphorismen auch aus mehreren Sätzen bestehen« – denn die ganze Zuordnung sei nur »approximativ« (*Krupka* 48f. – was hilft uns dann die schöne Matrix?). Auch die interpretatorische Anwendung des Modells leidet dann unter einer etwas kurzschlüssigen Koppelung von poetisch-sprachlicher und ideologischer Normabweichung (bes. *Krupka* 79ff.). Doch mögen diese Versuche auch letztlich an Krupkas noch nicht hinreichend geklärter Normkonzeption und literarischen Abweichungstheorie scheitern (vgl. *Fricke 1981*, 63–160): hinter den hier erreichten Stand begrifflicher Genauigkeit und theoretischer Reflexion sollte die künftige Aphorismus-Forschung eigentlich nicht mehr zurückfallen dürfen.

Weitere Literatur:
Giulia Cantarutti: La Fortuna Critica dell' Aforismo nell' Area Tedesca, Abano Terme 1980; *Dieter Lamping:* Der Aphorismus, in: Formen der Literatur, hrsg. v. O. Knörrich, Stuttgart 1981, S. 21–27; *Fritz Schalk:* Aphorismus, in: Historisches Wörterbuch der Philosophie, hrsg. v. J. Ritter, Darmstadt 1971, Band 1, Sp. 437–439; *Wilhelm Grenzmann:* Aphorismus, in: Reallexikon der deutschen Literaturgeschichte, hrsg. v. P. Merker u. W. Stammler, 2. Aufl. Berlin 1958, Band 1, Sp. 94–97; *Wilhelm Lackinger:* Von Aphorismen und Aphoristikern, hrsg. v. K. Pfötscher, St. Michael 1979, S. 9–26; *Krüger* 9–80; *Smith,* WdF 144–158; *Asemissen,* WdF 159–176; *Grosse,* WdF 378–398; *Mautner,* WdF 399–412.

2. Gattungsdefinition

Was ein Aphorismus eigentlich ist, das haben besonders die Aphoristiker selbst immer wieder zu definieren versucht – in aphoristischer Form natürlich. Man hat den Aphorismus deshalb »die am meisten über sich selbst reflektierende literarische Gattung« genannt (*Stern,* WdF 262). Von diesen zahllosen Aphorismen über Aphorismen (Zusammenstellungen in DA 300–304 und *Schmidt* 13–16) will ich hier nur einen anführen:

»Aphorismen entstehen nach dem gleichen Rezept wie Statuen: Man nehme ein Stück Marmor und schlage alles ab, was man nicht unbedingt braucht.« (*Laub* 5)

In diesem Bild hat Gabriel Laub viele verbreitete Annahmen über das Wesen des Aphorismus versammelt: die edle Grundsubstanz, die extreme Ökonomie der Mittel, den Charakter des vollendeten Kunstwerks. Und gewiß ist diese Definition hübsch formuliert – aber sie ist falsch, und zwar in allen ihren Teilen.

Zunächst einmal ist der Aphorismus, anders als Statuen, gerade kein repräsentatives Kunstwerk. Er bedient sich nämlich keiner anerkannten poetischen Form: es gibt keine Verse, keine dramatische oder erzählerische Fiktion; häufig nicht einmal so etwas wie ›poetische Sprache‹, sondern schlichte, alltägliche Ausdrucksweise. Kurz, es handelt sich um eine Form der Sachprosa: ein Gebrauchsgegenstand, kein Museumsstück.

Was zum zweiten den ›edlen Stoff‹ angeht, so sind gerade die allerbesten Aphorismen oft aus scheinbar ganz wertlosem Material gemacht. Man denke wieder an Goethes ›Knopfloch‹: das ist kein Marmor, das ist Gips.

Und drittens trifft es nicht einmal zu, daß in allen Aphorismen eine Verknappung auf das unbedingt Gebrauchte stattfindet. Zu Recht hat man dem den rhetorischen Überschuß, die beredte sprachliche Ausschmückung vieler Aphorismen entgegengehalten (*Stephenson* 13–17). Statt dessen aber gilt etwas anderes: Beim Aphorismus wird immer etwas abgeschlagen, was man eigentlich unbedingt braucht. Laub verwechselt hier den ökonomischen Charakter der Gattung ›Thesen‹ mit dem poetischen Charakter der Gattung ›Aphorismen‹.

Der Aphorismus ist also keine Statue, sondern ein künstlich gemachter Torso. Ihm fehlt, was wir in normaler Kommunikation zum Verständnis einer Äußerung ›unbedingt brauchen‹: der äußere Zusammenhang mit der kommunikativen Situation (wer spricht wann und wo zu wem wozu über was?) und der innere Zusammenhang mit dem unmittelbar davor und danach Geäußerten. Im praktischen Gespräch über einen physisch anwesenden Gegenstand würde man den ›Knopfloch‹-Satz schlicht auf die konkrete Jacke / Hose / Mantel / Bettzeug o. ä. beziehen; erst das Fehlen dieser Möglichkeit erlaubt uns die aphoristische Rezeption. Ohne situativen Kontext müssen freilich viele schriftliche und insbesondere literarische Textsorten auskommen – der Aphorismus aber außerdem ohne Integration in einen verbalen Kotext. Seine charakteristisch aphoristische Vielbezüglichkeit erhält der ›Knopfloch‹-Satz erst dadurch, daß er eben nicht in einer Reihe von pädagogischen Merksätzen oder einer Bedienungsanweisung für Textilmaschinen oder in einem erzählten Witz (etwa über Klein-Fritzchen beim Anziehen) oder als metaphorische Zusammenfassung in einer Abhandlung über Newtons Spektralanalyse steht.

Hierin liegt also die fühlbare Aussparung im Aphorismus, die poetische »Leerstelle« (*Iser* 15f.), die der Leser durch eigene geistige Tätigkeit zu füllen hat. Entscheidend ist dabei, daß sie jeder Leser etwas anders füllt, nämlich sie zwangsläufig zu seiner eigenen Erfahrungswelt – und sei es seiner persönlichen Goethe-Lektüre – in Beziehung setzt. Ja, auch derselbe Leser wird beim späteren Wiederlesen vieles anders auffassen: man steigt, frei nach Heraklit, nicht zweimal in dasselbe Aphorismenbuch.

Der künstlich erzeugte Torsocharakter des Aphorismus hat also eine vergleichbare Wirkung wie Rilkes berühmter »Archaïscher Torso Appollos«: er bricht »aus allen seinen Rändern / aus wie ein Stern« und greift unentrinnbar auf den Leser über: »Denn da ist keine Stelle, / die dich nicht sieht.« (*Rilke* I, 557)

Welches sind nun die objektiven Merkmale, also die konventionellen Signale, aus denen wir diesen Torsocharakter eines Aphorismus erkennen und den Appell zum selbsttätigen Auffüllen seiner Leerstellen beziehen? Offenkundig können solche Signale nicht im Innern des Aphorismus selbst liegen, sondern nur am Übergang zu den benachbarten Äußerungen. Die nämlich sind ganz genauso torsohafte Aphorismen – und das heißt: Aphorismen isolieren sich gegenseitig. Ein Aphorismus schließt an seinen Vorgänger nicht unmittelbar an und wird von seinem Nachfolger nicht unmittelbar fortgesetzt. Die Einzelstellung des Aphorismus resultiert kurioserweise gerade aus dem charakteristisch ›gehäuften‹ Auftreten von Aphorismen: sie stehen in Ketten hintereinander, aber sie gehören nicht zusammen wie die Sätze oder Absätze eines Textes. Sie bilden eine »Gesamtheit von Vereinzelungen« (*Mautner*, WdF 52) – oder, mit den Worten Friedrich Schlegels: »Aphorismen sind zusammenhängende Fragmente.« (FS XVIII, 200)

Und nur dort, wo diese aphoristische Anordnung in Ketten auseinander isolierenden Äußerungen vom Autor selbst stammt, sollte man von der eigenständigen Gattung des literarischen Aphorismus sprechen. Eine deutlich andere, wiewohl dem Aphorismus verwandte (und darum unter I.3 mitbehandelte) Publikationsform liegt hingegen vor, wenn die isolierende Anordnung erst das Produkt fremder editorischer Tätigkeit, gleichsam in der Form von Zitat-Collagen oder ›Blütenlesen‹, darstellt – wenn also die vermeintlichen ›Aphorismen‹ von Herausgebern, Feuilletonredakteuren oder Anthologen (nach dem berühmten Muster der vierbändigen Sammlung »*Jean Pauls Geist* oder Chrestomathie der vorzüglichsten, kräftigsten und gelungensten Stellen aus seinen sämtlichen Schriften«) aus dem Zusammenhang von Romanen, Dramen, Gedichten, Abhandlungen, Tagebüchern oder selbst aus echten Aphorismen-Ketten eines oder mehrerer Autoren herausoperiert und neu zusammengestellt worden sind. Am heikelsten stellt sich dieses Abgrenzungsproblem, wie spätere Beispiele belegen werden, im Zusammenhang mit Nachlaß-Editionen; hier dürfte die Aphorismus-Forschung gut daran tun, dem weitherzigen Umgang mancher Herausgeber mit der Vokabel »Aphorismen« (als einem beliebten Verfahren editorischer Resteverwertung) mit größter Vorsicht zu begegnen.

Den für echte Aphorismen-Ketten kennzeichnenden Sachverhalt der wechselseitigen Unabhängigkeit werde ich im folgenden abkürzend als die »*kotextuelle Isolation*« des einzelnen Aphorismus bezeichnen (in der die Isolation von situativen Kontexten automatisch eingeschlossen ist). Dieser Ausdruck darf nun nicht so mißverstanden werden, daß zwischen benachbarten Aphorismen überhaupt keine Beziehungen bestehen dürften. Es ist ja nicht bloß denkbar, daß die Aphorismen einer Kette sich gegenseitig erhellen, so daß man einen einzelnen Aphorismus besser versteht, nachdem man viele andere desselben Verfassers gelesen hat – manche Aphoristiker wie Karl Kraus haben ihre Bemerkungen sogar explizit nach Themen sortiert und unter Gruppenüberschriften gestellt. Was aber zwischen benachbarten Aphorismengruppen per definitionem nicht bestehen darf, das sind all jene konventionell geregelten Beziehungen der Textverknüpfung, wie sie zwischen den Sätzen eines geschlossenen Textes auftreten und wie sie mit wachsendem Erfolg von der jungen, über die Grenzen der traditionellen Satzgrammatik gezielt hinausgreifenden Disziplin der Textlinguistik beschrieben werden. In deren Terminologie (hier überwiegend nach *Beaugrande/Dressler* sowie z. T. nach *Gülich/Raible* und *Dressler*) präzisiere ich im folgenden den Begriff der »kotextuellen Isolation«; denn nur so läßt sich dieses zentrale Kriterium der Gattungsdefinition des Aphorismus auch für den Einzelfall hinreichend trennscharf machen. Ich führe also – im Ganzen der drei Hauptgruppen wohl vollständig, in der Binnendifferenzierung gewiß erweiterungsfähig – all diejenigen textematischen Relationen auf, die mit kotextueller Isolation unverträglich sind, und deute dabei jeweils mit einer entsprechend fingierten Variation des Goetheschen ›Knopfloch‹-Beispiels an, inwiefern zwei durch die jeweilige textlinguistische Beziehung verknüpfte Äußerungen ebendeshalb nicht als zwei Aphorismen würden gelten können:

1.   *Syntaktische Kohäsion* (expliziter Rückverweis eines Satzes auf den vorhergehenden oder Ankündigung des folgenden)

1.1.   *Pro-Formen* (verbale Stellvertreter, die tiefensyntaktisch in einen Ausdruck des vorhergehenden oder folgenden Satzes transformiert werden können)

1.1.1.   *Pronominalisierung* (durch anaphorische Personal-, Possessiv-, Demonstrativ- oder Relativ-Pronomina) – nicht aphoristisch wäre also z. B. die Folge:

*(1) Beim Schließen einer Jacke kommt es besonders auf das erste Knopfloch an.

(2) Wer es / dieses / seine Öffnung verfehlt, kommt mit dem Zuknöpfen nicht zu Rande.

1.1.2.   *Adverbialisierung* (durch Adverbien mit pronominaler Tiefenstruktur wie »dort« (= an dieser Stelle), »damals«, »dabei« u. ä., auch chronologische wie »dann« und vorausweisende wie »folgendermaßen«) – z. B.:

*(1) Beim Schließen einer Jacke kommt es besonders darauf an, das erste Knopfloch zu treffen.

(2) Wer dabei einen Fehler macht, kommt mit dem Zuknöpfen nicht zu Rande.

1.1.3.   *Cross-reference* (durch Kreuzverweis-Ausdrücke wie »einander«, »gegenseitig« oder »gemeinsam«) – z. B.:

*(1) Beim Schließen einer Jacke kommt es auf Knopf und Knopfloch gleichermaßen an.

(2) Wer die wechselseitige Koordination verpaßt, kommt mit dem Zuknöpfen nicht zu Rande.

1.2.   *Junktionen* (explizite Signale gedanklicher Fortsetzung)

1.2.1.   *Additive Fortführung* (durch Konjunktionen wie »und«, »auch«, »weiterhin«) – z. B.:

*(1) Wer den zweiten Schritt vor dem ersten tut, gerät leicht ins Stolpern.

(2) Und wer das erste Knopfloch verfehlt, kommt mit dem Zuknöpfen nicht zu Rande.

1.2.2.   *Erläuterung* (durch metakommunikative Wendungen wie »das heißt« als Paraphrasierung oder wie »beispielsweise« als Spezifikation) – z. B.:

*(1) Ein falscher Anfang kann alles verderben.

(2) Wer z. B. das erste Knopfloch verfehlt, kommt mit dem Zuknöpfen nicht zu Rande.

1.2.3.   *Folgerung* (in beiden Richtungen: als Ankündigung einer Konsequenz durch »also«, »somit« etc. oder als Ankündigung einer Begründung durch »denn«, »nämlich« etc.) – z. B.:

*(1) Wer wie Newton das Licht aussperrt, wird seinen Charakter nicht erfassen.

(2) Denn wer das erste Knopfloch verfehlt, kommt mit dem Zuknöpfen nicht zu Rande.

1.2.4. *Kontrastierung* (durch Anschluß mit »aber«, »oder«, »indessen« etc.)
– z. B.:
*(1) Anfang gut, alles gut.
(2) Wer aber das erste Knopfloch verfehlt, kommt mit dem Zuknöpfen nicht zu Rande.

1.2.5. *Reihenbildung* (gleichgeordnet durch »ebenso«, »gleichermaßen« etc. oder gradierend durch »sogar«, »mindestens« etc.) – z. B.:
*(1) Wenn man beim Schließen der Jacke ein Knopfloch überspringt, verliert man Zeit.
(2) Wer gar das erste Knopfloch verfehlt, kommt mit dem Zuknöpfen überhaupt nicht zu Rande.

2. *Strukturelle Kohäsion* (nicht explizite, aber an der Oberflächenstruktur ablesbare Verknüpfung durch analoge Strukturmerkmale)

2.1. *Anapher* (Gleichheit aufeinander folgender Satzanfänge) – z. B.:
*(1) Wer das erste Wort falsch wählt, verdirbt den Erfolg seiner Rede.
(2) Wer das erste Knopfloch verfehlt, kommt mit dem Zuknöpfen nicht zu Rande.

2.2. *Epipher* (Gleichheit aufeinander folgender Satzschlüsse) – z. B.:
*(1) Wer das erste Knopfloch verfehlt, kommt mit dem Zuknöpfen nicht zu Rande.
(2) Verpaßt man den rechten Anfang, kommt man mit der ganzen Sache nicht zu Rande.

2.3. *Epanalepse* (Gleichheit des Satzanfangs mit dem vorhergehenden Satzschluß) – z. B.:
*(1) Wer das erste Knopfloch verfehlt, kommt mit dem Zuknöpfen nicht zur Rande.
(2) Nicht zu Rande kommt man mit einem Unternehmen immer dann, wenn man das Pferd vom falschen Ende aufzäumt.

2.4. *Parallelismus* (Gleichheit der Satzgliedfolge in aufeinander folgenden Sätzen) – z. B.:
*(1) Einer, der schon das erste Knopfloch verfehlt, kommt später mit dem Zuknöpfen nicht zu Rande.
(2) Etwas, das bereits den ersten Schritt verpatzt, führt auch mit dem letzten nicht zum Ziel.

2.5. *Chiasmus* (vertauschte Abfolge gleicher Satzglieder in aufeinander folgenden Sätzen) – z. B.:
*(1) Wer schon das erste Knopfloch verfehlt, kommt später mit dem Zuknöpfen nicht zu Rande.
(2) Auch mit dem letzten Schritt kommt nicht zum Ziel, wer bereits den ersten Schritt verpatzt.

3. *Semantische Kohärenz* (ein Satz setzt zu seinem richtigen Verständnis den vorhergehenden als ›Präsupposition‹ voraus, dies aber ohne Repräsentation in der Oberflächenstruktur)

3.1. *Topikalisierung* (ein bereits der Sache nach angesprochenes ›topic‹ oder ›Thema‹ wird durch ein ›comment‹ oder ›Rhema‹ näher prädiziert) – z. B.:

*(1) Der erste Satz einer Rede ist so wichtig wie der erste Handgriff beim Schließen einer Jacke.
(2) Wer das erste Knopfloch verfehlt, kommt mit dem Zuknöpfen nicht zu Rande.

3.2. *Fokussierung* (nicht das ganze zuvor angesprochene ›topic‹, sondern ein Detail daraus rückt in den Brennpunkt) – z. B.:
*(1) Mit Zaubermänteln hat es eine besondere Bewandtnis.
(2) Wer das erste Knopfloch verfehlt, kommt mit dem Zuknöpfen nicht zu Rande.

3.3. *Kontiguität* (wegen seiner semantischen ›Nachbarschaft‹ zum zuvor angesprochenen ›topic‹ wird ein Fall aus demselben Bedeutungsfeld hinzugezogen) – z. B.:
*(1) Reißverschlüsse schließen nicht, wenn sie nicht sorgfältig eingehakt werden.
(2) Wer das erste Knopfloch verfehlt, kommt mit dem Zuknöpfen nicht zu Rande.

3.4. *Argumentative Kontinuität* (implizite Signalisierung gedanklicher Fortsetzung)

3.4.1.–3.4.5. entspricht 1.2.1.–1.2.5. (nur jeweils ohne die explizite Junktion, die jedoch ohne Sinnveränderung muß eingefügt werden können)

Das durch den Ausschluß all dieser Verknüpfungsrelationen definierte Gattungskriterium der ›kotextuellen Isolation‹ läßt sich durch ein sehr einfach zu handhabendes Testverfahren operationalisieren: durch Kommutation und Permutation (vgl. *Hjelmslev* 73f.). In einer Aphorismen-Kette muß man die Reihenfolge der einzelnen Aphorismen vertauschen können (*Permutation*), und bei jedem Aphorismus muß man seinen Vorgänger bzw. Nachfolger weglassen oder durch einen beliebigen anderen ersetzen können (*Kommutation*), ohne daß das unmittelbare Verständnis des einzelnen Aphorismus darunter leidet. Natürlich überlegen sich Aphoristiker im allgemeinen auch die Anordnung ihrer Aphorismen-Ketten sehr sorgfältig – aber dies ist dann eine Frage der Qualität und nicht der Gattungsdefinition von Aphorismen.

Diese kotextuelle Isolation innerhalb einer Aphorismen-Kette als Verstoß gegen die lineare, unumkehrbare Anordnung der Sätze in normgerechten Textzusammenhängen ist (entgegen *Krupka* 61) zugleich die einzige ›poetische Abweichung‹, die allen Aphorismen gemeinsam ist. Zwei andere Abweichungstypen müssen sogar ausdrücklich ausgeschlossen werden: die *Versgliederung* der Sprache (weil wir statt Aphorismen sonst ›Epigramme‹ oder ›Spruchdichtung‹ bekämen) und die verschiedenen Formen literarischer *Fiktionalität* (weil wir sonst in die unter I.3 behandelten Nachbargattun-

13

gen des ›Witzes‹ oder der ›Anekdote‹ bzw. – im Falle dramatischer Fiktion – des ›Sketches‹ gerieten). Zur vollständigen Gattungsdefinition reichen diese Bestimmungen jedoch noch nicht aus; da (wie gezeigt) nicht jede beliebige isolierte Sachprosa-Äußerung einen Aphorismus ergibt, muß noch ein Merkmal in der Verfassung des einzelnen Aphorismus hinzukommen – freilich nicht unbedingt immer dasselbe. Um in der Definition Spielraum für historisch oder individuell variable Ausformungen der Gattung zu behalten, sollten vielmehr neben die drei *notwendigen* Merkmale »Kotextuelle Isolation«, »Prosaform« und »Nichtfiktionalität« die (später zu erläuternden) vier *alternativen* Merkmale »Einzelsatz«, »Konzision«, »Sprachliche Pointe« und »Sachliche Pointe« treten. Diese alternativen Merkmale können auch gemeinsam auftreten, und wenigstens eines davon muß in jedem Aphorismus vorhanden sein (zur Begriffsstruktur vgl. *Fricke 1983*, 273 bis 275). Dies läßt sich in der folgenden tabellarischen Schreibweise der Gattungsdefinition des Aphorismus graphisch verdeutlichen:

NOTWENDIGE MERKMALE *und*	ALTERNATIVE MERKMALE
(alle zu erfüllen)	*(mindestens 1 zu erfüllen)*
Kotextuelle Isolation	Einzelsatz
und	*und / oder*
Prosaform	Konzision
und	*und / oder*
Nichtfiktionalität	Sprachliche Pointe
	und / oder
	Sachliche Pointe

Man wird hier das stereotyp mit dem Aphorismus assoziierte Merkmal der »Kürze« vermissen; aber das ist zu unspezifisch und deshalb zur Abgrenzung unbrauchbar. Alle Versuche der Festlegung auf »einen Satz« (*Krupka* 48) oder »drei Sätze« (*Schnurre* 377) oder darauf, daß die »Sätze sich zählen lassen müssen« (*Kipphoff* 20 – wo hört das auf?), entspringen dezisionistischer Willkür und zerschlagen sich vor der Tatsache, daß sich selbst bei den unstrittigen Prototypen der Gattung manche Aphorismen über mehrere Seiten erstrecken – nicht nur bei deutschen Klassikern des Genres wie Lichtenberg, Schlegel, Nietzsche, Kraus oder Canetti, sondern schon bei La Rochefoucauld (z. B. FM I, 55–58). Solche Aphorismen sind damit quantitativ ununterscheidbar von anderen Prosagattungen wie Essay, Glosse oder Zeitungsartikel; und selbst extrem wortkarge Aphorismen teilen ihre ›Kürze‹ mit Thesen, Witzen,

Telegrammen oder Tagebuchnotizen. Allenfalls folgt aus dem Kriterium der kotextuellen Isolation zugleich eine quantitative Beschränkung: daß nämlich in einer ganzen Aphorismen-*Kette* durchschnittlich wenigstens zweimal pro Druckseite ein neuer Aphorismus anfangen sollte, damit die Eintragungen optisch noch als torsohaft und nicht als Zusammenstellung selbständiger Ganztexte wahrgenommen werden.

Die landläufige, aber diffuse Vorstellung vom ›kurzen‹ Aphorismus legt man deshalb besser auseinander in zwei alternative Merkmale: in die extreme Textkürze des selbständigen Einzelsatzes und in die extreme Sprachkürze der konzisen Formulierung. So zwingt ein von seinem Kotext isolierter *Einzelsatz* geradezu dazu, ihn aphoristisch aufzufassen und über seine buchstäbliche Aussage reflektierend hinauszugehen. Voraussetzung ist freilich, daß das überhaupt geht – daß der betreffende Satz also seinem Wortlaut nach überhaupt ›verweisungsfähig‹ ist. Nicht der Fall ist dies bei allen Sätzen, deren semantische Referenz restlos fixiert ist – bei der folgenden Eintragung in Lichtenbergs »Sudelbuch« z. B. durch Eigennamen und abkürzende Datierung:

»♄8. Herr Lessing bei mir.« (GL F 406; die Chiffre bezeichnet hier Samstag, den 8. 3. 1777 – vgl. den Brief bei *Joost* I 713f.)

Unverkennbar ist Lichtenberg hier eine reine Tagebuch-Notiz ins sonst meist deutlich davon getrennt geführte Sudelbuch geraten. Aber auch allgemeingültige Aussagen können in ähnlicher Weise referentiell eindeutig gebunden sein; die Entscheidung darüber hängt jedoch nicht von allgemeinen linguistischen, sondern von konkreten sprachgeschichtlichen Faktoren ab, die raschen Wandlungen unterworfen sein können. »Kupfer leitet besser als Eisen« ist wohl nur als physikalischer Befund zu verstehen und nicht erkennbar verweisungsfähig – sehr wohl gilt dies aber für den kategorial analogen Satz »Blech rostet schneller als Gold«. Mathematische Aussagen wie »2 ist die dritte Wurzel aus 16« scheinen gegen jede Vieldeutigkeit gefeit zu sein – aber im Zusammenhang zahlenmystischer Traditionen können Feststellungen über ›magische‹ Zahlen wie 3, 7 und 9 auf einmal durchaus verweisungsfähig werden, und aus der Doppeldeutigkeit der »Null« resultieren ganze Serien von Aphorismen:

»Die Stärke der Millionen beruht auf den Nullen.« (*Laub* 51, unter 8 Variationen; ähnlich *Lec 1971*, 187; *Kuh* 56)

Noch eine weitere Präzisierung ist für das Kriterium »Einzelsatz« vonnöten: es handelt sich dabei um eine Höchstangabe. Viele Aphorismen sind noch weitaus kürzer als ein vollständiger Satz – bei Lichtenberg z. B. der bloße Nebensatz:

»Als ich nun so studierte und schlief.« (DA 10/1; GL E 373)

Einen zugehörigen Hauptsatz wird wohl jeder Student auf seine persönliche Weise ergänzen können. Und keinem Kollegen des Hochschullehrers Lichtenberg wird es schwerfallen, die Leerstelle des fehlenden Subjekts in der unvollständigen, nur aus einem Syntagma bestehenden Prädikation zu füllen:

«An die Universitätsgaleere angeschmiedet.« (GL H 119)

Auch ein einzelnes Satzglied in Gestalt einer isolierten Nominalphrase kann als Aphorismus auftreten:

»Buchstaben-Männchen und -Weibchen.« (DA 8/4; GL D 417)

Ob dies eine Subklassifikation von Buchstaben oder aber von Männchen und Weibchen ist, bleibt der Phantasie des Lesers überlassen. Ja, bei Lichtenberg konstituiert gelegentlich ein einziges Wort einen vollständigen Aphorismus:

»Katechismus-Milch.« (GL E 356)
»Flick-Sentenzen.« (GL C 21)

Wenn man will, kann man im ersten Wort eine ganze Religions-Satire und im zweiten eine ganze Aphorismus-Theorie (nämlich die hier vertretene) zusammengedrängt finden.

Die Sprachkürze solcher *Konzision* gibt es freilich nicht nur in Fällen extremer Textkürze; auch überdurchschnittlich lange Aphorismen können sehr konzis formuliert sein (wie als berühmtestes Beispiel wohl Fr. Schlegels Athenäums-Fragment 116 über die romantische Poesie verdeutlichen kann). Denn konzis schreiben heißt nicht ›wenig schreiben‹ oder ›nur das Nötige schreiben‹, sondern: weniger schreiben, als eigentlich ›nötig‹ wäre, und die nötigen Ergänzungen der Eigenanstrengung des Lesers überantworten. Nicht ökonomische Verknappung als Ideal der Verwaltungssprache (oder der wissenschaftlichen Formel) bedeutet Konzision, sondern (dem lateinischen Wortsinn entsprechend) »Zerstückelung« bis zum Torsocharakter, ein Unterschreiten des regelgerechten sprachlichen oder argumentativen Minimums. Und »Sprachkürze gibt Denkweite« hebt Jean Paul zu Recht hervor (JPSW I: 12, 401) – ein Stilprinzip, das der folgende Aphorismus Lichtenbergs zugleich formuliert und an sich selbst demonstriert:

»Die Gedanken dicht und die Partikeln dünne.« (GL E 16)

Statt aus solcher Reduktion der sprachlichen Mitteilung kann der Anstoß zur gedanklichen Selbsttätigkeit des Lesers aber auch aus einem Verblüffungseffekt kommen, aus dem Verstoß gegen konventionell etablierte Erwartungen. Als *sprachliche Pointe* kann sich die-

16

ser überraschende Verstoß auf Erwartungen von zweierlei Art beziehen; zum einen auf die Sprache als ›langue‹, also auf die Sprachzeichen des zugrundeliegenden einzelsprachlichen Systems – wie etwa Seume mit der Kontrastwirkung zwischen etymologischer Verwandtschaft und sachlich-politischer Differenz arbeitet:

»Die Edeln und der Adel stehen gewöhnlich im Gegensatz.« (DA 50/7; Seume 1301)

Oder aber der Verstoß richtet sich auf die Ebene der ›parole‹, also auf die Redezeichen einer bestimmten, hier immer einer allgemein bekannten Formulierung – auf Klassiker-Zitate etwa oder besonders häufig, vor allem bei Karl Kraus, auf Sprichwörter und Redensarten als Gegenstand der Anspielung oder Umkehrung:

»Wes das Herz leer ist, des gehet der Mund über.« (BWG 156; fast wörtlich schon bei Lichtenberg: DA 14/7, GL G 51; zur Quelle vgl. *Mieder* 109)

Verblüffung kann allerdings auch unter Verzicht auf alle sprachlichen ›Gags‹, durch eine rein *sachliche Pointe* erreicht werden: indem ein neuartiger oder verbreiteten Annahmen zuwiderlaufender Gedanke bloß ausgesprochen, dann aber durch die kotextuelle Isolation des Aphorismus ohne die gerade hier ›unbedingt gebrauchte‹ Erläuterung und Begründung belassen und so dem Nach- bzw. Umdenken des Lesers anheimgegeben wird. Sehr häufig geschieht dies mit dem Gestus der ›Entlarvung‹ geläufiger Wertvorstellungen – und sei es nur andeutungsweise wie bei der offen bleibenden Frage Lichtenbergs:

»Ich möchte was darum geben, genau zu wissen, für wen eigentlich die Taten getan worden sind, von denen man öffentlich sagt, sie wären *für das Vaterland* getan worden.« (GL K 292)

Es kann die sachliche Pointe aber auch nur in der schlichten Mitteilung einer überraschenden Beobachtung – oft in bezug auf für selbstverständlich genommene Alltagsverrichtungen – bestehen. So schreibt Lichtenberg einmal in der denkbar einfachen Form einer Liste »*Schimpfwörter* und dergleichen« untereinander (GL D 667); und wenn man genauer hinsieht, entdeckt man neben solchen Injurien überwiegend tierischer Herkunft wie »Gelbschnabel«, »Hundsfott«, »Esel«, »Maulaffe« oder »Drecksau« mit einiger Betroffenheit plötzlich die Eintragung »Mensch«.

Im Sinne all dieser Erläuterungen läßt sich die oben bereits tabellarisch präsentierte Gattungsdefinition des literarischen Aphorismus nun abschließend noch in die Form einer traditionellen ›Satzdefinition‹ bringen:

Ein Aphorismus ist ein kotextuell isoliertes Element einer Kette von schriftlichen Sachprosatexten, das in einem verweisungsfähigen Einzelsatz bzw. in konziser Weise formuliert oder auch sprachlich bzw. sachlich pointiert ist.

3. Abgrenzung von verwandten Textsorten

Wenn die Besonderheiten des Aphorismus nun durch Kontrastierung mit rund 30 anderen Gattungen weiter verdeutlicht werden sollen, so ist in dieser Kürze selbstverständlich eine wirklich adäquate Charakterisierung oder auch nur eine vollständige Definition all der benachbarten Textsorten nicht möglich; ich hebe nur einzelne Züge hervor, in denen sie sich jeweils vom Aphorismus oder voneinander unterscheiden. Dabei wird sich ergeben, daß weniger die alternativen Merkmale – die der Aphorismus mit vielen anderen Formen teilt – als vielmehr die drei notwendigen Merkmale zur Abgrenzung herangezogen werden können.

So trennt die fehlende Versgliederung den Aphorismus vom weitläufigen Terrain der Epigrammatik. Die Wandlungen im Gebrauch dieses Begriffs (vgl. *Škreb 1977*, 5–31) legen es freilich nahe, zur Vermeidung von Mißverständnissen und Fehlschlüssen hier eine terminologische Unterscheidung in »Epigramm$_1$« und »Epigramm$_2$« vorzunehmen. Das klassische *Epigramm$_1$* hat sich zwar aus der ursprünglichen ›Inschrift‹ auf Grabsteinen, Denkmälern und Gegenständen von Martial bis zu Goethes und Schillers »Xenien« (wörtl. ›Gastgeschenke‹ mit eingraviertem Spruch) zur rein literarischen Form verselbständigt; durch seine räumlich bedingte Kürze, festgelegte Versform und thematische Fixierung auf Gegenstände, Personen bzw. Personen-Typen samt ihren Charaktereigenschaften (zunehmend satirisch-spöttisch behandelt) blieb es aber seinem Ursprung erkennbar verhaftet. Der Sache wie dem Begriff nach vermischte sich diese Form jedoch allmählich mit der beinahe weltweit nachweisbaren Tradition weltlicher *Spruchweisheit:* der griechisch-römischen *Gnome,* den *Sittengedichten* der Älteren Edda, der mhd. *Spruchdichtung* um Freidanks (vielfältig ›Bescheid‹ gebender) »Bescheidenheit«, den barocken *Sinngedichten* bis hin zu den lyrischen Kleinformen der jüngsten Zeit. Hier steht *Epigramm$_2$* dann beinahe für jedwede kurze Gedankenlyrik von meist 2 oder 4, selten 6 und im Höchstfall 8 Verszeilen. Für die Aphorismen-Forschung ergeben sich aus der mangelnden Unterscheidung dieser zwei Bedeutungsvarianten von »Epigramm« leicht problematische Abgrenzungen:

»zwei zentrale Bestimmungen des Aphorismus, zum einen seine vielfach-komplizierte Bezüglichkeit auf das Ich des Autors und seine unverwechsel-bare geistige Individualität, zum anderen sein denkexperimenteller Charak-ter, fehlen dem Epigramm ganz [. . .] Umfassende Ordnungen werden vom Epigramm nie in Frage gestellt; es lebt [. . .] aus dem Einverständnis mit ei-nem ›durchschnittlichen‹, ›vernünftigen‹ Verhaltenskanon« (*Neumann* 37 – ebd. 36: »seine Stoßrichtung geht nicht auf Erkenntnis eines bislang nicht Bemerkten«).

Dergleichen läßt sich mühelos widerlegen durch Doubletten von Aphorismus und entsprechendem Epigramm, wie sie besonders häufig (und ausdrücklich unter diesen Bezeichnungen, Epigramme teils sogar unter dem Titel »Inschriften«) bei Karl Kraus zu finden sind (vgl. *Kipphoff* 145ff.). Einer seiner Aphorismen lautet:

»Meine Sprache ist die Allerweltshure, die ich zur Jungfrau mache.« (BWG 293 – anspielend auf Goethe: DA 35/5, MuR 855)

Daraus macht Kraus später das Epigramm (KK VII, 450):

Die Sprache
Mit heißem Herzen und Hirne
naht' ich ihr Nacht für Nacht.
Sie war eine dreiste Dirne,
die ich zur Jungfrau gemacht.

Ohne Zweifel bleiben Ich-Bezug, Neuartigkeit und Nonkonfor-mismus auch in dieser Version erhalten. Dennoch gibt es gewichtige Veränderungen: Die Versfassung ist nicht nur länger – »Das Epi-gramm spricht aus, was der Aphorismus nur andeutet« (*Kipphoff* 145) –, sie weist nun auch eine klare Gliederung in zwei Teile auf, die den beiden berühmten Epigramm-Elementen »Erwartung« und »Aufschluß« entsprechen (*Lessing* XI, 220) und deren zweiter erst die Formulierung des Aphorismus aufnimmt. Dieser Zweiteilung von Epigrammen (gleichsam in ›Thema‹ und ›Rhema‹) korrespon-diert die Vorliebe für zweigliedrige Metren wie Distichen, bibli-sche Parallelismus-Verse, Paarreim bei 2 bzw. Kreuzreim bei 4 Ver-sen Umfang und selbst noch die freien Zweizeiler der wohl weniger aphoristischen als epigrammatischen »Bruchstücke« H. P. Kellers (DA 185 – 287).

Streng genommen ist das Epigramm sogar dreiteilig: eine Über-schrift ist hinzugekommen. Für den Gattungscharakter ist das inso-fern entscheidend, als damit ein klares texteinleitendes Anfangs-signal gegeben wird, das die kotextuelle Isolation des zugrundelie-genden Aphorismus wesentlich mildert, wenn nicht aufhebt. Das Epigramm ist also ein deutlich abgesetzter und klar gegliederter

Ganztext; statt des aphoristischen Torsos haben wir hier sozusagen die vollständig erhaltene Inschrift der Marmorstatue vor uns. Aus ebendiesem Grunde sind Aphorismen mit einer je einzeln gesetzten Überschrift (wie bei den »Stylübungen« von *Jochmann* 321–360) oder mit einem Spitzmarken-Titel (wie oft bei Nietzsche und einigen seiner Imitatoren) schon halb auf dem Wege zu anderen Gattungen – zum kleinen *Essay* etwa oder auch zur *Glosse* (als feuilletonistischem Zeitungsartikel wie als satirischer Zitatpräsentation à la Kraus), die beide durch Überschrift, Layout und verschiedene Abschlußsignale als selbständige Ganztexte gekennzeichnet sind und deshalb im Gegensatz zu Aphorismen auch im Singular auftreten können.

Eine ganze Reihe anderer Textsorten ist vom Aphorismus durch das zweite notwendige Merkmal, die Nichtfiktionalität, geschieden. Aus der Vielzahl kurzer Erzählgattungen wie *Kurzgeschichte, Facetie* oder *Schwank, Fabel* und *Kalendergeschichte* – alle schon durch klaren Ganztext-Charakter, Titel und mehr oder weniger abgeschlossene Erzählung leicht von Aphorismen zu unterscheiden – greife ich nur die beiden dem Aphorismus nächsten Formen heraus: Witz und Anekdote. Im Gegensatz zu ›witzigen‹ aphoristischen Beobachtungen (die gelegentlich sogar erzählend oder dialogisiert auftreten können) ist die Gattung *Witz* durch klare konventionalisierte Fiktionssignale markiert: durch das charakteristische ›epische Präsens‹ (hier ein reines Erzähltempus, entgegen *Weinrich* 125ff.), durch vielfach genrespezifisch erfundene Figuren (Graf Bobby, der zerstreute Professor, die beiden Irren, Radio Eriwan . . .), durch eine konzis und schematisiert vorbereitete, fast immer sprachlich gespeiste Pointe. Diese epische Fiktionalität von Witzen läßt sich meist leicht in die dramatische Fiktion eines szenischen Dialogs verwandeln; das Resultat ist dann ein *Sketch* wie im literarischen Kabarett oder in der trivialisierten Form des gespielten ›Show-Gags‹.

Durch ihren Bezug auf historisch belegte Gestalten und Ereignisse – meist auf namentlich benannte Personen des öffentlichen Interesses, auf die mit einer zuvor unbekannten, exemplarischen Episode ein Schlaglicht geworfen wird – scheint die überwiegend im Präteritum erzählte *Anekdote* vom fiktionalen Witz abgehoben zu sein. In ihrer Vorliebe für verbale Konzision (als Erzählung »ohne Nebenhandlung«, *Grothe* 7) und für die sachliche oder sprachliche Schlußpointe ist sie auch den alternativen Merkmalen des Aphorismus eng verbunden, so daß Goethes zusammenfassendes Lob auf eine »Sammlung von Anekdoten und Maximen« (MuR 190) durchaus naheliegt. Doch im Lichte sprachphilosophisch präzisierter Fiktionstheorien besehen, erweist sich die Anekdote genauso als fiktionale Literaturgattung wie der Historische Roman, Shakespeares Königsdramen oder dokumentarische Fernsehspiele. Die Anekdote enthebt sich nämlich von vornherein aller für Wirklichkeitsaussagen konstitutiven Verteidigungspflichten (vgl. dazu *Gabriel* 45ff.) – signalisiert durch den Verzicht auf Quellenbenennung, durch undatierbare Zeitangaben wie »Einst kam zu XYZ . . .« oder »XYZ sagte einmal . . .« und häufig auch durch die fiktionstypische Darstellung innerer Vorgänge. Am offensichtlichsten wird dieser fiktionale Status durch die zahlreichen ›Wanderanekdoten‹, deren Erzählinhalt auf ganz verschiedene Politiker, Forscher, Musiker usw. übertragen und damit des authentischen Anspruchs natürlich endgültig entkleidet wird.

Ein anekdotisch berichteter Ausspruch wird oft auch als *Geflügeltes Wort* bezeichnet (nach der durch den *Büchmann* bekannt gewordenen Metapher Homers). Hier sollte man freilich (mit *Jolles* 168) gleich weiter differenzieren. Denn unter diese Rubrik fallen zum einen geflügelte *Zitate*, die aus dem Kotext eines literarischen Werks stammen und dann zu allgemeiner Berühmtheit gekommen sind – wie etwa das »Aut prodesse volunt aut delectare poetae« als 333. Vers von Horazens Lehrbrief ›De arte poetica‹. Daneben steht jedoch zum zweiten das *Apophthegma* als dann allbekannt gewordener Ausspruch eines Menschen im situativen Kontext einer bestimmten Handlungssituation – wie etwa Caesars »Veni, vidi, vici« nach der Schlacht bei Zela im Jahre 47 v. Chr.

Sammlungen solcher geflügelten Worte sind zwar in sich kotextuell isoliert – aber erst aufgrund der Zusammenstellung des Herausgebers, während in aphoristischen Werken diese vertauschbare Kettenstruktur belegbar schon vom Autor selbst verantwortet sein muß (weshalb es keine anonymen Aphorismen gibt). Und dieselbe Originalstruktur trennt die literarische Aphoristik als eine Schreibart von Schriftstellern zugleich von jenen erwähnten Pseudo-Aphorismen, die in diversen Formen von *Spruch-Anthologien* oft ausdrücklich unter dieser irreführenden Bezeichnung zusammengestellt sind. Als Oberbegriff dafür sollte man jedoch besser von *Sentenzen* sprechen – in Anlehnung besonders an die »Sententiae« des Griechen Menander und des Römers Publilius Syrus (vgl. *Škreb 1981a*), die freilich nicht etwa von diesen Autoren als solche konzipiert, sondern aus deren Dramen herausgelöst und von fremder Hand so zusammengestellt worden sind. Im Unterschied zum geflügelten Wort brauchen Sentenzen nicht schon allgemein bekannt geworden zu sein, sondern sind oft das Produkt gelehrter Erudition – mit deutlich verschiedenen Untertypen. Da sind einmal die beliebten *Florilegien* oder ›Blütenlesen‹ aus nichtaphoristischen Werken eines einzigen

Schriftstellers (von der Arbeit der homerischen Rhapsoden bis zum »*Gottfried-Benn-Brevier*«). Zweitens gibt es *Bonmot-Sammlungen* zu einem einzigen Thema aus Werken verschiedener Gattungen von verschiedenen Autoren (wie schon 1808 die »*Aphorismen über den Kuß*« und wie noch heute die beliebten Geschenkbüchlein aus der Serie »Quellen der Weisheit«). Und schließlich gehören hierher auch vermeintliche *Aphorismen-Anthologien* ohne Beschränkung auf bestimmte Themen oder Schriftsteller, in denen man dann neben Auszügen von echten Aphoristikern selbst Stellen aus Kants »Kritik der reinen Vernunft« unter einem Titel wie »Aphorismen von A–Z« (*Schmidt*) präsentiert finden kann.

Besonders groß ist die Versuchung zum Herauslösen markanter Sentenzen naheliegenderweise bei nachgelassenen Schriftstücken eines Autors: bei *Notizbüchern, Zettelkästen, Briefen* und *Tagebüchern*. Das Problematische solchen editorischen Verfahrens ist bereits angesprochen worden; eine Zuordnung von posthum herausgegebenen Materialien zur literarischen Textsorte ›Aphorismus‹ dürfte allenfalls dort gerechtfertigt sein, wo sie entweder – wie überwiegend in Lichtenbergs »Sudelbüchern« – schon von sich aus die Struktur gattungstypischer Aphorismen-Ketten aufweisen oder wo der Autor zu Lebzeiten selbst regelmäßig Aphorismen publiziert hat und die nachgelassenen Texte somit erkennbar Vorarbeiten zu neuen aphoristischen Werken darstellen. Ganz und gar unzulässig ist eine eindeutig gattungsvermengende Editionsweise hingegen in bezug auf die eigenständige Textsorte *Tagebuch*, das durch die Unumkehrbarkeit chronologischer Kohärenz wie durch massiven Situationsbezug gekennzeichnet ist und aus dem deshalb auf keinen Fall (wie etwa bei den DA 95–103 abgedruckten Notizen Grillparzers geschehen) einzelne Sentenzen oder Reflexionen isoliert und als ›Aphorismen‹ verbreitet werden sollten.

Zwei andere Gattungen hingegen sind schon ihrer Natur nach dem Aphorismus so ähnlich, daß Verwechslungen sich beinahe zwangsläufig ergeben. Genau wie Aphorismen sind auch *Thesen* nichtfiktionale Prosatexte, die konzis und oft in einem Satz formuliert und dabei mindestens der Sache nach pointiert sind. Aber sie sind untereinander nicht kotextuell isoliert: zwischen ihnen besteht zum wenigsten semantische Kohärenz (oft sogar syntaktische oder strukturelle Kohäsion) im Sinne argumentativen Fortschreitens von einer These zur nächsten, deren Reihenfolge deshalb keineswegs beliebig ist. Äußeres Kennzeichen dafür bildet die normalerweise explizit angegebene oder im Gegensatz zu Aphorismen nachträglich begründet mögliche Numerierung von Thesen (wie sich ja auch die berühmte Dezimalzählung des »Tractatus logico-philosophicus«

entgegen Wittgensteins Ankündigung nicht auf die »Sätze«, sondern auf die Thesen des Buches bezieht).

Sprichwörter dagegen sind tatsächlich voneinander unabhängig; deshalb sind eine Sprichwort-Sammlung und eine Aphorismen-Anthologie nach reinen Textmerkmalen kaum zu unterscheiden. Manche Aphorismen können auch im Laufe der Zeit nahezu sprichwörtlich werden, wie etwa Lichtenbergs bartsengende Fackel der Wahrheit (original GL G 13) oder Schlegels Bohren dicker Bretter (LF 13); letzterer hat denn auch selbst die Verwandtschaft hervorgehoben, in deutlichem Bezug auf seine eigenen aphoristischen Fragmente:

»Witzige Einfälle sind die Sprüchwörter der gebildeten Menschen.« (DA 301/1, AF 29; zur Quelle vgl. *Neumann* 458)

Die Äußerung pointiert freilich auch den Unterschied der Gattungen: Sprichwörter kennen wir, unabhängig von jeder ›Bildung‹, im allgemeinen längst, bevor wir sie in einer Sammlung lesen. Denn sie werden zunächst mündlich überliefert und allenfalls nachträglich dann gesammelt und schriftlich aufgezeichnet. Ihr originales Auftreten erfolgt deshalb nicht, wie beim Aphorismus, im Kotext ähnlicher Bemerkungen, sondern im situativen Kontext einer entsprechenden Lebenssituation. Aus dieser anderen Überlieferungsweise folgen dann zwangsläufig einige Merkmale, durch die man das Sprichwort vom Aphorismus abzugrenzen gewohnt ist: die Eingängigkeit und Kürze – hier wirklich auf nur einen Satz begrenzt, der maximal aus einem Haupt- und einem Nebensatz gefügt sein darf (zum auch syntaktischen Sonderfall des ›*Wellerismus*‹ vgl. *Röhrich/Mieder* 11–13) –, ebenso die Lehrhaftigkeit, ›Volkstümlichkeit‹ und die Übereinstimmung mit dem ›gesunden Menschenverstand‹ (meist nur ein Euphemismus für herrschende Normen); denn nur Kurzes, Konformes und deshalb jedermann Einleuchtendes kann von jedermann aufgenommen, verstanden, behalten und tradiert werden. Und hierher rühren wohl auch die bemerkenswerten Unterschiede in der Art der Annäherung an poetische Sprachformen. Während Aphorismen nämlich durch ihren Aussparungscharakter als ganze *metonymisches* Potential entfalten, über das explizit Angesprochene hinausweisen (Goethes Knopfloch steht für weit mehr als Kleidungsverschlüsse), meinen Sprichwörter auch in der häufigen *metaphorischen* Einkleidung insgesamt nur genau das, was sie in dieser bildlichen Verschlüsselung sagen (»Lügen haben kurze Beine« handelt von den Nachteilen des Lügens und nichts sonst). Auf die mündliche Tradierung gehen schließlich wohl auch die im Sprichwort verbreiteten mnemotechnischen Hilfsmittel des Reims (»Eigner Herd ist Goldes wert«) und des gleichhebigen Verspaars zurück

(»Spare in der Zeit, dann hast du in der Not«); im Gegensatz zum ausschließlich prosaischen Aphorismus fällt das Sprichwort dadurch mit großen Teilen seines extensionalen Bestandes in den Bereich der Versgattungen.

Statt auf all diese konkretisierten Textsorten könnte man den Aphorismus freilich auch auf die (seit *Jolles* 1930) vielzitierten ›Einfachen Formen‹ beziehen, die ihm als typische Geistestätigkeiten (bei Jolles nicht individualpsychologisch, sondern im Bezug auf Kollektivbedürfnisse gemeint) stets zugrundeliegen. Gleich mehrere Formen bieten sich hier an: der *Spruch* als Zusammenfassung breiter Lebenserfahrungen; der *Witz* im hier erweitert gebrauchten Sinne als Entbindung von Spannungen im verbalen Spiel; der *Kasus* als – vom deskriptiven Belegfall des *Beispiels* und vom normativen Muster des *Exempels* (nach *Jolles* 178) wohlunterschiedener – Konfliktfall zwischen zwei akzeptierten Normen. Dem Aphorismus am nächsten scheint mir freilich die Grundkonstellation des *Rätsels* zu stehen: einer weiß etwas, gibt sein Wissen aber bloß andeutungsweise preis und aktiviert so seine Leser- oder Zuhörerschaft zu eigenem Bemühen darum. Die Auflösung eines Rätsels allerdings steht genau fest und umfaßt meist ein einziges Wort; für einen Aphorismus hingegen gibt es unendlich viele ›Auflösungen‹, und sie sind durchweg weitaus länger als er selbst. So sehr man also versucht wäre, den Aphorismus als ein dem Rätsel vergleichbares Gesellschaftsspiel für Einzelgänger zu charakterisieren: die Beispiele schrecken, in denen bereits auf verschiedenste Weise versucht worden ist, den Aphorismus ungeachtet der charakteristischen Vielfalt seiner Spielarten auf eine einzige Ursprungsform zu reduzieren, statt ihn aus vielfältigen Wurzeln abzuleiten.

1. Medizinisch-wissenschaftliche Lehrbuch-Aphoristik

Unter den verschiedenartigen Traditionssträngen, die sich in der literarischen Aphoristik der Moderne miteinander verbinden, geht der bekannteste zurück auf die sog. ›Schriften des *Hippokrates*‹. Hinter diesem Namen steht freilich nicht eine einzige Person; neben dem berühmtesten Träger des Namens (ca. 460 bis 377 v. Chr.) gab es in direkter Generationenfolge noch sechs gleichnamige Ärzte auf der Insel Kos, und die Schriften ihrer gesamten medizinischen Schule (von denen etwa 75 in griechischer, arabischer oder lateinischer Form auf uns gekommen sind) wurden dann in der Bibliothek von Alexandria als ›Corpus Hippocraticum‹ zusammengestellt. Zu diesen vielfältigen Texten über medizinische und benachbarte Gegenstände gehören auch die berühmten hippokratischen Lehrsätze oder »Aphorismoi«, die der gesamten Gattungstradition den Namen gegeben haben.

Die *Wortgeschichte* dieses Ausdrucks (vgl. dazu bes. WdF 23–31, 76–87, 179–182, 209–225) muß man allerdings streng von der Gattungsgeschichte selbst unterscheiden; das vorige Kapitel hat schon verdeutlicht, daß längst nicht alles zur literarischen Textsorte ›Aphorismus‹ gehört, was diese Bezeichnung trägt. Der griechische Terminus ist abgeleitet vom Verb »aphorizein«, das drei verschiedene Bedeutungsnuancen aufweist: »unterscheiden«, dann »absondern«, schließlich »bestimmen«. In Anlehnung an die direkte lateinische Lehnübersetzung »de-finitio« hat man die Aphoristik fast immer nur an die dritte Wortbedeutung angeschlossen (vgl. *Stackelberg*, WdF 209) – durchaus zu Unrecht: schon die hippokratischen Lehrsätze sind in keinem Sinne Definitionen (auch keine ›Realdefinitionen‹). Im Rahmen der hier dargelegten Aphorismus-Theorie ließe sich sehr viel plausibler an die zweite Wortbedeutung anknüpfen: Aphorismen sind etwas untereinander »Abgesondertes«, terminologisch gesprochen: kotextuell Isoliertes. Eher in diesem Sinne hat man auch in der Antike bereits vom »aphorismos gnomikos« als einem isolierten gnomischen Ausspruch und als der Schreibart des »concisum genus scribendi« gesprochen (vgl. WdF 79 u. 181); insofern waren alle Verwendungsweisen von »Aphorismus« eigentlich immer schon nebeneinander da, und es hat im Grunde nur wortgeschichtliche Akzentverlagerungen gegeben. Bis zum Beginn des 19. Jh. dominiert dabei entschieden der Bezug auf systematisch gereihte Lehrsätze einer Wissenschaft im hippokratischen Sinne; Leibniz de-

finiert diese akademische Darstellungsform höchst bezeichnend als
»Aphorismes ou [. . .] Theses detachées« (*Leibniz* V, 310), die
»Aphorismes de M. Mesmer« (Paris 1785) heißen deutsch ganz richtig »Lehrsätze des Herrn Mesmer« (Straßburg 1785; nach der wert-
vollen, aber unsortierten Quellensammlung bei *Schröder* 532–574),
noch Lichtenberg und Goethe benutzen das Wort »Aphorismus«
stets in diesem Sinne, und überhaupt verwenden die Stammväter des
literarischen Aphorismus zunächst andere, oft phantasievoll variierende Gattungsbezeichnungen (Zusammenstellungen bei *Neumann* 38f., Fieguth DA 352f., *Fricke 1981*, 158). Die neue Gattung
und der alte Name »Aphorismus« gehen erst im Laufe des 19. Jh. eine einigermaßen feste Verbindung ein; und neuerdings scheint sich
der Wortgebrauch bereits wieder zu wandeln, nunmehr in die un-
spezifische Richtung eines jeglichen Bonmots, das man sich – obwohl es in ganz bestimmtem Ko- oder Kontext auftritt – jedenfalls
auch als Aphorismus oder geflügeltes Wort vorstellen könnte.

Solche Kraft zur späteren Verselbständigung zeichnet bereits viele
der hippokratischen »Aphorismoi« aus; gleich der erste ist in der
verkürzten lateinischen Version »Vita brevis, ars longa« zu einem
vielzitierten, wenn auch meist ohne Kenntnis seiner Herkunft be-
nutzten Ausspruch geworden:

»Das Leben ist kurz, die Kunst lang, die Gelegenheit flüchtig, die Erfahrung
unsicher, das Urteil schwierig. Nicht bloß der Arzt muß bereit sein, das Erforderliche zu leisten, sondern auch der Kranke selbst und seine Pfleger und
die äußeren Lebensbedingungen.« (*Hippokrates* XIV, 23)

Eine ähnlich berühmte latinisierte Hippokrates-Sentenz hat auch
der Arztsohn Schiller seinen »Räubern« als Motto vorangestellt
(»Quae medicamenta non sanant . . .«, aus dem Lehrsatz 413). Doch
bei Hippokrates selbst stehen die Lehrsätze meist gerade nicht in
solcher aphoristischen Isolation, sondern folgen klar aufeinander
nach Art von Thesen. Unter den ersten 10 sind etwa der 6. bis 9.
Lehrsatz durch syntaktische Kohäsion verknüpft (nämlich durch
Pronomina oder Partikel), der 4. und 5. durch semantische Kohärenz (dem Lehrsatz über ›Kostordnungen‹ im allgemeinen folgt
durch Fokussierung einer über ›knappe Kostordnung‹ im besonderen). Insofern ist es rezeptionsgeschichtlich naheliegend, daß später
der aus dem griechischen Kleinasien stammende *Galen*, kaiserlicher
Arzt in Rom, im 2. nachchristlichen Jahrhundert die Lehren der
hippokratischen Schule zu systematisch den Stoff erschöpfenden
Lehrbüchern ausarbeitete; im Gegensatz zu vielen philosophischen
und wissenschaftlichen Traditionen der Antike ist dieser ärztliche
Wissensbestand auch im Mittelalter nie verloren gegangen, sondern

bis in die Medizin der Neuzeit überliefert worden – mit bedeutenden Vermittler-Figuren wie Johannes von Mediolano und seine mit-
telalterliche ›Schule von Salerno‹ (vgl. WdF 23f., 179f.), Paracelsus,
Fernel, Sydenham und Boerhave (den wiederum Lichtenberg genau
studiert hat; vgl. *Stern* 104). Und noch im 20. Jh. hat man in einem
später eigens so genannten »Hippokrates-Verlag« sämtliche hippokratischen Schriften ebenso wie die des Galenos in neuer deutscher
Übersetzung ediert, um im Sinne ganzheitsmedizinischer Ideen mit
diesem »Führer« eine »neue Zeitwende . . . für die Heilkunst« ein-
zuleiten: die »Absage an den Materialismus in der Medizin« (Vorwort zu *Hippokrates* XIV, 8). Die daraus später entstandene »Hip-
pokrates-Fibel« (Stuttgart 1948) läßt sich bis auf ähnliche Taschen-
ausgaben für Ärzte des 17. Jh. zurückverfolgen. Allein dieser unge-
brochenen Tradition ›aphoristischer‹ Darstellung in der Medizin ist
es schließlich wohl zu verdanken, wenn man noch heute im Pro-
gramm des wissenschaftlich angesehensten medizinischen Fachver-
lags eine Sammlung »Aphorismen und Zitate für Chirurgen« antrifft
(*Bauer*).

Die Nachwirkung der hippokratischen Schriften war jedoch nie
auf den ärztlichen Bereich begrenzt; insofern hier und besonders
dann bei Galen medizinisch relevante Teile allgemeiner Naturforschung (also besonders Anatomie und Heilkräuterkunde) systematisch einbezogen wurden, hat sich die Darstellung ›in Aphorismen‹
zu einer bevorzugten Überlieferungsform naturwissenschaftlicher
Kenntnisse und der darauf bezogenen erkenntnistheoretischen Reflexion entwickelt. Eine Schlüsselstellung in diesem zweiten Tradi-
tionsstrang in der Vorgeschichte des literarischen Aphorismus
nimmt *Francis Bacon* mit seinem »Novum organum scientiarum«
von 1620 ein. Der Titel spielt natürlich auf das »Organon« des Aristoteles an, dessen die Theorie der Syllogismen betreffender Teil in
der Scholastik zu einem Dogma des deduktiven Schließens kanoni-
siert worden war; genau dagegen setzt Bacon nun sein Plädoyer für
induktiv arbeitende, von der einzelnen Erfahrung ausgehende Naturwissenschaft – und formuliert es demonstrativ (im 2. Buch von
»The Advancement of Learning« auch ausdrücklich begründet) in
nicht systematisch voranschreitenden »aphorismi« wie dem allerersten:

»Der Mensch, Diener und Erklärer der Natur, schafft und begreift nur so
viel, als er von der Ordnung der Natur durch die Sache oder den Geist beobachten kann; mehr weiß oder vermag er nicht.« (*Bacon* 41)

Doch so wie sich Bacon damit formal einer auf Hippokrates zu-
rückgehenden Schreibweise anschließt, so gehört auch sein Be-

kenntnis zum erfahrungswissenschaftlichen Arbeiten bereits zu den
ausdrücklich betonten Prinzipien der hippokratischen Schule:

»... wer dies weiß, muß ärztlich so tätig sein, daß er sich nicht zum voraus an
eine zuverlässige Überlegung (Theorie) hält, sondern an die vernunftgemäße
Erfahrung [...] Ich lobe also auch die Überlegung, wenn sie ihren Ausgang
von einem (einzelnen) zufälligen Ereignis nimmt und wenn sie die Abstrak-
tion auf Grund der sichtbaren Vorgänge regelrecht ausführt [...] Aus dem,
was nur durch den Verstand zustande kommt, wird man keinen Nutzen ziehen, dagegen aus dem, was durch eine Tat bewiesen ist.« (*Hippokrates* I 41f.)

Genau wie die hippokratischen sind aber auch die ›Aphorismen‹
Bacons der tatsächlich vorfindbaren Textsorte nach fortschreitende
und durchnumerierte ›Thesen‹ – häufig durch Junktionen und Pro-
Formen syntaktisch, mindestens aber der Sache nach semantisch
verknüpft (so kritisieren Nr. XI und XII allgemein die zeitgenössische Logik, Nr. XIII und XIV exemplifizieren dies dann am klassischen Syllogismus). Gerade durch seine formale Aufnahme der hippokratischen Lehrsatz-Tradition konnte Bacons »Novum organum« aber zu einem grundlegenden Lehrbuch der gesamten modernen, experimentellen Naturwissenschaft und der ihr zugewandten
empiristischen Philosophie werden. Nicht zufällig trägt auch Kants
»Kritik der reinen Vernunft« ein Bacon-Zitat als Motto; und nicht
zufällig hat der Göttinger Physikprofessor Lichtenberg, Vorkämp-
fer der experimentellen Methode in Deutschland, Bacons Werk als
»heuristisches Hebzeug« gepriesen (GL J 1242 sowie J 1061–1085,
K 312, III 312f.; vgl. dazu *Schöne* 75–78). Lichtenberg hat sogar
selbst noch einen kleinen Beitrag zur langen Geschichte naturwissenschaftlicher Lehrbuch-Aphoristik geleistet, indem er die nach alter Sitte in knappe Paragraphen eingeteilten »Anfangsgründe der
Naturlehre« seines Lehrers Erxleben neu herausgab und mit weiteren konzisen Zusätzen versah, die oft genug die im Haupttext vertretene Lehrmeinung barsch vom Tisch fegen:

»(Eigentlich wissen wir von der Ursache des Zusammenhangs der Körper gar
nichts. L.)« (*Erxleben* § 30)

Freilich war die Darstellungsform der hippokratischen Lehrsätze
auch jetzt und trotz Bacons Vorbild noch keineswegs auf die experi-
mentelle Schule beschränkt, sondern läßt sich ebenso in spekulativ
naturphilosophischen Schriften wiederfinden – in Schellings
»Aphorismen zur Einleitung in die Naturphilosophie« etwa, in
Görres' »Aphorismen über die Organonomie«, A. v. Humboldts
zunächst lateinisch verfaßten »Aphorismen aus der chemischen
Physiologie der Pflanzen« oder auch den noch zu erörternden

mystisch-intensiven Naturstudien von Novalis. Wie sehr aber in diesem Zusammenhang eine jahrhunderte- und jahrtausendealte Tradition bis in die Anfänge der modernen literarischen Aphoristik hineinreicht, wird schlaglichtartig erhellt, wenn man in Lichtenbergs »Sudelbüchern« unter lauter eigenen Einfällen plötzlich drei Nummern hintereinander entdeckt, von denen zwei aus Bacon und der dritte aus Hippokrates exzerpiert sind (GL J 573–757, jeweils im Original mit Quelle) – wie ja ähnlich auch in Goethes »Maximen und Reflexionen« ein ganzer Abschnitt (MuR 621–633) nichts anderes als eine allerdings brillante Übersetzung einiger hippokratischer Sätze darstellt (*Hippokrates* III 37f.).

Weitere Literatur:
Heinz Balmer: Der physikalische Hintergrund in Lichtenbergs Aphorismen, in: Das 1. Lichtenberg-Gespräch in Ober-Ramstadt 1972, Ober-Ramstadt 1974, 69–85; *W. Frost:* Bacon und die Naturphilosophie, München 1927; *Wolfgang Hartwig:* Physik als Kunst. Über die naturphilosophischen Gedanken Johann Wilhelm Ritters, Diss. phil. (masch.) Freiburg 1956; *Armin Hermann:* Das wissenschaftliche Weltbild Lichtenbergs, in: *Aufklärung* 44–59; *Dieter B. Herrmann:* Georg Christoph Lichtenberg als Herausgeber von Erxlebens Werk »Anfangsgründe der Naturlehre«, in: NTM 6, 1969, 1/68–81 und 2/1–12; *L. Jardine:* Francis Bacon. Discovery and the art of discourse, Cambridge 1974; *Justus Liebig:* Über Francis Bacon von Verulam und die Methode der Naturforschung. Neudruck München 1963; *Ernst Nachmanson:* Zum Nachleben der Aphorismen, in: Quellen u. Stud. z. Gesch. d. Naturw. u. d. Medizin 3, 1932, 300–315; *Kurt Pollak:* Die Heilkunde der Antike. Wissen und Weisheit der alten Ärzte, Düsseldorf 1969; *Fritz Schalk:* Zur Geschichte des Wortes Aphorismus im Romanischen, in: Ders.: Exempla romanischer Wortgeschichte, Frankfurt 1966, 1–20; *Brian Vickers:* Francis Bacon and Renaissance Prose, Cambridge 1969; *Ders.* (Hrsg.): Essential articles for the studies of Francis Bacon, Hamden/Conn. 1968; *Karl R. Wallace:* Francis Bacon on Communication and Rhetoric, North Carolina 1943.

2. Gelehrte Apophthegmata-Sammlungen

Francis Bacon hat neben seinem aphoristisch-thesenhaften »Organum« im Jahre 1625 auch einen Band »Apophthegms New and Old« herausgegeben. Der Sache wie dem Titelbegriff nach stellt er sich mit diesem Werk in eine Traditionslinie, die ihren Stammvater in *Plutarch* hat. Der im Rom des ersten nachchristlichen Jahrhunderts vielgelesene Grieche hat als Nebenwerke gleich drei solcher Zitat-Sammlungen verfaßt: »Regum et imperatorum apophthegmata« mit ›geflügelten‹ Aussprüchen von Königen und Kaisern, »Apophthegmata Laconica« und später aus Gründen der Gleichberechtigung »Lacaenarum apophthegmata« (also der Spartaner und Spartanerinnen, nach deren hier versammelten wortkarg-schlagfertigen Aussprüchen wir noch heute von einer »lakonischen Antwort« sprechen). Der gelehrte Streit um die Authentizität dieser Sammlungen und um mögliche altgriechische Vorläufer braucht hier nicht zu interessieren (vgl. dazu *Verweyen* 81ff.); wichtig ist allein die Tatsache, daß Plutarchs Sammlungen eine unabsehbare und anhaltende Wirksamkeit entfaltet haben, die in Fällen wie dem folgenden bis zum heutigen Tage reicht:

»Als Archelaos von einem schwatzhaften Friseur gefragt wurde, wie er ihm die Haare schneiden solle, antwortete Archelaos: ›Schweigend‹.« (*Verweyen* 85; griech. nur 10 Worte!)

Dieselbe Pointe bei geringfügigen Textabwandlungen trifft man noch immer von Zeit zu Zeit in den Witzspalten heutiger Zeitungen an. Sehr zu Recht leitet deshalb auch *Erasmus* seine 1531 gedruckte achtbändige Gesamtausgabe des »Apophthegmatum opus« im Vorwort mit einer tiefen Verbeugung vor Plutarch als der Lehrautorität auf dem Gebiet solcher Sammlungen ein. Für die Neuzeit nimmt dann Erasmus selbst diesen Platz ein; charakteristisch für seine einschlägigen Werke, deren erstes 1500 unter dem Titel »Adagiorum collectanea« erschien, ist der Umstand, daß er die von ihm gesammelten Aussprüche – entgegen seiner Ankündigung nicht nur aus klassischen Schriftstellern, sondern vielfach aus dem (meist bis heute geläufig gebliebenen) Volksmund – über die bloße Zusammenstellung hinaus gleich mit Kommentaren, Interpretationen und Hinweisen auf Parallelstellen verbindet. Beispielsweise findet man unter ähnlichen Abschnitten über die lateinischen Äquivalente von »Der Fisch stinkt zuerst am Kopf«, »Unkraut verdirbt nicht« oder »Kleider machen Leute« auch folgende Bemerkungen zum alten Topos

»*Steter Tropfen höhlt den Stein.* In diesem Wort steckt die Lehre, daß Beharrlichkeit das Härteste mürbe und das Schwierigste möglich macht, ist doch etwas so Leichtes und Weiches wie der Wassertropfen imstande, den härtesten Felsen auszuhöhlen, dem man mit Geräten aus Eisen kaum beikommen kann.
Plinius berichtet, daß es Kiesel gibt, die von den Füßen der Ameisen ganz abgetreten sind, und das ist für ihn das eindrucksvollste Beispiel für die Macht der Beharrlichkeit. Menander [sc. der erwähnte dramatische Sentenzen-Lieferant] bei Stobaios:

Denn alles, was
Da schwierig ist, bezwingt man mit Beharrlichkeit.

Ovid:
Was ist härter als Fels, was ist so weich wie die Welle?
Weiches Gewässer durchhöhlt dennoch das harte Gestein.
Dieselbe Sentenz führt Galen [sc. der erwähnte Hippokrates-Exeget] im
3. Buch ›Über die Temperamente‹ an, und zwar mit einem Vers aus dem
Epos: *So scheint mir denn der Ausspruch zutreffend:*
Felsen sogar zerstört das dauernde Tropfen des Wassers.
Hierher gehört auch . . .« (usw.; *Erasmus* 559)

Ersichtlich steht dies dem gelehrten Diskurs von Philologen weit
näher als dem unverbundenen Nebeneinander literarischer Aphorismen; treffend hat man hier deshalb auch von »Sprichwortessays«
gesprochen (*Röhrich/Mieder* 42). Ganz das gleiche gilt für die ersten
deutschsprachigen Nachfolger des Erasmus, unter denen sich *Johannes Agricola* im Vorwort zur 2. Auflage seiner »750 Teütscher
Sprichwörter / verneüwert und gebessert« von 1534 ausdrücklich
auf das Vorbild des großen Humanisten beruft:

»Erasmus von Roterodam hat auß den Schreibern und Lerern / Grichischer
und Latinischer sprach einen grossen hauffen zusammen gelesen / wir Deutschen aber haben so viel forteils nicht.« (*Agricola* 3)

In der Tat hatten die seit 1023 belegbaren Sammelwerke deutsche
Sprichwörter bis dahin nur oder überwiegend lateinisch aufgenommen (vgl. *Röhrich/Mieder* 42f.); dementsprechend fand Agricolas
erste gedruckte Sammlung von 1529 bereits drei Jahre später einen
anonymen Plagiator, den man als den 1541 mit einer erheblich erweiterten Sammlung unter eigenem Namen hervortretenden *Sebastian Franck* identifiziert hat (vgl. dgg. *Röhrich/Mieder* 48). Wie
groß (entgegen *Stroszeck* 60ff.) dabei Francks Abhängigkeit von Agricola ist, läßt sich an nahezu beliebig herausgegriffenen Beispielen
auf den ersten Blick ablesen:

»*Do Adam reutte / und Eva span / Wer was do eyn Edelman.*
Diß sprichwort beweiset / daß weil wir Adams kindes sind / und Adam den
acker gebawet und die erden / Und unser mutter Eva gespunnen / daß wir der
selbigen gepurt halben von Adam gleich edel seind / und keyner besser denn
der ander.« (*Agricola 207*)

Aus diesen Formulierungen macht Franck durch kleine Umstel-
lungen und Kürzungen dann:

»*Da Adam den acker bawet, vnnd Eua spann, wer was do ein Edelmann?*
Wir seindt alle Adams kinder, vnd der selbigen gepurt halben seindt wir alle
gleich, vnnd keyner besser denn der ander.« (*Franck 1532, 87*)

Aus dem gewählten Beispiel geht noch etwas anderes deutlich
hervor: Über das gelehrte philologische Sammlerinteresse hinaus

steckt in diesen ersten volkssprachlichen Werken der Gattung auch ein erhebliches Potential protestantischer Sozialkritik (Agricola war ein enger Vertrauter Luthers). Später beginnt dann das literarische Interesse zu dominieren – besonders deutlich in den großen barokken Sammlungen von *Zincgref* (» Der Teutschen Scharpfsinnige kluge Sprüch, Apophthegmata genant«, zuerst 1626) und von *Harsdörffer* (»Ars Apophthegmatica«, 1655), der 1641 sogar schon ein ganzes »Schauspiel Teutscher Sprichwörter« zusammengestellt hatte (ähnlich wie dann Kraus sein Dokumentardrama »Die letzten Tage der Menschheit« weitgehend aus originalen Zitaten der Zeit des Ersten Weltkriegs montiert hat und wie noch Brecht im »Kaukasischen Kreidekreis« den Richter Azdak und den Soldaten Simon ein Streitgespräch aus Sprichwörtern und Wellerismen austragen läßt).

Obgleich all solche Sammlungen von Sprichwörtern, Zitaten und Apophthegmen durch grundlegende Gattungsunterschiede vom Aphorismus getrennt sind (vgl. I.3), begegnet man ihrem Nachwirken doch gerade in der literarischen Aphoristik auf Schritt und Tritt. *Lichtenberg* legt in einem seiner Sudelbücher außer von den erwähnten Schimpfwörtern auch von absonderlichen Redensarten eine Sammlung an (D 668), notiert sich die Idee zu einem »Dialog von Eidschwüren und Schimpfwörtern« (D 662), führt einige davon skizzenhaft aus (E 385, J 181, J 182 u. a.) und bemerkt zu einer – in der Tat schon so in der frühesten Sammlung Agricolas (unter Nr. 37; *Franck 1532* Nr. 268) aufgeführten – Volksweisheit:

»Das älteste Sprüchwort ist wohl: *allzu viel ist ungesund.*« (GL B 248)

Ähnlich hat *Goethe* unter den »Maximen und Reflexionen« mehrere nachweislich direkt aus Zincgrefs Apophthegmata-Sammlung entlehnt (MuR 283, 320, 325, 817, 820); andere gehen unmittelbar auf Plutarch zurück (MuR 399, 896a, 1191). Als »Vorwort zu einem Bändchen Bemerkungen und Konjekturen zu schweren Stellen des Plutarch« hat auch der unter den deutschen Klassikern des Aphorismus noch eigens zu behandelnde *Seume* einen seiner politisch kühnsten Texte zu tarnen versucht; weder dies noch die Einkleidung in lateinische Gelehrtenprosa reichten freilich aus, um eine Publikation bei Lebzeiten möglich zu machen. Unter den vielen Aphoristikern, die sich sprichwörtlicher Redensarten als aphoristischem Rohmaterial bedienen, nimmt *Karl Kraus* mit weit über hundert Sprichwort-Kontrafakturen eine herausragende Stellung ein (vgl. *Mieder*). Und der von Kraus so stark beeindruckte *Elias Canetti* hat dieses Prinzip des kritischen Umgangs mit volkstümlich gewordenen Aussprüchen einmal in seinen gleichfalls aphoristischen »Aufzeichnungen« explizit formuliert:

»Die falschesten Redensarten haben den größten Reiz, solange es noch irgendwelche Leute gibt, die sie ernsthaft anwenden.« (*Canetti* 87)

Weitere Literatur:
Neumann 42–48, *Röhrich/Mieder* 26–51, *Stroszeck, Verweyen* (dort jeweils bibl. Zusammenstellungen); *Schalk,* WdF 75–111; *Höft,* WdF 112–129; *Grenzmann,* WdF 177–208; *Stackelberg,* WdF 209–225; *Pagliaro,* WdF 305–330; *Th. C. Appelt:* Studies in the Contents and Sources of Erasmus' »Adagia«, Chicago 1942; *W. Gemoll:* Das Apophthegma, Leipzig 1924; *Heinz-Dieter Grau:* Die Leistung Johannes Agricolas als Sprichwortsammler, Diss. phil. Tübingen 1968; *Rudolf Kommoß:* Sebastian Franck und Erasmus von Rotterdam, 1934; *Léon Levrault:* Maximes et Portraits. Evolution du Genre, Paris [1908]; *Ulrich Meisser:* Die Sprichwörtersammlung Sebastian Francks von 1541, Amsterdam 1974; *Wolfgang Mieder:* Das Sprichwort und die deutsche Literatur, in: Fabula 13, 1972, 135–149; *G. Nador:* Über einen Aphorismentyp und seine antiken Vorläufer, in: Altertum 8, 1962, 8–12; *Margaret M. Philips:* The Adages of Erasmus. A Study with Translations, Cambridge 1964; *Friedrich Seiler:* Deutsche Sprichwörter in mittelalterlicher lateinischer Fassung, in: ZdPh 45, 1913, 236–291; *Carl Wefelmeier:* Die Sentenzensammlung der Demonicea, Diss. phil. Köln 1962; *Günther Weydt:* Apophthegmata Teutsch. Über Ursprung und Wesen der »Simplicianischen Scherzreden«, in: FS J. Trier, Köln 1964, S. 364–386.

3. Religiöse Spruchweisheit

Als »Apophthegmata Patrum« wird in scheinbarer Analogie zu vielen eben angeführten Texten auch eine Spruchanthologie bezeichnet, die gleichwohl im Zusammenhang einer deutlich anderen Traditionslinie behandelt werden muß: es handelt sich um »Aussprüche der Kirchenväter«, und ihre Sammlung – begründet durch koptische Christen des 4./5. Jahrhunderts und überliefert besonders innerhalb von Mönchsorden als Maximen frommen Lebenswandels (vgl. *Verweyen* 87ff.) – entspringt nicht gelehrter Neugier, sondern religiöser Überzeugung. Vorbild und wichtigste Quelle solcher geistlichen Spruchweisheit ist natürlich die Bibel selbst, und hier vorrangig zwei Sammlungen von geradezu gattungsparadigmatischer Wirksamkeit.

Im Alten Testament sind dies die *Sprüche Salomos*, die Bacon einmal sogar schlicht als »Aphorisms of Solomon« bezeichnet hat (vgl. *Stern* 106). Dieser wie auch der übliche lateinische Titel »Proverbia« paßt freilich allenfalls auf die Kap. 10–29; das übrige ist eindeutig anders (nämlich kotextuell nicht isoliert) strukturiert, und insgesamt ist das Buch aus 9 zunächst getrennten Einzelsammlungen zusammengestellt. Daraus ist nun inzwischen vieles selbst wieder sprichwörtlich geworden (vgl. die Zusammenstellung bei *Büchmann*) und wird meist ohne Bewußtsein seiner biblischen Herkunft verwendet – etwa:

»Wer eine Grube macht, der wird hineinfallen; und wer einen Stein wälzt, auf den wird er zurückkommen.« (Spr. Sal. 26, 27)

Aus der sprichworttypischen Isolierung, Verkürzung und Rhythmisierung des ersten Teils macht Karl Kraus in der wiederum für ihn typischen Manier des Umgangs mit solch geflügeltem Wortgut:

»Wer andern keine Grube gräbt, fällt selbst hinein.« (DA 217/1, BWG 57)

Wörtlich und kommentarlos übernommen findet man dagegen in Goethes »Maximen und Reflexionen« einen Salomo-Vers:

»Eine richtige Antwort ist wie ein lieblicher Kuß.« (MuR 888 = Spr. Sal. 24, 26)

Überwiegend jedoch dienen Bibelstellen in der literarischen Aphoristik als Rohstoff zur Anspielung oder Kontrafaktur – gelegentlich sogar in mehreren Variationen. In bezug auf Spr. Sal. 1, 10 etwa entwirft Lichtenberg eine satirische Szene:

»*Der Vater*. Mein Töchterchen, du weißt, Salomon sagt: wenn dich die bösen Buben locken, so folge ihnen nicht.
Die Tochter. Aber, Papa, was muß ich dann tun, wenn mich die guten Buben locken?« (DA 16/3; GL G 172)

Dagegen findet sich in Karl Mays schmalem, fast durchweg geistlich ausgerichteten Aphorismen-Werk »Mahnung und Trost« eine ganz andersartige, gleichsam spätneupietistische Variante:

»Wenn dich die bösen Buben locken, so – locke du nur wieder. Vielleicht ist's ihre Rettung!« (*May* 394)

Die Technik der Kontrafaktur von Zitaten aus dem Alten Testament konnten die Aphoristiker freilich schon aus dem Neuen Testament lernen, und nirgends so gut wie in der *Bergpredigt*. Dies ist ja, wie die philologische Bibelkritik längst ermittelt hat, keineswegs eine in dieser Form gehaltene Rede Jesu, sondern gleichfalls eine erst Jahrzehnte später aus verschiedenen Sammlungen seiner Aussprüche (besonders der Logienquelle Q) von Matthäus mit literarischem Geschick zusammenredigierte Spruch-Anthologie zu verwandten Themen. Darin nun kehrt ein antithetisches Grundmuster immer wieder:

»Ihr habt gehört, daß da [sc. 3. Mose 24, 20] gesagt ist:
›Auge um Auge, Zahn um Zahn.‹
Ich aber sage euch, daß ihr nicht widerstreben sollt dem Übel; sondern, so
dir jemand einen Streich gibt auf deinen rechten Backen, dem biete den andern auch dar.« (Matth. 5, 38–39)

Oder, diesmal mit Bezug auf 3. Mose 19, 18:

»Ihr habt gehört, daß gesagt ist:
›Du sollst deinen Nächsten lieben und deinen Feind hassen.‹
Ich aber sage euch: Liebet eure Feinde; segnet, die euch fluchen; tut wohl
denen, die euch hassen; bittet für die, so euch beleidigen und verfolgen«
(Matth. 5, 43–44)

Wenn Jesus in derselben Bergpredigt zur Milderung des in Matth.
7, 28 berichteten (und teilweise bis heute anhaltenden) Entsetzens
seiner Zuhörer dann versichert, er beabsichtige Gesetz und Propheten des Alten Testaments nicht »aufzulösen, sondern zu erfüllen«
(Matth. 5, 17), so kann er sich bemerkenswerterweise hier wieder
auf ähnlich radikalpazifistische Forderungen in den Sprüchen Salomonis beziehen:

»Hungert deinen Feind, so speise ihn mit Brot; dürstet ihn, so tränke ihn mit
Wasser.
Denn du wirst feurige Kohlen auf sein Haupt häufen, und der Herr wird dir's
vergelten.« (Spr. Sal. 25, 21–22)

Die Widerlegung des ›alten Worts‹ erfolgt also selbst wieder unter
Bezugnahme auf ein altes Wort – und dieses Verfahren ist wie kaum
ein anderes für die moderne literarische Aphoristik fruchtbar geworden. Der aus protestantischem Pfarrhause stammende Nietzsche macht dies ganz explizit (in einem für seine Schreibweise charakteristischen ›Aphorismus mit Ansagen‹):

»*Lucas 18, 14 verbessert.* – Wer sich selbst erniedrigt, will erhöhet werden.«
(FN IV 2, 85)

Zur impliziten Technik der Selbstentlarvung jeglichen zur Phrase
abgesunkenen Sprachmaterials finden wir das Verfahren dann in den
Zitat-Aphorismen von Kraus weiterentwickelt:

»›Das Leben geht weiter.‹ Als es erlaubt ist.« (BWG 435)

Für die literarische Sozialisation von Kraus wie von vielen nam-
haften Aphoristikern des 20. Jh. (man denke etwa an Hofmannsthal,
Schnitzler, Altenberg, Kuh, Friedell, Tucholsky, Benjamin, Adorno, Canetti, Tuwim, Lec oder Laub) verdient freilich noch stärker
als die neutestamentarische wohl die jüdische religiöse Überliefe-

rung wissenschaftliche Beachtung – an ihrer Spitze der Babylonische *Talmud*. Denn die ebenso interessante wie komplizierte Struktur dieser in ihren kanonischen Teilen im 5. Jh. n. Chr. vollendeten Sammlung läßt sich in ihrer Art der kommentierenden Zusammenstellung kurzer Zitate aus vielfältigen Quellen teilweise mit den Sprichwortessays der Erasmus-Tradition vergleichen. Jedoch wird hier die Autorität und Verbindlichkeit der angeführten Aussprüche hierarchisiert und auch graphisch durch konzentrische Anordnung signalisiert: in der Mitte groß der Grundtext der »Mischna«, danach der darauf bezogene verbindliche Kommentar der »Gemara«, rundherum in immer kleinerer Schrift die jüngere gelehrte Auseinandersetzung damit. Man findet hier also eigentlich keine logische oder lineare Abfolge, sondern ein überwiegend dialogisch strukturiertes Mosaik einzelner Aussprüche der Autoritäten in der Tradition der jüdischen Bibelauslegung. Ein kurzes Beispiel aus dem Umfeld der bereits zitierten biblischen Diskussion kann das veranschaulichen:

»Ein Mann geht nicht mit einem Schwert aus, auch nicht mit einem Bogen, nicht mit einem Schild, nicht mit einem Wurfstock und nicht mit einem Speer. Wenn er aber ausgeht, ist er ein Sündopfer schuldig. Rabbi Elieser sagt: Sie sind für ihn Schmuckstücke; und die Weisen sagen: Dem ist nicht so, sondern sie gereichen ihm zur Schande, denn es heißt: *Da schmieden sie ihre Schwerter zu Pflugscharen und ihre Spieße zu Rebmessern, nicht erhebt Volk wider Volk das Schwert, und nicht mehr lernen sie den Krieg.*« (*Talmud* 570; Hervorh. orig.)

Noch größere Ähnlichkeit mit Sprichwortsammlungen und Aphorismenbüchern weist ein Abschnitt des Talmud auf, in dem nur kurze Mischna-Texte ohne kommentierende Gemara unverbunden aneinander gereiht sind und der den Titel »Mischna Awot« trägt – im Sinne von ›Sprüche der Väter‹ eine recht genaue Entsprechung zu der zitierten Bezeichnung »Apophthegmata Patrum«. Die Anlage solcher geistlichen Spruchsammlungen ist jedoch keine jüdisch-christliche Besonderheit, sondern es »ist bei allen Nationen und Zungen die größt Weisheit aller Weisen in solich Hofred und abgekürzte Sprichwörter . . . eingelegt« (*Franck 1541*, Vorwort; ähnlich *Agricola* 4f.; *Herder 10f.*; *J. St. Mill*, zit. WdF 230/293). Die ältesten erhaltenen Zeugnisse dieser Art dürften Papyrus-Sammlungen sein, die ca. 2400 v. Chr. in Ägypten entstanden (vgl. *Krupka* 11); in besonders reichem Maße überliefert (und seit 1591 nach *Verweyen* 242 als »Apophthegmata Ebraeorum ac Arabum« auch schon in Europa übersetzt) ist alte *arabische Spruchweisheit*, deren auffälligste Besonderheit in der Vorliebe für fabelartige Tiersymbolik liegt:

»Er ist wie ein Kamel auf der Pilgerfahrt, es stirbt vor Durst, während es das Wasser auf seinem Rücken trägt.« (*Bonsack* 83)

Den *Koran* hat Voltaire einmal schlicht als Mohammeds »Aphorismes de mèdecine« bezeichnet (zit. WdF 217) und so in die hippokratische Tradition eingereiht; in England konnte 1770 sogar eine (zunächst fälschlich Sterne zugeschriebene) Aphorismen-Sammlung unter dem Haupttitel »The Koran« erscheinen, aus deren deutscher Übersetzung Goethe 19 Bemerkungen in die »Maximen und Reflexionen« übernahm (MuR 742–760). Der Koran-Text selbst, erst nach Mohammeds Tod zusammengestellt und nach Umfangskriterien geordnet, ist zwar nicht wirklich aphoristisch strukturiert, stellt aber vielfach die geistliches und weltliches Recht vereinigenden Verhaltensmaximen in thematischer Isolation schroff nebeneinander – etwa im 33. Vers der 4. Sure über »Die Weiber«:

»O ihr, die ihr glaubt, fresset nicht euer Gut unter euch in Nichtigkeiten, es sei denn im Handel nach gegenseitiger Übereinkunft; und begeht nicht Selbstmord; siehe, Allah ist barmherzig gegen euch.« (*Koran* 93)

In der *Sanskrit-Literatur* sind die großen religiösen Texte, die Veden und Upanishaden, demgegenüber zunächst geschlossene Dichtungen; aus ihnen wurden jedoch später, zusammen mit aus den Volkssprachen ins heilige Sanskrit übertragenen Kurztexten gleichfalls umfangreiche Spruchsammlungen zusammengestellt – und in ebendieser Form auch gleich begründet:

»Wer weise ist, der sammelt da und dort schöne Aussprüche, gute Reden und Verdienste auf wie ein Ährenleser die Ähren.« (*Beer* 71)

Die Vorliebe der großen Weltreligionen für die Überlieferungsform der geistlichen Spruchsammlung kennt allerdings auch mindestens zwei große Ausnahmen. Entgegen einer vielleicht dem Nietzsche-Leser naheliegenden Erwartung sind die avestischen ›Gathas‹ oder Singstrophen des *Zarathustra* (griech. »Zoroaster«) nicht im mindesten aphoristisch angelegt, sondern besitzen feste Vers- und Strophenform mit enger Textverknüpfung (vgl. *Schlerath*, bes. 172– 176); allenfalls Zarathustras Vorliebe für anaphorische Strophenverbindungen und parallelistische Satzkonstruktionen könnte hier einen formalen Anknüpfungspunkt für Nietzsche geboten haben. Fern von jeder spruchähnlichen Isolation sind auch – soweit man hier nach deutschen Übersetzungen urteilen darf – die heiligen Texte des Buddhismus; in ihnen kommt es charakteristischerweise gerade nicht auf den einzelnen Gedanken an, sondern auf den meditativen Ablauf eines langen, denselben Sachverhalt wiederholt umkreisenden Reflexionsprozesses.

Die *Sprüche des Konfuzius* hingegen können geradezu als ›locus classicus‹ geistlicher Apophthegmata gelten (1794 dt. als »Aphorismen oder Sentenzen des Konfuz«; bei *Schröder* 568) wiewohl sie in einer dem Neuen Testament verwandten Mischform von isolierten Aussprüchen, Gesprächen und Anekdoten überliefert sind. Unter ihren traditionsbetonten sittlichen Verhaltensregeln findet der europäische Leser überraschend vertraute Gedanken:

»Der Meister sprach: ›Tse-lu [,] soll ich dir sagen, was Wissen ist? Zu wissen, was man weiß und zu wissen, was man nicht weiß, das ist Wissen.‹« (*Konfuzius* 38)

Diese paradoxe Zuspitzung kennen wir, besonders in der geflügelten lateinischen Fassung »Scio me nescire«, aus der Apologie des Sokrates (23a–b); sie findet sich aber ähnlich auch bei Prediger Salomo (1, 18), dessen Ausspruch wiederum Goethe zu einer der »Maximen und Reflexionen« umgeformt hat (MuR 281; vgl. Komm. MuR S. 273 sowie *Fr. Schlegel* AF 267; DA 75/6). Und derselbe Gedanke findet sich in wenigstens sechs analogen Formulierungen unter den verschiedenartigen Kurztexten, die man als »Die Aphorismen Laotses« (*Margolius*, WdF 293) bezeichnet hat (*Laotse* 38, 123, 153f., 3 x 194). Noch frappanter belegt eine andere Laotse-Stelle die weltweite Verwandtschaft in aller Vielfalt althergebrachter Spruchweisheit:

»Es gibt nichts Weicheres als das Wasser,
Aber nichts ist ihm in der Überwindung des Harten überlegen,
Für welches es keinen Ersatz gibt.
Daß Schwäche Stärke überwindet
Und Sanftheit Starre überwindet,
Weiß niemand nicht.« (*Laotse* 198)

Das ist nicht nur ein Parallelgedanke zu den angeführten Aussprüchen aus dem Talmud, der Bergpredigt und den Sprüchen Salomonis – es ist auch eine beinahe wortgetreue Entsprechung zu dem, was Erasmus unter Berufung auf Homer, Menander, Ovid, Plinius und den Hippokratiker Galen in seine »Adagia« aufgenommen hat; und von daher liegt es durchaus nahe, daß gerade diese Stelle als Lehre des Laotse in der »Legende von der Entstehung des Buches Taoteking« erscheint (*Brecht* IX, 660–663).

Ähnlich weltweit kann man aber auch den Vorgang der modernen *Säkularisierung* geistlicher Spruchweisheit beobachten: an die Stelle der Sprüche Laotses und Kung-fu-tses treten die »Worte des Vorsitzenden Mao Tse-tung« (aus seinen in europäisch-marxistischer Manier kohäsiv argumentierenden Schriften zusammengestellt und in der westlichen Welt unter dem sprechenden Titel »Mao-Bibel« be-

kannt geworden); an die Stelle der biblischen ›Losung des Tages‹
tritt der tägliche Spruch auf dem Kalenderblatt; und an die Stelle
jüdisch-christlicher Spruchheiligtümer tritt die weltliche Aphoristik
von jüdischen und christlichen Schriftstellern. Obwohl es unter den
großen deutschen Aphoristikern auch bemerkenswert viele Pfarrer-
söhne wie Lichtenberg, die Brüder Schlegel, Jean Paul oder Nietzsche gibt, sollte man dabei den Ausdruck »Säkularisierung« vorsich-
tigerweise (entgegen z. B. der überzogenen Pietismus-These bei *Requadt* 20–47) als eine rein literarische, nämlich rezeptionsästhetische
Kategorie verstehen: als Ablösung geistlicher durch weltliche Texte
in analoger Funktion. Das anthropologisch offenbar universelle Be-
dürfnis nach kurzgefaßter Welteinsicht und Handlungsorientierung
verlangt in Zeiten schwindender religiös-dogmatischer Autorität
nach einem Ersatz, der sich auf andere, nämlich literarische Weise
selbst legitimiert (obwohl man in Verzeichnissen lieferbarer Bücher
unter dem Stichwort »Aphorismen« auch schon wieder diverse
Sammlungen von Lehrsprüchen moderner Gurus aus abendländischen wie aus fernöstlichen Sekten finden kann).

Zwei grundlegende Unterschiede zwischen religiösen Spruchcorpora und literarischer Aphoristik sind jedoch zu beachten. Zum
einen liegt das Recht der *Auslegung* eines heiligen Spruchs in aller
Regel bei der esoterischen Autorität des Priesters; dem aufgeklärt
weltlichen, sozusagen bürgerlich-demokratisch gewordenen Aphorismus gegenüber ist das Recht, ja die Notwendigkeit der Auslegung
dem individuellen Leser zugesprochen, der dem Text als intellektueller Souverän begegnet. Zum anderen muß man sich hier vergegenwärtigen, daß mit geringen Ausnahmen die behandelte geistliche
Spruchweisheit als *Versdichtung* auftritt, in den landessprachlich
üblichen metrischen Formen. Der Literaturwissenschaftler braucht
also, um bedingende Faktoren für die Entstehung des modernen literarischen Aphorismus angeben zu können, nicht gleich spekulativ
auf die Religionsgeschichte oder auf die ›kopernikanische Wende‹
des Weltbildes durch Naturwissenschaften und Kants Philosophie
– dessen literarische Anhänger Schiller und Kleist ja gerade keine
Aphorismen geschrieben haben – auszugreifen (wie z. B. *Neumann*
41–45, 812–818, WdF 9f.; *Mautner* WdF 38; *Requadt* WdF 371); er
kann auf seinem ureigenen Felde darauf hinweisen, daß die Entwicklung des Prosa-Aphorismus zur literarischen Kunstform u. a.
einfach mit der gleichzeitigen poetischen Emanzipation der Prosa
und des ›genus humile dicendi‹ als des vermeintlich ›niederen Stils‹
zu tun haben dürfte. Das würde zugleich verständlicher machen,
warum die literarische Aphoristik in der romanischen Welt, in der
die Prosa schon durch die Romane des Cervantes, des Cyrano de

Bergerac oder der Scudéry hochliterarisches Renommee gewinnen konnten, ein gutes Jahrhundert früher zur Blüte kam als in Deutschland, wo die poetische Gleichrangigkeit der Prosaform erst durch die Bürgerlichen Trauerspiele Lessings, Goethes und Schillers gesichert wurde.

Weitere Literatur:
S. G. Champion: The Eleven Religions and Their Proverbial Lore: A Comparative Study, New York 1945; *W. Hopkins:* Proverbs and Tales Common to the Two Sanskrit Epics, in: Am. Journ. of Phil. 20, 1899, 22–39; *Georg Sauer:* Die Sprüche Agurs. Untersuchung zur Herkunft, Verbreitung und Bedeutung einer biblischen Stilform unter besonderer Berücksichtigung von Proverbia c. 30, Stuttgart 1963; *John Thompson:* The Form and Function of Proverbs in Ancient Israel, The Hague 1974.

4. Aphoristisches Philosophieren als Grenzfall

Ein gesondertes Kapitel über die Beziehungen von Aphorismus und Philosophie ist nur sinnvoll, wenn unter »Philosophie« dabei nicht bloß eine etwas weltlichere Variante der Religion als allgemeine Weltanschauung verstanden wird (»That's my philosophy«), sondern die eigenständige Disziplin der intersubjektiv kontrollierbar gemachten Argumentation in solchen Bereichen, die einer rein erfahrungswissenschaftlichen Kontrolle nicht zugänglich sind. Denn die Philosophie behandelt Probleme zweiter Stufe: sie gibt keine Theorie der Welt, sondern eine ›Metatheorie‹ unseres sprechenden, erkennenden, handelnden, moralisch oder ästhetisch urteilenden Verhaltens zur Welt. In diesem Sinne ist Philosophie zunächst von Platon und Aristoteles als ontologische *Wesensreflexion* in bezug auf die Prinzipien möglicher Gegenstände entwickelt und von den mittelalterlichen Scholastikern, trotz der zeitweiligen Mesalliance mit dogmatischer Theologie relativ unbeschädigt, an die Neuzeit überliefert worden; sie ist dann von mit der modernen Naturwissenschaft vertrauten Denkern wie Leibniz, Locke, Hume und Kant weiterentwickelt worden zur *Selbstreflexion* in bezug auf die Prinzipien menschlicher Gewißheit; und sie ist schließlich von logisch geschulten Philosophen wie Frege, Russell und Wittgenstein geklärt worden zur *Sprachreflexion* in bezug auf die Prinzipien vernünftigen Redens.

Gemäß diesem m. E. irreversiblen ›linguistic turn‹ der neueren Philosophie soll auch hier wiederum nicht nach einer »Philosophie des Aphorismus« (*Margolius* WdF 288) oder einem »aphoristischen

Denken« (*Requadt* WdF 331) gefragt werden, sondern nach dem aphoristischen *Schreiben* in philosophischen Zusammenhängen. Die historisch frühesten Kandidaten dafür sind natürlich die »Fragmente der Vorsokratiker«, die man in der Forschungsliteratur oft wie selbstverständlich als Aphorismen eingeordnet findet (z. B. WdF 112, 139, 147, 294) – besonders häufig in bezug auf *Heraklit*. Dessen berühmt gewordene Aussprüche wie »Alles ist eins«, »Der Krieg ist der Vater aller Dinge« oder »Man steigt nicht zweimal in denselben Fluß« muten ja in der Tat sehr aphoristisch an. Ihr originaler Wortlaut freilich lautet gar nicht genau so (vgl. *Diels / Kranz* Nr. 50/53/91); und vor allem sind sie nicht in demselben aphoristischen Sinne »Fragmente« wie etwa diejenigen Fr. Schlegels. Heraklit und mit ihm die anderen, chronologisch etwas ungenau so genannten ›Vorsokratiker‹ wie *Thales, Parmenides, Zenon* von Elea oder *Demokrit* haben so wenig ›Fragmente geschrieben‹, wie antike Bildhauer ihre Statuen ohne Kopf geformt haben: sie sind uns nur fragmentarisch überliefert. Wir kennen die Vorsokratiker nicht aus ihren eigenen Schriften, sondern nur aus Zitaten daraus bei anderen Autoren – etwa bei Aristoteles, seinem Schüler Theophrast und seinem Kommentator Alexander v. Aphrodisias; in den bereits erwähnten Apophthegmata-Sammlungen von Plutarch oder von Diogenes Laertius und Stobaios; und einmal mehr bei Hippokrates und Galen. Allein aufgrund zufälliger Überlieferungsverluste also können wir die Äußerungen dieser Autoren heute nur noch so lesen wie Fragmente; dies gerade gibt ihnen allerdings erst ihre Offenheit für ganz divergierende und schwer widerlegbare Interpretationen durch moderne Philosophen wie Heidegger.

Wie die Vorsokratiker sind auch viele griech.-röm. Moralphilosophen wie *Epikur* (WdF 370), *Seneca* (WdF 112, 150, 181 – nach *Neumann* 20 so seit 1555) oder *Mark Aurel* (WdF 112, 293, 295) der Aphoristik zugeschlagen worden; beim Nachschlagen der erhaltenen Originaltexte findet man davon leider nicht die Spur. Lediglich *Epiktets* berühmtes »Handbüchlein der Moral« (nach *Margolius* WdF 295 »Die Aphorismen Epiktets«) scheint hier eine Ausnahme zu machen: diese später auch von den spanisch-französischen Moralisten vielgelesene Kollektion von moralischen Empfehlungen hat eindeutig kotextuell isolierte Struktur. Doch die stammt, wie historische Nachforschung ergibt, nicht von Epiktet: sein Schüler Arrian hat im Unterricht sog. ›Diatriben‹ als fingierte Ansprachen zu Übungszwecken mitgeschrieben, und eine Blütenlese daraus ergab dann posthum das »Handbüchlein«.

Die *Scholastik* bewahrt uns vor solchen Enttäuschungen: hier waren nimmermüde Systematiker am Werk, deren schulmäßig deduktive

Traktate den Gedanken an Aphoristisches gar nicht erst aufkommen lassen. Am Anfang der neuzeitlichen Philosophie dagegen steht mit *Bacons* »Novum Organum« ein aphorismengeschichtlich höchst bedeutsamer Text; hier freilich war bereits (s. o. II.1) deutlich geworden, daß es sich bei den 180 »Aphorismi« eigentlich um ›Thesen‹ in der naturwissenschaftlichen Lehrsatz-Tradition handelt. Nur dem äußeren Anschein nach aphorismenähnlich sind auch manche Teile des Werks von *Leibniz*, besonders die wichtigen »fragments inédits« (in der Zusammenstellung von *Couturat*); der Titel verrät schon, daß es hier genau wie bei den numerierten »Reflexionen« von *Kant* einfach um die bei schreibenden Menschen fast unvermeidlichen nachgelassenen Notizen und Entwürfe geht – dies war nicht etwa Leibnizens Art zu philosophieren, die sich eher schon in der Sonderform von Briefen niederschlägt, die Leibniz wirklich an gelehrte oder hochadlige Zeitgenossen geschickt hat und die deshalb zu Recht hier einmal die vorderen und nicht erst die letzten Bände der Werkausgabe füllen.

Ausdrücklich als Buchtitel hat »Philosophische Aphorismen« zuerst wohl *Ernst Platner* 1776 verwendet – freilich als so offenkundigen Etikettenschwindel, daß schon Jean Paul murrte: »Platner [. . .] gab unter dem Namen Aphorismen ein wirkliches System« (JPSW I 16, 453) und daß *Fichte* seinen Vorlesungen zur Wissenschaftslehre Platners Werk als systematischen Leitfaden zugrundelegen konnte. Einen ähnlich weitherzigen Gebrauch des »Aphorismen«-Titels in Bezug auf einen »Vortrag [. . .] in gründlichem Zusammenhange« hatte *Hegel* noch 1829 in einer Rezension zu bemängeln (vgl. *Fricke 1981*, 158).

Einen einwandfrei aphoristischen Text finden wir endlich bei *Sören Kierkegaard:* der Verehrer Lichtenbergs (vgl. *Mautner 1968, 38*) leitete 1843 sein Buch »Enten-Eller« (Entweder – oder) mit isolierten und vielfältig pointierten »Diapsalmata« ein (etwa: musikalische Zwischenspiele bei Psalmversen). Manche unter ihnen handeln auch von der Philosophie:

»Was die Philosophen über die Wirklichkeit sagen, ist oft ebenso irreführend, wie wenn man bei einem Trödler auf einem Schilde liest: Hier wird gerollt [gemangelt]. Würde man mit seinem Zeug kommen, um es rollen zu lassen, so wäre man genasführt; denn das Schild steht bloß zum Verkaufe aus.« (*Kierkegaard* I, 34)

Genau genommen ist das nun aber keine Philosophie, sondern eine gelungene Satire auf die Philosophen. Und die meisten anderen dieser Bemerkungen sind völlig unphilosophisch: Selbstbeobachtungen, Ausdruck seiner Depressivität, die dann wieder ironisch kommentiert wird (»Vorderbeine zu kurz«, 41/2), Bemerkungen über Musik, Dichter und Dichtungen. Der literarische Charakter des Ganzen wird noch betont durch die Veröffentlichung unter dem sprechenden Pseudonym »Viktor Eremita« und eine fast jeanpaulische Herausgeberfiktion (ausgerechnet im Geheimfach eines Trödler-Schreibtisches gefunden . . .). Damit soll nun nicht etwa Kierkegaards allgemeine Bedeutung für die Philosophie in Abrede gestellt werden – sein anregender Einfluß auf die Hegel-Kritik, die Existenzphilosophie, die Ästhetik ist unbestreitbar, und selbst Adorno hat seine Habilitationsschrift über Kierkegaard verfaßt und bis 1963 mehrmals erweitert. Aber die »Diapsalmata« sind keine philosophischen Aphorismen, sondern ganz normale, buntgemischte literarische Aphorismen.

Gerade umgekehrt verhält es sich mit Schopenhauers »Aphorismen zur Lebensweisheit« von 1851: ein philosophisches Werk, aber alles andere als Aphorismen – obwohl manche Blütenlesen-Bändchen das ihren Lesern weismachen möchten und obwohl das sogar manche Aphorismen-Forscher von diesem wie von den noch geschlosseneren seiner Schriften behaupten, gelegentlich (Margolius WdF 284; ähnlich Wehe WdF 140f.) mit der aparten Begründung, sie seien »aus aphoristischen Aufzeichnungen hervorgegangen« (welches gedanklich anspruchsvolle Buch wäre das nicht?). Schopenhauer erläutert seine Absicht und indirekt seinen Wortgebrauch selbst dahingehend, daß hier – durchaus im Gegensatz zum Hauptwerk »Die Welt als Wille und Vorstellung« – die Darstellung »auf dem gewöhnlichen empirischen Standpunkte bleibt« und »keinen Anspruch auf Vollständigkeit« macht (Schopenhauer IV, 347f.). Nichtsdestoweniger eine völlig systematische Abhandlung: von der umständlich begründeten »Grundeintheilung« in die Kapitel »Von dem, was Einer ist« bzw. ». . .hat« bzw. ». . .vorstellt« usw. bis zur immer kohärenten Argumentation, in der die Grundthesen ständig paraphrasiert, erläutert und insgesamt – entgegen seinen eigenen Stilmaximen – geradezu geschwätzig vorgetragen werden. Auch das V. Kapitel »Paränesen und Maximen« reiht die moralischen Mahnungen (›Paränesen‹) nicht etwa aus eigener Feder aneinander, sondern sie werden aus anderen Schriftstellern zitiert und dann in zusammenhängendem Diskurs kommentiert; der Textsorte nach ähnelt dies sehr den Sprichwortessays der Erasmus-Tradition, des Talmuds und besonders des von Schopenhauer übersetzten Gracián (vgl. II.5). Allenfalls also könnte man sagen, daß hier nicht *in*, sondern *über* Aphorismen zur Lebensweisheit gesprochen wird.

An Berühmtheit als ›Aphoristiker‹ wie als Philosoph wurde Schopenhauer von seinem zeitweiligen Anhänger *Nietzsche* noch über troffen; dieser Sonderfall freilich ist literarisch zu wichtig und philosophisch zu schwierig, um ihn hier en passant abzuhandeln, und soll deshalb in einem eigenen Abschnitt der deutschen Klassiker des Genres erörtert werden (s. u. III.8). Während sich bei Nietzsche große und offenkundig wesentliche Teile seines Philosophierens in aphoristischer Form niederschlugen, kann man das für *Adorno* so nicht behaupten – trotz der »Minima moralia«. Denn das vielzitierte Diktum eines seiner Schüler: »Sein Hauptwerk ist eine Sammlung von Aphorismen. Sie darf getrost, als sei sie eine Summe, studiert werden« (*Habermas* 178) mag zwar in der hintersinnigen Anspielung auf den ›Doctor angelicus‹ Thomas v. Aquin treffend sein (freilich: als ›Summa theologiae‹ oder ›contra gentiles‹?), bleibt in der Gattungszuordnung aber blind für die demonstrative Subtilität in der Textkomposition des Musikers Adorno. Die an die Sonatenform angelehnten drei Teile enthalten zunächst je 48 Essays – sowohl nach dem hier in I.2 gegebenen Längenkriterium (mit einem durchschnittlichen Umfang von 2 Oktavseiten, bei geringer Schwankungsbreite zwischen 0,5 und 3 Seiten) als auch im Sinne seiner eigenen Ausführungen zum »Essay als Form« (*Adorno* XI, 9 – 33); der Schlußteil ist erweitert um eine dreiteilige ›Coda‹, zur Absetzung beginnend mit erstmals numerierten »Thesen gegen den Okkultismus«; und jeder der drei Teile enthält strukturbildend je zwei Einschübe von 7 bis 21 Aphorismen, durch Sammelüberschriften und Durchschüsse auch graphisch von den Essays abgehoben. Die meisten von ihnen haben nun dem Thema nach mit Philosophie wenig zu tun – etwa das Lob auf die Pantoffeln als »Denkmale des Hasses gegen das sich Bücken« (DA 278/10; MM 72/3) oder das Aperçu: »Zille klopft dem Elend auf den Popo.« (DA 278/2; MM 122/13) Sehr wohl mit Philosophie zu tun hat hingegen:

»Das Ganze ist das Unwahre.« (MM 29/17)

Hier aber geraten wir aus besonderen Gründen an den Rand der Gattung (trotz der aphorismustypischen Umdrehung des geflügelten Hegel-Worts). Hier bleibt nämlich dem Leser nichts zur freien gedanklichen Verfügung überlassen, sondern er muß die dahinter stehenden komplexen Überlegungen aus Adornos ›negativer Dialektik‹ genau kennen und nahezu sklavisch nachvollziehen, um überhaupt etwas verstehen zu können. Das bedeutet (so fern Adorno solch ein Gedanke auch gelegen haben mag): diese extreme terminologische Abbreviatur ist kein literarischer Aphorismus, sondern eine kunstsprachliche philosophische Formel.

Im Zusammenhang mit Adorno liegen natürlich die Namen *Benjamin* und *Bloch* nahe; die interessante Sonderform ihrer philoso-

phischen Kurzprosa wird jedoch so wichtig für moderne Modifika-
tionen des literarischen Aphorismus, daß ich sie in diesem Zusammenhang bespreche (vgl. II.7) und hier gleich zum abschließenden
Problemfall *Wittgenstein* übergehe. Aus gegebenem Anlaß hat man
ja auch von ihm gesagt, daß sich sein philosophisches Denken »in
Aphorismen darstellte« (*Arntzen* 333); seine Verehrung für den
heimlichen »Tractatus«-Adressaten Karl Kraus und seine in diesem
Zusammenhang erfolgte eigene Charakterisierung des Werks tun
ein übriges: »Die Arbeit ist streng philosophisch und zugleich literarisch, es wird aber doch nicht darin geschwefelt [geschwafelt].«
(*Wittgenstein* 33) Und in der Tat lassen sich aus dem »Tractatus logico-philosophicus« von Satz 1. »Die Welt ist alles, was der Fall ist.«
bis zum abschließenden Satz 7. »Wovon man nicht sprechen kann,
darüber muß man schweigen.« viele Bemerkungen mühelos wie
kotextfreie Aphorismen (und zwar solche erster Güte) zitieren.
Aber es gibt diesen Kotext nicht nur – die logische Zählung (und
darüber hinaus viele explizite Junktionen) legt jeweils das Ko- oder
Subordinationsverhältnis zum Vorgänger- und Folgesatz präzise
fest. Hier herrscht also keine aphoristische Isolation, sondern das
Nonplusultra textlinguistischer Integration.

Die formalen wie sachlichen Umbrüche zu den Spätschriften um
die »Philosophischen Untersuchungen« hat man, in Vergröberung
einiger selbstkritischer Anmerkungen Wittgensteins, häufig über-
trieben; so wie Wittgenstein hier der Sache nach nur konsequent an
den in *Tract.* 4.002 und 6.54 achselzuckend liegengelassenen Problemen weiterarbeitet, so wird auch der Schreibweise nach jeder, der
im »Tractatus« mehr als die ersten und letzten Sätze liest, eine Reihe
von Stellen finden, deren fragengespickter Selbstgesprächs-Charak-
ter dem des Spätwerks entspricht (z. B. 5.552ff.). Deshalb führt es
auch bei den »Philosophischen Untersuchungen« zu nichts als Mißverständnissen, wenn man sich (wie z. B. *Kraft* oder *Arntzen*) durch
die Übereinstimmung in den *alternativen* Gattungsmerkmalen der
Konzision und Pointierung verführen läßt, Sätze wie den folgenden
(oder andere beliebte Fälle z. B. aus PU § 109, 119, 124, 255, S. 534/5)
als selbständige Aphorismen zu behandeln:

»Die Bedeutung eines Wortes ist sein Gebrauch in der Sprache.« (PU § 43)

Gerade dies wird nämlich im Vorgängersatz auf »eine *große* Klasse
von Fällen [. . .] nicht für *alle*« eingeschränkt. Je genauer man also
hinsieht, desto mehr erweisen sich die frühen wie die späten Werke
Wittgensteins als eine bloß aphorismenähnlich verkleidete Theorie.

Der historische Durchgang hat sich somit im Grunde als eine Kette von Fehlanzeigen erwiesen: für beide, für die Philosophie wie für

die Aphoristik, stellt die gelegentliche Begegnung einen echten (und offenkundig ebendeshalb reizvollen) Grenzfall dar. Es sieht nämlich so aus, als sei Philosophie im eingangs erläuterten Sinne als Extremform rational kontrollierten Sprechens dem poetischen, nämlich extrem offenlassenden Sprechen des Aphorismus in zentraler Weise entgegengesetzt. Das ist von den verschiedenen beteiligten Seiten auch immer wieder bemerkt worden. Ein französischer Dichter und Aphoristiker kritisiert jedwede dichterische Überformung der Philosophie als den Fehler, »einen Maler von Seestücken mit einem Schiffskapitän verwechseln« und »nach den Regeln des Damespiels Schach spielen zu wollen« (*Valéry* 61, 92). Ein englischer Aphorismus-Forscher begründet dies gattungsspezifisch:

»The aphorism can remain disponible for many purposes only on the condition of realizing none of them.« (*Boyle* 275)

Und ein deutscher Philosoph der Gegenwart resümiert in einer Formulierung, die ohne ihre sorgfältige Begründung im Kotext selbst wieder stark aphorismusverdächtig wäre:

»Dichtung und Philosophie sind zwei wichtige und schöne Dinge. Aber wie viele schöne Dinge vertragen sie keine Mischung.« (*Patzig* 14)

Weitere Literatur:
Theodor W. Adorno: Kierkegaard. Konstruktion des Ästhetischen, in: Adorno II; *Bernd Bräutigam:* Reflexion des Schönen, schöne Reflexion. Überlegungen zur Prosa ästhetischer Theorie: Hamann, Nietzsche, Adorno. Bonn 1975; *Joachim Dalfen:* Formgeschichtliche Untersuchungen zu den Selbstbetrachtungen Marc Aurels, Bonn 1967; *Gottfried Gabriel:* Logik als Literatur? Zur Bedeutung des Literarischen bei Wittgenstein, in: Merkur 32, 1978, 353–362; *J. Kerschensteiner:* Kosmos. Quellenkritische Untersuchungen zu den Vorsokratikern, München 1962; *Sibylle Kisro-Völker:* Die unverantwortete Sprache. Esoterische Literatur und atheoretische Philosophie als Grenzfälle medialer Selbstreflexion. Eine Konfrontation von James Joyces »Finnegans Wake« und Ludwig Wittgensteins »Philosophischen Untersuchungen«, München 1981; *Günter Patzig:* Heraklits Fluß und Kants bestirnter Himmel, in: Ders.: Ethik ohne Metaphysik, Göttingen 1971, 127–141; *Franz Riedinger:* Schopenhauer und der Aphorismus, in: Kant-Studien 54, 1963, S. 221–227; *Ulrich Steinvorth:* Wittgenstein, Loos und Karl Kraus, in: Zs. f. phil. Forschg. 33, 1979, 74–89.

5. Tacitismus und Französische Moralistik

Vom Ausgangspunkt der hippokratischen Lehrsätze, die uns in zumindest marginaler Funktion bereits in der medizinischen, natur-

wissenschaftlichen, apophthegmatischen, religiösen und philosophischen Tradition wiederbegegnet sind, führt noch eine weitere
Entwicklungslinie zur modernen literarischen Aphoristik – und
vielleicht die wichtigste von allen. Ihre zentrale Vermittlerfigur ist
Tacitus, den man auch den »Hippokrates der Politik« genannt hat
(zit. b. *Stackelberg* WdF 214f.). Er hat zum einen, in Anlehnung an
den von Solon über Aristoteles und Thukydides bis zu Thomas von
Aquin vielbelegten Topos vom ›kranken Staatskörper‹ (vgl. ebd.
219ff.), medizinische Regeln des Hippokrates (wie in Annales III,
54 den Lehrsatz 6 über ›äußerste Mittel für äußerste Erkrankungen‹)
als metaphorische Maximen auf Fragen der Politik übertragen. Zum
zweiten hat er mit der extremen Konzision seiner Schreibweise ein
Stilideal errichtet, auf das sich noch die Großen des literarischen
Aphorismus wie Lichtenberg, Seume oder Fr. Schlegel ausdrücklich
berufen (z. B. GL E 17, 39, 161, 180, 181, 197, 222, 370, 424; *Seume*
1345/1; AF 166, 217, 231). Und drittens ist aus dem Umfeld von Tacitus-Kommentaren die Französische Moralistik und damit der Beginn der literarischen Aphoristik als Gattung hervorgegangen.

Um das Erstgeburtsrecht bei diesen Tacitus-Kommentaren gibt es
einigen Gelehrtenstreit (vgl. *Hess; Schalk* WdF 81f., *Stackelberg*
WdF 210ff., *Blüher* WdF 414–422, *Ungerer* WdF 429–432); fest
steht so viel, daß solche politischen Kurzanmerkungen oder »aforis-
mos« zu Tacitus-Ausgaben (und entsprechend dann zu Seneca-Sen-
tenzen) etwa gleichzeitig kurz vor 1600 von Italienern wie *Pasquale*
oder *Cavriana* und von Spaniern wie *Alamos de Barrientos* verfaßt
und zuerst von *Antonio Pérez*, zeitweilig Staatssekretär Philipps II.,
auch gesondert vom Tacitus-Text veröffentlicht wurden (zur Ent-
lehnung von dem Tacitus-Herausgeber Lipsius vgl. *Ungerer*, WdF
433). Daraus und aus der Rezeption der ganz ähnlich strukturierten
»Ricordi« (gg. *Neumann* 50 nicht erst 1867 veröffentlicht, sondern
schon 1610 spanisch übersetzt – vgl. WdF 420) des italienischen Po-
litikers und Historikers *Guicciardini* – über den noch der junge
Lichtenberg einen Vortrag ausarbeitete (vgl. *Requadt* 134, 148) –
entwickelte sich zum einen die gesamteuropäische Mode der ›politischen Aphorismen‹, bis hin zu den militärtechnischen Bemerkungen eines habsburgischen Generals (vgl. *Stackelberg* WdF 219).
Zum anderen haben die in verschiedenen Ausgaben zuerst 1598 auf
Spanisch, 1602 auf Französisch und 1605 gar zweisprachig (immer
in Paris) erschienenen ›Aphorismen‹ von Pérez nachweislich starken
Einfluß auf Quevedo und Gracián gehabt, auf die Begründer des
›conceptismo‹ mit seinen witzig zugespitzten Wortspielen – als
sprachliche Pointiertheit später ein verbreiteter Zug der literarischen
Aphoristik.

Während die von *Quevedo* angelegten aphoristischen Sammlungen weitgehend aus anderen tacitistischen Autoren (vor allem Pérez) exzerpiert sind, bedeutet Baltasar *Graciáns* berühmtes, später von Schopenhauer übersetztes »Oráculo manual« oder ›Handorakel‹ von 1647 trotz mancher Quellenentlehnung den Schritt zu einer eigenständigen Form: er löst sich ganz vom Tacitus-Bezug und kommentiert eigene ›consejos‹ (weltkluge Verhaltensratschläge oder moralische ›Maximen‹). Sie stehen – meist in imperativischer Empfehlungsform wie »Von den Feinden Nutzen ziehen«, »Nie von sich reden«, »Die Unglückstage kennen« (*Gracián* 84, 117, 139) – in der dann von Nietzsche imitierten Manier als (ursprünglich nur durch Doppelpunkte) hervorgehobene Spitzmarke am Anfang einer Betrachtung und werden dann jeweils etwa eine halbe Oktavseite lang erläutert. Dieser Kommentar zum allein so genannten (vgl. *Gracián* 133) einleitenden ›aforismo‹ fällt allerdings durch erschöpfende Paraphrasierung und nichtkonzises Zerreden der Pointen (man vgl. z. B. Nr. 143) entschieden nichtaphoristisch aus und gibt dem Ganzen weit eher Ähnlichkeit mit erasmischen Sprichwortessays oder mit den in vergleichbarer Weise an antiken Kurzzitaten entlanggreflektierenden »Essais« von *Montaigne* (1588).

Obwohl Graciáns »Oraculo« erst 1684 in Frankreich übersetzt erschien, hat der französische Herzog Fançois de *La Rochefoucauld* (1613–1680) es doch nachweislich schon im Salon der mit ihm wie mit Pascal befreundeten Mme. de Sablé kennengelernt (vgl. *Boyle* 164f., *Kruse* 52f.). Und er war es, der als erster gleichsam nur noch den ersten Teil der zweigliedrigen Gracián-Texte, nur noch die konzis zugespitzten Maximen selbst ohne Erläuterung und in wechselseitiger kotextueller Isolierung herausgab (oft unmittelbar an den einleitenden Wortlaut bei Gracián angelehnt – z. B. Nr. 231, FM 28/1 an *Gracián* 133). Von seinen offiziell 1665 in Paris erschienenen »Réflexions ou sentences et maximes morales« war eine unvollständige Ausgabe schon 1664 in Den Haag gedruckt worden; dies ist die Geburtsstunde des literarischen Aphorismus.

Denn La Rochefoucauld unterscheidet sich von den tacitistischen Vorgängern nicht allein durch die Beschränkung auf überwiegend einzelne Sätze und deren frei permutierbare Anordnung (weshalb die einzige Ausnahme auf Textverderbnis beruhen dürfte – Nr. 15/16, FM 4/7–8 bilden zusammen eine Maxime); er entwickelt auch eine im alten Genre fehlende Manier der sprachlich und vor allem sachlich überraschenden Pointierung durch satirische Ironie (die sich schon in der Versicherung des fiktiven Herausgebers ankündigt, der Leser sei natürlich der einzig Unbetroffne der folgenden Bosheiten). Die bei Benennungen wie »Maximen« und »Moralistik«

leicht sich einstellende Assoziation an zeigefingrige Tugendlehren ist nämlich grundfalsch (wie denn überhaupt alle Versuche einer Gattungsunterscheidung der ›Maxime‹ vom ›Aphorismus‹ oder ›Fragment‹ wie die von *Fink, Krüger, Asemissen* WdF 167–169 und *Wehe* WdF 130–143 einer Textüberprüfung nicht standhalten). Hier waltet nicht der Geist, hier blitzt der Esprit; erst das spielerische Vergnügen an der Produktion und Rezeption solcher verblüffenden Einfälle erklärt das nach den rasch und zahlreich folgenden Neuauflagen La Rochefoucaulds und seiner Nachfolger alsbald grassierende »jeu des maximes« in den Salons der französischen und dann der englischen, spanischen, polnischen oder schwedischen Aristokratie. Denn an die Stelle von Ermahnungen zur Tugend setzt La Rochefoucauld die witzige Entlarvung der Tugend, das dann zum aphoristischen Topos aufsteigende süffisante Durchschauen vermeintlich edler Handlungen und Gesinnungen als bloß wechselnder Maskierungen der »amour-propre«, der immer wieder ausdrücklich genannten oder umschriebenen Eigenliebe:

»Wir sind alle stark genug, um zu ertragen, was andern zustößt.« (Nr. 19, FM 5/3)

Fast in jeder Hinsicht einen Gegensatz zu La Rochefoucauld stellt der demselben Pariser Zirkel verbundene Mathematiker und Religionsphilosoph *Blaise Pascal* (1623–1662) dar, den man ebenfalls gelegentlich als den »ersten Aphoristiker« apostrophiert findet (*Schalk* WdF 90; ähnl. *Neumann* 56). Doch seine »Pensées sur la réligion« sind nicht als Aphorismen oder ›Maximen‹ geschrieben, sondern bilden die durch seinen Tod fragmentarisch gebliebenen Entwürfe zu einem Buch, die dann posthum – erwiesenermaßen erst ermöglicht durch den Erfolg der *künstlichen* Fragmente La Rochefoucaulds (vgl. *Boyle* 160f.) – ab 1669 herausgegeben wurden. Auch die Schreibweise dieser erhaltenen Skizzen, deren Umfang von Stichwortnotizen bis zu ausgeführten Kapiteln reicht, ist nicht die eines Aphoristikers, sondern eher die eines Sentenzenkommentators über Aussprüche der Bibel, Mohammeds und der Weltliteratur – treffend spricht er selbst von der »Art, in der Epiktet, Montaigne und Salomon de Tultie [= Pascal] schreiben« (*Pascal* Nr. 18; man könnte Erasmus und Gracián hinzufügen). Das zeigt sich selbst bei einem scheinbaren (und von *Neumann* 57 auch fahrlässig so behandelten) ›Aphorismus Pascals‹ wie:

»Alles ist eins, alles ist verschieden.« (in *Pascal* Nr. 116)

In Wirklichkeit ist dies einfach ein Zitat aus Hippokrates (das als Exzerpt dann wörtlich wieder auftaucht in Goethes MuR 623) und wird anschließend in enger semantischer Kohärenz (bis Nr. 124) kommentiert. Wenn Pascal also für manche späteren Aphoristiker wichtig geworden ist, dann nicht aus Gründen der Gattungsstruktur, sondern wegen der Rückhaltlosigkeit seiner skeptischen Glaubens- und Selbstprüfung (»Pascal greift mir bis ins Mark« notiert noch Canetti, EC 288).

Weitere wichtige Autoren der Französischen Moralistik können hier nur knapp charakterisiert werden. Jean de *La Bruyère* (1645– 1696) setzt sich vergleichend sowohl mit La Rochefoucauld als auch mit Pascal auseinander (vgl. *Neumann* 58), nennt aber ein noch wichtigeres Vorbild gleich im Titel seiner (1688 erschienenen und binnen 8 Jahren in 9 Auflagen verbreiteten) Hauptschrift: »Les Caractères de Théophrast, traduite du grec, avec les Caractères ou les mœurs de ce siècle«. Vermischt mit eigenen ›maximes‹, erweitert dieses Buch die Charakterporträts des bereits erwähnten Sentenzensammlers Theophrast um Anekdoten und Typenschilderungen seines eigenen Jahrhunderts, meist auf eine erkennbar fiktiv benannte Figur zugespitzt:

»*Narziß* steht morgens auf, um sich abends schlafen zu legen; er hält Ankleidestunden wie eine Dame [. . .] Er liest gewissenhaft die *Gazette de Hollande* und den *Mercure galant* [. . .] Er wird morgen tun, was er heute tut und gestern getan hat; und wird so sterben, nachdem er gelebt hatte.« (*La Bruyère* 146f.)

Unter den zahllosen formalen Epigonen La Rochefoucaulds ragen die 1746 anonym erschienen »Réflexions et maximes« des Marquis de *Vauvenargues* (1715–1747) durch zweierlei heraus: durch eine bis dahin unerreichte konzise Klarheit (nach dem auf Wittgensteins »Tractatus«-Schluß vorgreifenden Stilprinzip »Ist ein Gedanke zu schwach, um einen schlichten Ausdruck zu tragen, so soll er verworfen werden«, FM 80) und durch die ebenso erklärte wie befolgte Absicht, neben den ewigen negativen auch einmal positive Charakterzüge auf ähnlich überraschende Weise zu enthüllen:

»Es ist ein großes Schauspiel, anzusehen, wie die Menschen im geheimen nachgrübeln, wie sie sich gegenseitig schaden könnten und wie sie doch, wider alle Neigung und Absicht, einander helfen müssen.« (FM 120)

Keine selbstpublizierten Aphorismen, sondern nur nachgelassene und posthum edierte »Pensées« sind uns von *Montesquieu* (1689– 1755) überliefert; ihre Bedeutung liegt darin, daß bei diesem Aufklärer und geistigen Vater der Französischen Revolution die Moralistik dezidiert politisch wird:

»Wenn ein Fürst dumm genug wäre, mich zu seinem Günstling zu machen, so würde ich ihn zugrunde richten.« (FM 211)

Unter den drei Aphoristikern der Revolutionszeit, die abschlie-ßend noch erwähnt werden müssen (und deren Beiträge zur Gattung aus unterschiedlichen Gründen alle erst nach ihrem Tode herauska-men), hat die größte Nachwirkung gewiß *Nicolas Chamfort* (1741–1794) entfaltet; in Deutschland ist er u. a. von Lichtenberg (GL K 130), August Wilhelm (AWS IX, 272ff.) und Friedrich Schlegel (KF 111), Schopenhauer (IV 345, 454, 471) und Nietzsche (V 2, 125f.) gerühmt worden. Als erster bürgerlich Geborener unter den ange-führten Autoren richtet er seinen aggressiven Witz sozialkritisch ge-gen je spezifische Stände und besonders gegen die alte herrschende Klasse:

»Die meisten Adligen erinnern an ihre Vorfahren wie ein italienischer Cice-rone an Cicero.« (FM 279; vgl. ganz ähnlich DA 50/7, *Seume* 1301)

Die politische Kritik des Grafen Antoine de *Rivarol* (1753–1801) hingegen, den man auch den »Tacitus der französischen Revolu-tion« genannt hat (*Rivarol* 2), setzt vielfach weniger zeitgebunden bei Grundsätzlichem an und wirkt deshalb für uns Heutige oft aktu-eller, so daß seine Maximen noch 1956 Ernst Jünger, selbst prakti-zierender Aphoristiker, zu einer Neuübersetzung reizten:

»Ein jeder Denker, der über Verfassungsfragen grübelt, geht schwanger mit einem Jakobiner: das ist eine Wahrheit, die Europa niemals vergessen darf.« (*Rivarol* 76)

Joseph Joubert schließlich, obwohl Zeitgenosse dieser beiden (1754–1824), ist politisch gar nicht hervorgetreten, sondern hat in seinen am ehesten mit Lichtenbergs Sudelbüchern vergleichbaren ›carnets‹ jahrzehntelang literarisch höchst reizvolle Aphorismen no-tiert und ist damit so etwas wie der Poet (und der reflektierende Äs-thetiker) unter den Französischen Moralisten geworden. Besonders unter seinen literaturtheoretischen Bemerkungen frappieren viele durch ihre Modernität – wie etwa der folgende Vorgriff auf Jakob-sons hundert Jahre später entwickelte Theorie der poetischen Sprachfunktion als Selbstbezug des Zeichens:

»In der gewöhnlichen Rede dienen die Wörter dazu, daß man sich an die Ge-genstände erinnere, aber in der poetischen Sprache dienen die Gegenstände dazu, daß man sich an die Wörter erinnere.« (FM II, 191)

Weitere Literatur:
Liane Ansmann: Die »Maximen« von La Rochefoucauld, München 1972; *Matthew Arnold:* Joubert, in: Ders.: Essays in Criticism, London 1889, 262ff.; *Karl Alfred Blüher:* Seneca in Spanien. Untersuchungen zur Ge-schichte der Seneca-Rezeption in Spanien vom 13. bis 17. Jahrhundert, Mün-

chen 1969; *Dieter Kremers:* Die Form der Aphorismen Graciáns, Diss. phil. (masch.) Freiburg 1951; *Renate List-Marzolff:* Sébastien-Roch Nicolas Chamfort. Ein Moralist im 18. Jahrhundert, München 1966; *Serge Meleuc:* Struktur der Maxime, in: Strukturalismus in der Literaturwissenschaft, hrsg. v. H. Blumensath, Köln 1972, 295–332; *Georges Poulet:* L'univers mental de Joubert, in: FS Hugo Friedrich, Frankfurt 1965, 193–202; *Ilse Raynal:* Die Moralistik Montesquieus, Diss. phil. (masch.) Freiburg 1944; *Arnold Rothe:* Quevedo und Seneca. Untersuchungen zu den Frühschriften Quevedos, Genf 1965; *Susanne Schmarje:* Das sprichwörtliche Material in den Essays von Montaigne, o. O. 1973; *P. Topliss:* The Rhetoric of Pascal, Leicester 1966; *Gustav Ungerer:* A Spaniard in Elizabethan England. The Exile of Antonio Pérez, Secretary to Philip II. Band I, London 1975.

6. Genre-Entwicklung des Aphorismus in Deutschland

Für die deutsche Aphoristik stellt sich die Frage weniger nach den vielgesuchten Gründen ihrer Entstehung als danach, warum sie erst so spät entstand. Vielerlei drängte darauf hin: das wohlbekannte Vorbild der Französischen Moralisten; die poetische Emanzipation der Prosa vom Vers, die die Entwicklung von ›Prosa-Epigrammen‹ nahelegte; die Säkularisierungstendenz der Aufklärung auch in bezug auf religiöse Spruchweisheit (die dann in Schlegels »Ideen« und bei Novalis zu einer Art Heiligsprechung der Poesie führt, die an die frei gewordene Stelle der sich offenbarenden Erlösungsmacht tritt); schließlich das verbreitete Sammeln von Apophthegmata wie von Sprichwörtern, das geeignet war, ebenso wie bei Volksliedern und Märchen die imitierende Eigenproduktion anzuregen. Dieser komplexe Entstehungsdruck entläd sich dann geradezu explosionsartig in dem oft (wie wohl etwas ungenau) so apostrophierten »aphoristischen Jahrzehnt«: bei sechs der zehn im nächsten Hauptkapitel behandelten Klassiker des deutschsprachigen Aphorismus sind ihre ersten oder doch ihre wichtigsten Werke dieser Art zwischen 1797 und 1809 verfaßt bzw. veröffentlicht worden.

Verwundern muß dabei, wie zeitlich spät, wie quantitativ gering und wie qualitativ geringfügig (vgl. dazu III.1) sich im Vergleich zu anderen europäischen Ländern die Französische Moralistik in Deutschland ausgewirkt hat. Die erste deutsche Übersetzung und Bearbeitung La Rochefoucaulds scheint erst 1699 erschienen zu sein (vgl. *Verweyen* 153f.); Imitationen an den (freilich großenteils Französisch oder Englisch sprechenden) deutschen Fürstenhöfen sind bislang nicht bekannt geworden. Eine wirklich zuverlässige und gründlich quellensichtende Erforschung dieser zögernden Rezeption und der gesamten Ur- und Frühgeschichte der deutschen

Aphoristik bis zum Erscheinen der ersten Schlegel-Fragmente ist allerdings (trotz der vorzüglichen, aber anders akzentuierten Arbeit von *Schröder*) ein dringendes Desiderat.

So hat man den Anfang der literarischen Aphoristik in Deutschland wohl auf genau 100 Jahre nach der Pariser Erstausgabe von La Rochefoucaulds Maximen anzusetzen, nämlich auf jenen Tag im Jahre 1765, an dem *Lichtenberg* seine erste, die Gattung gleich selber deutlich genug ankündigende Eintragung in das Sudelbuch A schrieb:

»Der große Kunstgriff kleine Abweichungen von der Wahrheit für die Wahrheit selbst zu halten, worauf die ganze Differential-Rechnung gebaut ist, ist auch zugleich der Grund unsrer witzigen Gedanken, wo oft das Ganze hinfallen würde, wenn wir die Abweichungen in einer philosophischen Strenge nehmen würden.« (DA 3/1; GL A 1)

Da seine Sudelbücher jedoch bei Lebzeiten nicht erschienen und erscheinen konnten, dauerte es noch geraume Zeit bis zur Publikation rein aphoristischer Texte; immerhin gab es Ansätze in gemischten Veröffentlichungen. Zu wenig hat man dabei bisher Lichtenbergs akademischen Lehrer *Abraham Gotthelf Kästner* (1719–1800) beachtet (ein einziger Hinweis auf »apophthegmatisches Sprechen« bei *Gockel* 160f.), auf dessen Person der Schüler im Guten wie im Negativen lebenslang fixiert blieb (vgl. *Stern* 10–16). Der Göttinger Mathematik-Professor und gefürchtete Epigrammatiker hatte seit 1772 unter seine Vermischten Schriften und Musenalmanach-Beiträge verstreute »Einfälle« aufgenommen (wie auch der ihm befreundete *Gottsched* 585f. die französischen »pensées« verdeutschte), die dann 1781 in einer von Kästner erst attackierten und später gebilligten Sammlung erschienen. Vermischt mit Anekdoten, Glossen und Sentenzenkommentaren finden sich hier schon kleinere Aphorismenketten mit überwiegend boshaften Pointen:

»*Judith*.
Diese apokryphische Heldinn hieb einem Manne den Kopf ab. Wie viel gutherziger sind christliche Damen, die lieber ihren Männern noch was auf den Kopf setzen.« (*Kästner* I, 158)

Ähnlich gemischt und unentschieden im Gattungscharakter zeigen sich auch solche Kurzprosa-Publikationen wie die 1781 bzw. 1786 von *Karl Philipp Moritz* (vgl. *Höft* WdF 118–121) und in den satirischen Frühschriften von *Jean Paul* (vgl. III.2). Eine weitere Übergangserscheinung auf dem Weg zum literarischen Aphorismus ist schließlich *Johann Kaspar Lavater* (1741–1801), der 1785 zunächst eine (bislang unbeachtete) kleine Sammlung »Salomo oder

Lehren der Weisheit« herausgab (*Lavater* I, 332–338) und dabei unter fremde Bonmots (z. B. Nr. 22 von La Rochefoucauld) auch eigene setzte (die »Zugaben« Nr. 27–31 und wohl auch Nr. 1–8). Zwei Jahre später erscheinen von ihm »Vermischte, unphysiognomische Regeln zur Menschenkenntnis« (*Lavater* I, 339–373): schon im Titel weniger auf seine eigenen charakterphysiognomischen Spekulationen als deutlich auf die hippokratischen »Beiträge zur Menschenkenntnis« (Physiognomicon, *Hippokrates* VI 6, 73ff.) bezogen und in diesem Sinne ein Jahr später (mit anregender Wirkung auf den Übersetzer Füssli und William Blake) englisch als »Aphorisms on Man« erschienen (und »Physiognomik« nennt noch 1931 Anton *Kuh* sein Aphorismenbuch). In der Tat stehen Lavaters »Regeln« (auch im Vergleich zu seiner dritten Sammlung »Anacharsis, oder vermischte Gedanken und freundschaftliche Räthe« von 1795, *Lavater* II, 131–145) in Aufbau und Formulierung den Lehrsätzen der hippokratischen Tradition näher als der literarischen Aphoristik: neben einzelnen Anekdoten, Essays und aphorismenartig isolierten Bemerkungen dominiert insgesamt der Charakter von aufeinander folgenden *Thesen* (z. B. sind gleich Nr. 1–9 durch klare semantische Kohärenz und überdies Nr. 1–2 sowie 6–9 durch strukturelle Kohäsion verknüpft). Hierher also könnte der mit Lavater persönlich vertraute Goethe jene Form bezogen haben, die man als »Aphorismengruppe« apostrophiert hat (*Neumann* 783 et passim) und die eigentlich eine Thesengruppe darstellt (vgl. III.6).

Der öffentliche Durchbruch der literarischen Aphoristik im Sinne der Gattungsdefinition erfolgt somit tatsächlich erst mit *Friedrich Schlegels* »Kritischen Fragmenten« im Jahrgang 1797 der Zeitschrift »Lyceum der Schönen Künste« – und insofern nennt er dies zu Recht in einem Brief an seinen Bruder »eine ganz neue Gattung« (zit. WdF 39). An den ein Jahr später folgenden »Athenäums-Fragmenten« wirken außer Friedrich auch *August Wilhelm Schlegel* (1767–1845), *Fr. E. D. Schleiermacher* (1768–1834) und *Novalis* mit, der ebendort im selben Jahrgang seine ersten Aphorismen als »Blüthenstaub« publiziert. 1800, im Jahr von Fr. Schlegels letzter aphoristischer Veröffentlichung »Ideen«, beginnen in Lichtenbergs »Vermischten Schriften« posthum die ersten Aufzeichnungen aus den Sudelbüchern zu erscheinen. Die Jahre 1803–05 bringen drei Bände »Betrachtungen und Gedanken über verschiedene Gegenstände der Welt und der Litteratur« von *Friedrich Maximilian Klinger* (1752–1831), der 1776 dem »Sturm und Drang« mit seinem Drama dieses Titels den Namen gegeben hatte, nun aber längst zum russischen Karriereoffizier und Höfling geworden war und als solcher wohl am stärksten in der deutschsprachigen Aphoristik den Einfluß der Französischen Moralisten verrät:

»Jedermann findet die Schmeichelei, welche einem andern gesagt wird, eine fade, lose Speise; die Eigenliebe [vgl. »l'amour-propre«!] aber würzt sie in dem Augenblick, als man sie uns selbst auftischt.« (DA 44/4; *Klinger* VII, 200)

1806–07 schreibt *Seume* seine »Apokryphen« und versucht sie zu publizieren, was aber wegen ihrer politischen Brisanz erst 1811, nach seinem Tode, teilweise möglich wird (vgl. III.5). Nicht früher als 1809 hat schließlich *Goethe* den ersten Text seiner späteren »Maximen und Reflexionen« publiziert, nämlich die 6 Gruppen »Aus Ottiliens Tagebuche« in den »Wahlverwandtschaften«; im Bereich der Aphoristik ist Goethe also kein Pionier, sondern eher ein Nachzügler weit jüngerer Autoren – das Verfahren der Einfügung aphorismenartiger Textgruppen beispielsweise hatte *Jean Paul* bereits seit 1795 in seinen Romanen praktiziert (vgl. III.2).

In der Generation nach Klassik und Romantik sind Aphorismen viel geschrieben worden, aber ohne große Nachwirkung geblieben; auch anderwärts hochangesehene Autoren wie der bedeutende Lyriker *August von Platen* (1796–1835; vgl. DA 105–108) oder der Epiker *Karl Immermann* (1796–1840; vgl. DA 104f.) schreiben in diesem Bereich erstaunlich profillos. Stärker profiliert sich der meist (wie in DA) übersehene sprachkritische Publizist *Carl Gustav Jochmann* (1789–1830); der Titel und die einleitenden Aphorismen seiner 1828 erschienenen »Stylübungen« dienen wohl eher der Abweisung von Zensurmaßnahmen, während die weiteren das spätere Herausgeber-Diktum »Alle diese Schriften fordern zum Widerstand heraus« (Wagenknecht, *Jochmann* 440) durch beißende Satirik und den aufrechten Gang des Republikaners belegen:

>»*Moderne Heiligsprechung.*
>Der politischen Frömmigkeit ein politischer Lohn! Canonisirt werden die Bekehrten unsrer Tage schwerlich, – aber geadelt.« (*Jochmann* 341)

Noch offenkundiger politisch schreiben unter den Vormärz-Schriftstellern natürlich Börne und Heine, die deshalb ja auch beide im Pariser Exil gestorben sind. Dabei scheint sich *Ludwig Börne* (1786–1837), der meist aus Paris berichtende Journalist, stärker auf seine neue Umwelt eingestellt zu haben – seine Aphorismen jedenfalls beschränken sich fast völlig auf zwei Themen, die man landläufig und nicht ganz grundlos für ›typisch französisch‹ hält, auf die Politik und »Die Weiber«:

»Kanonen- und Flintenkugeln sind oft Fleckkugeln zum Reinigen der be-
schmutzten Welt.« (DA 93/2; *Börne* II, 129)
»Die Weiber verlangen das Größte und das Kleinste zugleich; sie fordern
Liebe und auch, daß man artig gegen sie sei – eine Million in Scheidemünze.«
(DA 93/4; *Börne* II, 139)

Bei *Heinrich Heine* (1797–1856) ist der Themenkreis erheblich
weiter gezogen und die Behandlung meist sehr viel zugespitzter –
seine Aphorismen dürften zu den witzigsten der ganzen deutschen
Literatur gehören (auch auf seine eigenen Kosten), lassen freilich oft
dem Leser nach dem Belachen der Pointe nicht mehr viel zum Nachdenken übrig:

»Für die Güte der Republik könnte man denselben Beweis anführen, den
Boccaccio für die Religion anführt: sie besteht trotz ihrer Beamten.« (DA
111/4; *Heine* VII, 439)

Für diese Epoche ist die Edititon nachgelassener Notizen als
›Aphorismen‹ (wie bei Heine, im Gegensatz zu Börne) jedoch bereits ziemlich problematisch: nach dem ›aphoristischen Jahrzehnt‹
ist das Genre hinreichend eingeführt (wenn auch die Bezeichnungen
noch schwanken – z. B. finden sich im Jahrgang 1807 von »Cottas
Morgenblatt« Aphorismen unter den Titeln »Wortspiele«, »Glossen«, »Paragraphen«, »Kleinigkeiten«, »Ruhepunkte«, zweimal
»Aphorismen« sowie »Eilf Polymeter von Jean Paul Fr. Richter« –
vgl. dazu III.2) – jedermann, der Aphorismen publizieren will, kann
das also problemlos tun. Die postume Zuordnung zu dieser Gattung
sollte man deshalb beschränken auf klar aphoristisch strukturierte
Nachlässe aus der Pionierzeit des Genres (wie bei Lichtenberg oder
Seume) und auf den Nachlaß von Autoren, die schon bei Lebzeiten
als Aphoristiker an die Öffentlichkeit traten (wie bei Nietzsche oder
Lec). Nicht selten freilich werden Autoren durch entsprechende
Zurichtung nachgelassenen Materials nachträglich zu Aphoristikern
modelliert, die selber dazu keinerlei Anstalten gemacht haben; ge-
nau dies ist der Fall von Grillparzer (70 Nrn. in DA 95–103) und
Hebbel (85 Nrn. in DA 125–132).

Franz Grillparzer (1791–1872) hat keine Aphorismen geschrieben, sondern Tagebuch geführt (gg. *Škreb 1976*, 14–17 nicht bloß
ein »Bekenntnis-Tagebuch«, sondern durchaus ein »Journal«); aus
dessen chronologischer Kohärenz haben zunächst verschiedene
Werkeditoren reflektierende ›Tagebuch-Notizen‹ herausgelöst, und
aus deren thematischer Zusammenstellung haben dann Anthologen
die besonders kurzen als ›Grillparzers Aphorismen‹ präsentiert. Das
Resultat sind jedoch eigentlich Sentenzen, wie man sie ebensogut
aus Grillparzers Dramen herausfiltern könnte – an die auch die Vor-

liebe für den klassischen rhetorischen Ornat der Sprache erinnert, etwa der in zwei Zeilen gedrängte Parallelismus aus zwei Chiasmen und vier Oxymora:

»Poesie ist die Verkörperung des Geistes, die Vergeistigung des Körpers, die Empfindung des Verstandes und das Denken des Gefühls.« (DA 97/1; *Grillparzer* III, 3208)

Friedrich Hebbel (1813–1863) ist in vieler Hinsicht ein ähnlicher Fall: auch dieser Dramatiker hat nur Tagebücher und keine originalen Aphorismen hinterlassen; er teilt mit Grillparzer die Neigung zu antithetischen Sprachstrukturen, liebt aber im Unterschied zu jenem den polemisch geschärften Witz, der auch den Kalauer nicht scheut (»Jung freilich; aber jungfräulich?« DA 129/2; *Hebbel* 3708) und brillante Metaphern sucht:

»Am Regenbogen muß man nicht Wäsche aufhängen wollen.« (DA 130/4; *Hebbel* 4641)

Daß man überhaupt im Nachlaß von Schriftstellern nach echten oder vermeintlichen Aphorismen fahndet, spricht für das offensichtlich gestiegene Renommee der Gattung: seit dem späten 19. Jahrhundert scheint es geradezu zum guten Ton für Dichter zu gehören, daß man Aphorismen schreibt. Das zeigt sich selbst an eher populären Schriftstellern wie *Wilhelm Busch* (DA 144–148), *Wilhelm Raabe, Karl May, Morgenstern* oder *Tucholsky* (DA 252–255), am stärksten jedoch bei Autoren im Banne des (von Kommerell in einem Buchtitel 1928 ausdrücklich so benannten) Leitbilds »Der Dichter als Führer« – bei *Hauptmann* etwa oder bei *Hofmannsthal* und *Schnitzler*, besonders bei *George* samt Jüngern seines Kreises wie *Wolfskehl, Klages* oder *Bertram*, später bei *G. Kaiser* oder den Brüdern *Jünger* und ebenso bei religiös orientierten Schriftstellern wie *R. A. Schröder* oder *Bergengruen*. Und wo man bei einem zeitweilig wie eine geistige Führerfigur rezipierten Verfasser keine Aphorismen fand, hat man sie dann aus ihrem Nachlaß herauspräpariert – so geschehen etwa bei *Kafka*, bei *Musil* und selbst bei Richard Wagner (vgl. *Wagner* XII, 280ff.)

Über Rang und Art der einzelnen Aphoristiker ist mit solchen Tendenzhinweisen natürlich wenig gesagt; einige Beispiele können die erforderliche Differenzierung wenigstens andeuten (über *Nietzsche* und *Marie von Ebner-Eschenbach* folgen gesonderte Kapitel). So scheint *Wilhelm Raabe* (1831–1910) die ihm zugeschriebene Bitterkeit des Alterspessimismus in seinen etwas betulich formulierten Aphorismen oft weniger auszudrücken als vielmehr auf eine behaglich-selbstzufriedene Art bloß zu zelebrieren:

»Ich habe nicht immer das Gefühl, als sei es gerade meine Pflicht und Schuldigkeit, dem Herrgott seine verpfuschte Welt wieder einzurenken.« (DA 144/4; *Raabe* III 6, 593)

Auch die geradezu steifleinenen Aphorismen *Gerhart Hauptmanns* (1862–1946) wirken auf heutige Leser so, als wäre er ein Jahrhundert vor statt nach Lichtenberg geboren. Neben seiner Selbststilisierung auf den alten Goethe hin (»Wir ringen alle um das Westöstliche«, DA 166/2 – 3; *Hauptmann* VI, 998) fällt vor allem das häufige paraphrasierende Zerreden von Pointen auf – ohne Konzision selbst in äußerlich ›kurzen‹ Aphorismen:

»Wer Landschaft sieht, Landschaft wahr sieht, wahre Landschaft sieht: der sieht die wahre Verlassenheit des Menschen.« (DA 167/7; *Hauptmann* VI, 1013)

Einen ähnlichen »Mangel an eindrucksvoller und einprägsamer Knappheit« hat man auch an den Aphorismen von *Arthur Schnitzler* (1862–1931) nachgewiesen (*Škreb 1981*, 85). Immerhin merkt man in manchen witzig entlarvenden Aperçus die Hand des wohltrainierten Komödienautors:

»Manchmal ist die Menscheit einem kleinen Mädchen zu vergleichen. Tritt ein großer Mann an sie heran, so wird sie verlegen, läuft in die Kinderstube und spielt mit ihren Puppen weiter.« (DA 174/4; *Schnitzler* 93)

Gegenüber solcher bemühten Art der Pointenproduktion geht sein Wiener Zeitgenosse *Hugo von Hofmannsthal* (1874–1929) wie in seinen Komödien auch in der Aphoristik den entgegengesetzten Weg, nämlich entschieden in Richtung Tiefsinn und spätzeitliche Melancholie. In manchen Fällen führt diese betont aristokratische Haltung dabei zu etwas, was man aus heutiger Perspektive geradezu als einen ›k. u. k. Aphorismus‹ zu lesen versucht ist:

»Autorität über sich erkennen ist ein Zeichen höherer Menschlichkeit.« (DA 203/2; *Hofmannsthal* 20)

Aus vielen anderen Aphorismen weht dem Leser die modrigschwüle Luft des ›fin de siècle‹ entgegen, jene todesverlangende ›Dekadenz‹, durch die der junge Loris einst berühmt geworden war:

»Alles Gelebte schmeckt sonderbar und gräßlich wie Brackwasser: Tod und Leben gemischt.« (DA 205/2; *Hofmannsthal* 37)

Solche aristokratisch-weltverachtende Haltung erscheint noch gesteigert bei *Stefan George* (1868–1933), in dessen Aphoristik freilich fast ganz auf ästhetische Fragen eingeschränkt. Die esoterische Kleinschreibung und die gestelzte Inversions-Syntax führen allerdings bei George (und stärker noch bei manchen Adepten – vgl. z. B. DA 189/4; *Wolfskehl* 5) sprachlich ins ›genus sublime‹ und damit hart an den Rand der Prosagattung Aphorismus:

»Des grossen kunstwerks beide geistige wirkungen sind folgende: [. . .]« (DA 186/6; *George* IV, 3)

Georg Kaiser (1878–1945), in seinen expressionistischen Dramen gleichfalls dem pathetischen Sprachstil nicht abgeneigt, stellt demgegenüber in Aphorismen sein Talent für schlagenden Lakonismus unter Beweis:

»Revolution? Der Besitz wechselt die Taschen.« (DA 236/3; *Kaiser* 631)

Solche Kurzsätze dominieren auch bei *Friedrich Georg Jünger* (1898–1977), dem auf dem Felde der Aphoristik gedanklich originelleren und sprachlich geschliffeneren der beiden Brüder:

»Wer sich gegen alles sichern will, vermehrt die Gefängnisse.« (DA 268/10; *F. G. Jünger* 82)

Dagegen ist *Ernst Jünger* (geb. 1895), erwähnt bereits als Übersetzer Rivarols, in seiner Aphoristik deutlich auf Nietzsche fixiert – bis hin zu expliziten Kontrafakturen:

»›Was mich nicht umbringt, macht mich stärker‹; und was mich umbringt, ungeheuer stark.« (DA 259/5; *Jünger* II, 280)

Eine Überraschung erleben wird jeder, der sich den Aphorismen *Christian Morgensterns* (1871–1914) mit irgendeinem Klischeebild vom ›Humoristen‹ nähert – hier gibt es weder geistvolle Nonsens-Witzelei noch prädadaistische Sprachkühnheiten nach Art seiner Lyrik. Statt dessen gibt es wirkliche Kühnheit des Gedankens – teils von sprachanalytischem Scharfsinn in Wittgenstein-Nähe (z. B. DA 198/1–4; *Morgenstern* 210–212), teils von religiöser Tiefe (z.B. DA 195/3–5; *Morgenstern* 151) und immer wieder von einer bei diesem vor den Weltkriegen des Jahrhunderts gestorbenen Autor fast prophetisch erscheinenden Hellsicht:

»Lehrer-Komödie: Die Armut der Lehrer, während die Staaten Unsummen für die Wehrmacht hinauswerfen. Da sie nur Lehrer für 600 Mark sich leisten können, bleiben die Völker so dumm, daß sie sich Kriege für 60 Milliarden leisten müssen.« (DA 194/1; *Morgenstern* 122)

Hatte Morgenstern die dann von seiner Witwe ausgeführte Veröffentlichung seiner aphoristischen »Stufen« selber vorbereitet, so scheint im Falle *Franz Kafkas* (1883–1924) die Annahme der Existenz literarischer Aphorismen kaum haltbar zu sein; bei der bekannt problematischen Nachlaß-Edition durch Brod (hier besonders der neben Tagebüchern und zusammengewürfelten ›Oktavheften‹ als Quelle der Kompilation dienenden Zettel) bleibt allenfalls zu hoffen, daß die begonnene kritische Werkausgabe auch in dieses Dunkel mehr Licht bringen kann. Selbst den in Aphorismus-Anthologien aufgenommenen Textfragmenten Kafkas sieht man den schlicht unfertigen Entwurfscharakter überwiegend epischer Formulierungsstudien noch häufig genug an:

»Die Strömung, gegen die er schwimmt, ist so rasend, daß man in einer gewissen Zerstreutheit manchmal verzweifelt ist über die öde Ruhe, inmitten welcher man plätschert, so unendlich weit ist man nämlich in einem Augenblick des Versagens zurückgetrieben worden.« (DA 244/7; *Kafka* V, 221)

Auch bei *Robert Musil* (1880–1942) sind wir auf nachgelassene Tagebuch-Notizen angewiesen, die aber hier immerhin oft aphorismenartig durchformuliert und zugespitzt sind:

»Es gibt zwei Dinge, gegen die man nicht kämpfen kann, weil sie zu lang, zu dick sind, keinen Kopf und Fuß haben: Karl Kraus und die Psychoanalyse.« (DA 242/3; *Musil* 354)

Kraus selbst ist mit seinen drei Aphorismen-Büchern quantitativ wie qualitativ die unbestrittene Zentralfigur in der Aphoristik des 20. Jh. (vgl. III.9). Zu seiner Zeit wurde das Aphorismenschreiben eine bevorzugte Beschäftigung unter den intellektuellen Bohemiens und Kaffeehausliteraten Wiens; von den Kraus nahestehenden Aphoristikern müssen hier wenigstens *Peter Altenberg* (1859–1919; vgl. DA 164) und *Egon Friedell* (1878–1938; vgl. DA 234) Erwähnung finden – ebenso jedoch sein Intimfeind, der Wiener Publizist *Anton Kuh* (1890–1941), der Kraus vom satirischen Talent über die familiäre und regionale Herkunft bis in die Physiognomie hinein frappierend ähnlich war und ihn dennoch (oder deshalb?) in Schmähschriften und skandalträchtigen Vorträgen als den »Affen Zarathustras« verhöhnte. Er selbst erweist sich in seinen Aphorismen freilich unverkennbar als der Affe von Karl Kraus:

»Das Unglück der Deutschen: Sie glauben, daß das Wort ›Erotik‹ von ›erröten‹ kommt. (*Kuh* 256/1; ähnl. Kraus-Imitate z. B. 256/4, 256/5, 261/4, 262/1, 262/3, 262/4, 264/6, 265/2, 265/4, 269/2, 271/4, 271/7, 272/1, 281/8, 283/1, 283/2, 283/3, 283/4, 290/5, 290/6, 300/9, 303/9)

In positiver und besonders starker Weise von Kraus beeindruckt ist schließlich auch *Elias Canetti* (vgl. III.10); in ihm darf man wohl den vorläufig letzten Siegelbewahrer der großen Tradition deutschsprachiger Aphoristik sehen – der Tradition solcher Aphoristiker nämlich, die ihrer eigenen Zeit weit voraus sind.

Weitere Literatur:

Hans Balzer: Wilhelm Buschs Spruchweisheiten, Frankfurt 1956; *Rudolf Bauer:* Die Kunstform der Aphorismen in Hebbels Tagebuch, Diss. phil. Wien 1939; *Antonie Brinkmann:* Leben und Aphorismenwerk Peter Hilles, Diss. phil. (masch.) Marburg 1949; *Eduard Castle:* Aus Lenaus Einschreibebüchern, in: Die österreichische Nationalbibliothek. FS Josef Bick, Wien 1948, S. 278–285; *Reinhold Herrmann:* Das Bild der Gesellschaft in den Werken des älteren Klinger, besonders in seinen Aphorismen, Diss. phil. Berlin 1958; *Werner Hoffmann:* Kafkas Aphorismen, Bern 1975; *Helmut Koopmann:* Heines verkannte »Aphorismen« und »Fragmente«. Literarische Fehlurteile und Überlegungen zu deren Revision, in: Heine-Jahrbuch 20, 1981, 90–107; *Werner Kraft:* Carl Gustav Jochmann, in: Neue Rundschau 77, 1966, 352–366; *Josef Loveček:* Morgenstern als Aphoristiker, Diss. phil. Wien 1950; *Rainer Noltenius:* Hofmannsthal – Schröder – Schnitzler. Möglichkeiten und Grenzen des modernen Aphorismus, Stuttgart 1969; *Hans Schuhmacher:* Wesen und Form der aphoristischen Sprache und des Essays bei Ernst Jünger, Diss. phil. (masch.) Heidelberg 1958.

7. Moderne Modifikationen des deutschen und ausländischen Aphorismus

Der meistgelesene Aphoristiker in Deutschland nach dem Zweiten Weltkrieg ist ein Pole: *Stanisław Jerzy Lec.* Überhaupt ist es interessant zu beobachten, wie der Staffelstab der großen aphoristischen Tradition durch Europa gewandert ist. Genau 130 Jahre lang war Paris das unangefochtene Zentrum; 1795 ist mit Chamforts nachgelassenem Werk das letzte wirkungsreiche Buch der Französischen Moralisten erschienen. Davon angeregt, veröffentlichte Fr. Schlegel zwei Jahre später seine ersten Fragmente; wiederum 130 Jahre lag die Führungsrolle dann bei deutschsprachigen Aphoristikern (1924 erschienen die Aphorismen von Kraus, 1927 die von Schnitzler in endgültiger Fassung), mit dem geographischen Schwerpunkt erst im Südharzer Raum – wo in einem Radius von nicht einmal 100 km Kästners und Lichtenbergs Göttingen (Studienort auch der Schlegels, später Jochmanns und Heines), Goethes Weimar, das Jena der Frühromantiker, Hardenbergs und Seumes Weißenfels (mit Nietzsches Geburtsort nebenan) sowie Jean Pauls frühe Heimat Hof beieinanderliegen – und später, zwischen Marie von Ebner-Eschenbach und Karl Kraus, in Wien und Umgebung. Während Kraus an seinen Aphorismen feilte, ging in Wien neben Canetti auch Lec zur Schule; mit ihm wanderte das Zentrum der Aphoristik dann nach Polen (woher neben vielen Aphoristikern von Rang ursprünglich auch der dann tschechisch und später deutsch schreibende Gabriel Laub stammt).

In anderen Ländern ist der Aphorismus nie eine führende Literaturgattung gewesen. So hat es in *England* zwar rasch zahlreiche Nachahmer der Französischen Moralisten gegeben (unter ihnen immerhin *Swift* – vgl. allg. *Pagliaro*, WdF 305–330), teilweise auch der deutschen klassisch-romantischen Aphoristiker (wie bei *Blake* oder *Coleridge* – vgl. allg. *Smith*, WdF 144–158); von übernationaler Wirkung sind aber aus der angelsächsischen Literatur wohl nur zwei Autoren gewesen (die aber u. a. in Polen durch die Übernahmen *Tuwims* und *Nowaczyńskis*, der auch Aphorismen Lichtenbergs und Ebner-Eschenbachs stillschweigend verwendet hat – vgl. WdF 474, *Krupka* 26, 31). Zum einen ist dies der Amerikaner *Ambrose Bierce* mit seinen weltweit übersetzten und imitierten Definitions-Satiren »The Devil's Dictionary« (1906) und »The Cynic's Wordbook« (1909). Und das ist zum zweiten *Oscar Wilde*, der 1894 (also vor seinem tragischen Lebensbruch) mit wahrhaft amoralischen Maximen unter dem ironischen Titel »Phrases and Philosophies for the Use of the Young« seinen damaligen Ruf als Weltmeister des dandyhaften Zynismus vollauf bestätigte:

»Eine wirklich tadellose Knopflochblume ist das einzige, was Kunst und Natur verbindet.« (*Wilde* I, 695; vgl. bes. ebd. 695/1, 695/3, 695/10, 696/3, 697/3–5)

Italien und *Spanien* spielten im Grunde nur in der tacitistischen Frühzeit eine bedeutende Rolle für die Entwicklung der Gattung; ähnlich ist auch aus *Frankreich* nach Joubert als letztem Aphoristiker der Revolutionszeit nichts mehr in die aphoristische Weltliteratur eingegangen. In Werkausgaben *Baudelaires* findet man zwar Aphoristisches unter Phantasietiteln wie »Raketen« und »Mein entblößtes Herz« (Baudelaire III, 319–364) – doch das erweist sich wieder einmal als vom edierenden Verleger posthum aus verschiedensten Restbeständen zusammengeleimt. Und *Valérys* allerdings hochbedeutende »Rhumbs« leiten eine ganz neue Mischgattung ein und werden deshalb später in diesem Kapitel behandelt.

Aus den *skandinavischen* Literaturen sind nur die frühmoralistischen Maximen der Königin *Christina* von Schweden (1626–1689) und die erwähnten »Diapsalmata« Kierkegaards bekannt geworden; *Strindbergs* 1907–1912 erschienene drei »Blaubücher« schwanken zwischen Kurzabhandlung und selbstreflektierendem Tagebuch, keins der vier alternativen Merkmale des Aphorismus tritt hier auf. Auch von *russischer* Aphoristik ist bislang wenig über die Grenzen gedrungen, wenn es hier auch die übliche höfische Imitation der

Französischen Moralisten und eine relativ starke Rezeption der Fragmentisten Novalis und Schlegel gegeben hat. Will man nicht erneut (wie etwa bei *Puškin*) Aufzeichnungen aus dem Nachlaß heranziehen, bleiben dem westeuropäischen Leser einzig die aphoristischen Versuche des Lichtenberg-Verehrers *Tolstoj* (englisch zugänglich in *Tolstoj* 527ff.; vgl. auch WdF 278f.).

In den letzten Jahrzehnten hat sich demgegenüber in vielen Ländern Osteuropas (mit bezeichnender Ausnahme der Sowjetunion und der DDR) die Aphoristik zu einem Forum kritischer Gegenöffentlichkeit entwickelt, mit Polen als Modellfall. Unter den tschechoslowakischen Aphoristikern derselben Richtung ist bei uns *Gabriel Laub* am bekanntesten geworden, der nach dem gewaltsamen Herbst des Prager Frühlings in die Bundesrepublik kam und inzwischen auch hier, nachdem seine Aphorismen 1969 zunächst in der deutschen Version des Wiener Kishon-Übersetzers und Krausianers Friedrich Torberg erschienen, zu einem deutsch publizierenden Erfolgssatiriker geworden ist. Aus Jugoslawien sind mit dem serbokroatisch schreibenden *Brana Crnčević* (1966) und dem Slowenen *Žarko Petan* (1979) schon zwei politisch-satirische Aphoristiker deutsch übersetzt worden – schwerlich allein aus lauteren ästhetischen Motiven, angesichts von Pointen wie:

»Proletarier aller Länder, vereinigt euch! Sammelplatz: Westdeutschland.« (*Petan* 47)

Weitaus größere Bedeutung hat der inzwischen in Paris lebende Rumäne *E. M. Cioran* gewonnen, dessen Bücher immerhin von Paul Celan und François Bondy ins Deutsche übertragen wurden und den auch der später zu besprechende Botho Strauss stets mit Emphase zitiert (z. B. *Strauss* 192f.). Als »Aphoristiker *par excellence*«, der »die pointengewisse Leichtigkeit der französischen Moralisten mit der monumentalen Pamphletistik des späten Nietzsche« verbindet (*Hieber* 45), handelt er in »Syllogismen der Bitterkeit« (dt. 1969) überwiegend »Vom Nachteil geboren zu sein« (dt. 1977); Grundzug seines Schreibens ist die Desillusionierung intellektueller Attitüden der Moderne – auch seiner eigenen:

»Die Skepsis ist die Eleganz der Angst.« (*Cioran 17*)

In *Polen*, dem Kernland der politischen Gegenwartsaphoristik, ist dies in einer seit dem 17. Jh. bestehenden Tradition tacitistisch-zeitkritischer Moralistik fundiert; dabei haben die polnischen Aphoristiker bis ins 20. Jh. im wesentlichen nur die westeuropäische Gattungsentwicklung rezipiert (auch noch der »Quo vadis«-Autor *Henryk Sinkiewicz* – vgl. PA 6–8, *Krupka* 24). Dorthin zurückgewirkt haben sie erst jetzt, indem sie den zunehmend zum Ästhetizistischen tendierenden Aphorismus wieder umgebildet haben zu einer entschieden politischen Gattung. Das wiederum mag seine tieferen geschichtlichen Grundlagen haben; das polnische Volk hat seit über 200 Jahren lernen müssen, im geistigen Untergrund zu leben und darin seine Freiheit des Denkens zu bewahren. Die aus dem Hintergrund mitsteuernde Rolle der *Zensur* war freilich mit der Aphoristik (wie mit dem teilweise überlappenden Gebiet des satirischen Schreibens) schon immer eng verknüpft. Die Originalform der »Sudelbücher« hätte weder die religiöse noch die politische noch die moralische Zensur der Zeit passiert; so übte Lichtenberg die Selbstzensur der Schublade, als Extremform der noch immer aktuellen ›Schere im Kopf‹. Novalis' »Politische Aphorismen«, obwohl als konservative Utopie angelegt, wurden 1798 von der Zensur kassiert; auch Seumes sprechend betitelte »Apokryphen« konnten erst posthum erscheinen. Börne rächte seine Zunft durch 10 bissige Aphorismen über »Die politische Polizei« und speziell deren Zensurmaßnahmen (*Börne* II, 351–353); und auch Kraus, der als entschlossener Pazifist im Ersten Weltkrieg listige Kämpfe mit der k. u. k. Zensurbehörde auszufechten hatte, verspottete sie wie auch ihre plumpen Daueropfer in einem Aphorismus:

»Satiren, die der Zensor versteht, werden mit Recht verboten.« (BWG 224; als Epigramm KK VII, 451)

In der gegenwärtigen osteuropäischen Aphoristik, und nur in ihr, findet man noch immer solche ausdrücklichen Bezüge auf die Zensur als Katalysator der Kunst – hintersinnig und allgemein bei Lec:

»Der Bürger kann ohne die Kunst leben, der Zensor nicht.« (*Lec 1976*, 86)

Direkt und gattungsspezifisch bei Laub:

»Traum des Aphoristikers: daß seine Aphorismen noch hundert Jahre später auf Zensurschwierigkeiten stoßen.« (*Laub* 94)

Bezeichnenderweise gruppieren sich deshalb auch die großen polnischen Aphoristiker – nach wichtigen Wegbereitern wie dem selbstkritischen Demokraten *Kazimierz Bartoszewicz* (1852–1930; vgl. PA 13f.) und dem ins Paradox verliebten Literaturkritiker *Karol Irzykowski* (1873–1944; vgl. PA 15–20, *Krupka 33f.*) – um eine Satirezeitschrift (»Szpilki« = Nadeln) als in den 30er Jahren gegründetes publizistisches Herz der Bewegung. Hier veröffentlicht der bedeutende Lyriker *Julian Tuwim* (1894–1953) seine eher versonnenen Aphorismen:

»Schwere Zeiten! Man muß manchmal ohne die Dinge auskommen, von denen unsere Väter nicht einmal geträumt haben.« (PA 39)

Und hier schreibt, als letzter aus der Generation der aphoristischen Erzväter, noch *Wieslaw Brudziński* (geb. 1920) seine wöchentlichen Zweideutigkeiten:

»Steigerungsformen des Luxus: eigenes Auto, eigene Villa, eigene Meinung.« (PA 69)

Chefredakteur der »Szpilki« und unangefochtenes Haupt der Bewegung wurde nach dem Kriege jedoch *Stanislaw Jerzy Lec* (1909–1966), dessen (originaler!) Familienname zugleich dem hebräischen Wort für »Satiriker« entspricht (vgl. *Dedecius,* WdF 477). Seine »Unfrisierten Gedanken« (nebst »Neuen«, »Letzten« und einer »Spätlese« derselben) – eine Titel-Kontrafaktur gegen Heines »schön gekämmte, frisierte Gedanken« (vgl. ebd. 474) – sind seit 1959 in der jedenfalls sprachlich glänzenden Nachdichtung von Karl Dedecius auch hierzulande populär geworden (zur problematischen Zuverlässigkeit der deutschen Ausgaben vgl. die Polemik von *Krupka 1983).* Eine ihrer Besonderheiten erkennt man schon beim Blättern: sie sind im Durchschnitt die kürzesten Aphorismen der Gattungsgeschichte. Und zugleich wohl die raffiniertesten, am indirektesten angelegten – die Eindeutigkeit ihrer Pointen ergibt sich vielfach erst mit einem kalkulierten Zeitzünder-Effekt durch aktives Ergänzen des Lesers:

»Autovertreter verkaufen Autos, Versicherungsvertreter Versicherungen. Und Volksvertreter?« (*Lec 1976,* 13)

Zwar ist Vorsicht gegenüber Versuchen geboten, die gesamte Aphoristik von Lec durch Bezug auf die 6 Themenkreise der talmudischen Mischna »Religion, Sitte, Staat, Macht, Wahrheit, Recht« (*Dedecius,* WdF 460ff. – wo bleiben hier Sprache und Literatur?) oder auf ein noch so offen strukturiertes »Weltmodell« (*Krupka* 155ff. – wo bleibt hier die Reichsunmittelbarkeit des einzelnen Aphorismus zum Leser?) zu systematisieren. Unmißverständlich aber bleibt in allen Maskierungen solcher ›Sklavensprache‹ – nicht zufällig findet sich die Sklaven-Metaphorik so häufig bei ihm (z. B. *Lec 1959,* 8/4, 9/2; *Lec 1976,* 46/1–2) wie schon bei seinen Landsleuten seit Sinkiewicz (zit. *Krupka* 24/4) – die den brillanten wie den bitteren Witz durchdringende kritische Grundtendenz:

»Am gemeinsten drückt der fremde Schuh.« (*Lec 1976,* 59)

In Polen wird man damit nicht etwa verfemter Dissident, sondern hochgeachteter Dichter des ganzen Volkes (mit Staatsbegräbnis). In

Deutschland hingegen ist die reine Aphoristik von der literarischen ›Avantgarde‹ wie vom literarischen ›Establishment‹ längst ins zweite oder dritte Glied verwiesen worden. Dafür hat sich hier eine Gattungsmodifiktation angebahnt: weg von der reinen Aphorismus-Sammlung zur Mischform eines neuen Buchtyps, in dem Aphorismen alter Art mit ganz anderen Prosaformen abwechseln, die jedoch die gattungsbildende kotextuelle Isolation des einzelnen Aphorismus nicht tangieren (so wenig wie die gelegentlichen Epigramme zwischen den Aphorismen von Kraus) und deren Vielfalt man zusammenfassend am besten als »Minimalprosa« bezeichnen könnte.

Die Rolle des Prototyps scheinen hier die erwähnten »Rhumbs« (»Windstriche«, Nadelabweichungen auf der Windrose) gespielt zu haben, die *Paul Valéry* (1871–1945) ab 1926 ausdrücklich als »nach Gattungen . . . vermischt« publiziert hat (*Valéry* 5). Sie beginnen mit Reiseskizzen, kleinen Essays, Phantasien, tagebuchartigen Texten und schließen dann zunehmend auch kleinere Aphorismenketten ein – ganz andere als in der Tradition der moralistischen Maxime, eher sprunghafte Aperçus unter zunächst rätselhaften Sammeltiteln wie »Ein Schnabelvoll« (Valéry 50). Gerade an ihnen kann man gut die Rezeption in der zwei Jahre später erschienenen »Einbahnstraße« von *Walter Benjamin* (und dann dessen Nachahmern *Arntzen* und *Schweppenhäuser*, DA 292–297) verfolgen, der Valéry allmein hochgeschätzt hat (vgl. z. B. *Benjamin* II 1, 386–391; IV 1, 479f.) und hier dessen Art variabler und lakonisch betitelter Kurzprosa aufnimmt. Denn die Wiedergabe der wenigen Aphorismen-Ketten allein (wie in DA 255–258) führt irre: dem Titel entsprechend fingiert das Buch das Flanieren durch eine Straße mit »Tankstelle«, »Frühstücksstube«, »Galanteriewaren« etc., unter denen sich dann kürzere Prosatexte unterschiedlichster Art finden – Essays, Beschreibungsskizzen, Sammlungen numerierter Thesen (immer 13), Aphorismen und Porträts (so beim »Kriegerdenkmal« über Karl Kraus).

Benjamin war es auch, der zuerst (*Benjamin* II.2, 663) auf Valéry-Analogien in den »Geschichten vom Herrn Keuner« aufmerksam machte, die *Brecht* 1930 zu schreiben begann und zu denen ab 1934 die Eintragungen ins spätere »Buch der Wendungen« (= Me-ti) kamen. In beiden Sammlungen politisch reflektierender Minimalprosa als säkularisierter Spruchweisheit verkürzt Brecht seine fiktiven Anekdoten vielfach auf einen aphoristischen Ausspruch, der dem Helden mit einem bloßen »Herr K. sagte einmal: . . .« (*Brecht* XII, 375/2, 400/3, 413/2) oder »Me-ti lehrte: . . .« (z. B. XII, 515/3, 432/1, 477/1–4) in den Mund gelegt wird und hin und wieder sogar ohne diesen Fiktionsrest in herkömmlicher Weise isoliert steht (z. B. XII, 401/1, 409/1, 409/3–410/2; XII, 439/2, 466/1, 552/2).

Aus diesen Jahren stammen auch die ersten »Spuren« von *Ernst Bloch*, zunächst als einzelne kleine Beiträge zur liberalen »Frankfurter Zeitung« entstanden und später in Buchform versammelt. Dies sind nun mit geringen Ausnahmen keine Aphorismen, sondern »Denkbilder« (*Schlaffer*), fabelnde Reflexion an kleinen Geschichten entlang (bes. *Bloch* 128–156 stark an die Machart der »Einbahnstraße« erinnernd). Aber das Buch hat starke Vorbildwirkung für die neue Mischgattung gehabt – ausdrücklich einbekannt in ihrem vielleicht gelungensten Exemplar: *Wolfdietrich Schnurres* 1978 erschienenem »Schattenfotograf«. Hier werden verstreute Prosafragmente vielfältiger Art – Familienjournal, Literaturkommentare, Romanbruchstücke, Gesprächsfetzen, autobiographische Detailerinnerungen – zu einander durchdringenden Ketten verknüpft und dazwischen immer wieder Aphorismen gestreut; d. h. teils Schopenhauers Pudel Atma und Schnurres gleichfalls literaturbekanntem Pudel Ali als Nachfolgern Herrn Keuners in den Mund bzw. in die briefschreibende Pfote gelegt, teils in ganz traditionellen Aphorismenreihen wie den (bezeichnenderweise dem polnischen Kollegen Zbigniew Herbert gewidmeten) 20 Theorie-Miniaturen »Sachdienliches zum Aphorismus« angeordnet:

»Vom Aphorismus Lebenshilfe zu erwarten, heißt, den Skorpion um eine Blutspende bitten.« (*Schnurre* 377)

Am Rande hierher gehören auch Bücher wie *Helmut Heißenbüttels* dreibändiges »Projekt Einfache Geschichten« (1978–80), in dem an verschiedenartigen Kurzprosatexten das aphorismentypische Abbrechen mit der in Variationen stereotyp wiederholten Schlußformel »Mehr ist dazu eigentlich nicht zu sagen« auf die Ebene des Expliziten gehoben wird; oder wie die wirkungsbewußt pointierten »Ketzereien« des apokalyptischen Warners *Günther Anders* (1982), deren Prosamischung ihre individuelle Farbe durch die sokratisch-ironischen Dialoge mit freilich jeder griechischen Lernfähigkeit beraubten Zeitgenossen erhält. Wie hier sind auch in der nichtfiktionalen Minimalprosa »Paare, Passanten« von *Botho Strauss* (mit drei Auflagen im Erscheinungsjahr 1981) Aphorismen bei weitem in der Minderzahl (kürzere Ketten z. B. *Strauss* 102f., 131, 192f.); ein Buch, das durch zuweilen an Lichtenberg heranreichende subtile Alltagsbeobachtungen, altmodisch-universell gebildete Lektürekommentare und einen verblüffend hohen Ton seinen Anspruch auf literarische Dauergeltung deutlich anmeldet.

Peter Handke schließlich steht mit seiner Variante der neuen Mischgattung, den ›Journalen‹ (oder dem »aufgerissene[n] Rachen des Notizbuchs«, *Handke* 297) »Das Gewicht der Welt«, »Die Geschichte des Bleistifts« und »Phantasien der Wiederholung« (1977 bzw. 1982 bzw. 1983) der alten Aphoristik am nächsten (schon im durchschußreichen Druckbild, in dem der Torsocharakter überdies durch notorisch fehlende Schlußpunkte signalisiert wird). Zwar gibt es auch hier zahllose Kürzestgeschichten als fiktionale Keimzellen (z. B. *Handke* 152/7, 244/1, 305/3) und chronologische Tagebuchprotokolle (syntaktisch kohärent z. B. 36–41). Aber im Verlaufe der drei Bände dominieren zunehmend die oft nicht mal eine Zeile füllenden Aphorismen im traditionellen Sinne: pointierte Kurzdefinitionen (z. B. 102/2, 287/3, 287/5, 287/7, 301/2), vielbezügliche Satzfetzen (z. B. 192/2, 287/9, 301/6), dem pietistischen Extremfall Adam Bernd nahekommende psychophysische Selbstbeobachtungen (z. B. 95/1–11, 288/6–9), ›Maximen‹ an sich selbst (z. B. 96/2, 275/8, 293/2; explizit 308/2), Spracheinfälle und Zitatkontrafakturen à la Kraus (z. B. 102/9, 156/1; 99/2) – im Gesamteindruck eine auffallende Nähe zu Lichtenberg (jedoch ohne dessen Witz, mit wenigen Ausnahmen wie 34/2, 261/2), die im Detail am offenkundigsten wird durch die (bereits in II.2 angesprochenen) Ein-Wort-Aphorismen:

»Stacheldrahtkindheit« (*Handke* 57/4)
»Hofbandit.« (*Lichtenberg*, GL J 557)

Unterhalb dieser neuen Mischgattung im literarischen Oberhaus der Gegenwart lebt freilich die Aphoristik herkömmlicher Art gleichsam als abgesunkenes Kulturgut weiter. Zum einen hat sich so etwas wie die Trivialisierung des literarischen Aphorismus zu einem kommerziellen Gewerbe breitgemacht (eingedenk des ehernen PR-Gesetzes »bad news is better than no news« nenne ich, um Schleichwerbung zu vermeiden, im folgenden nur noch Namen und keine Titel mehr). In den aneinandergereihten ›Sprüchen‹ von gehobener Witzblatt-Nähe in auflagenstarken Satire-Magazinen oder Sonntagsbeilagen und TV-Blödelshows schlägt sich dies ebenso nieder wie in den oft daraus resultierenden Buchprodukten, die von kabarettnahen Berufssatirikern wie *Werner Finck, Rudolf Rolfs, Gerd Wollschon, Hans Kasper, Ben Witter* oder *Werner Schneyder* bis hinunter zu ›Sprücheklopfern‹ von der Art eines *Otto Waalkes, Werner Mitsch, Peter Ustinov* oder *Robert Lemke* reichen, bei denen der Aphorismus mit dem Nonsens kokettiert.

In genauer Gegenbewegung zu dieser Kommerzialisierung wird die Aphoristik aber auch zunehmend geliebt und gepflegt in dem

Bereich, der sich selbst die ›alternative Literatur-Szene‹ nennt und in dem, ganz im Sinne des olympischen Amateur-Statuts, anderweitig voll berufstätige Menschen frei von profitorientierten Verlagszwängen ihre Erfahrungen auf den aphoristischen Begriff bringen. Da hier naturgemäß gerade kein ›repräsentativer‹ Überblick möglich ist (vgl. die umf. Quellensammlung bei *Schmidt;* periodische Sammelrezensionen bei *Kersten*), belege ich die Massenhaftigkeit des Phänomens exemplarisch an der lokalen Literaturszene Göttingens, wo dergleichen zumal unter Universitätsangehörigen ja seine Tradition hat und wo in den letzten Jahren u. a. ein Goetheinstituts-Dozent (*Wolfgang Eschker*), ein Medizin-Professor (*Gerhard Jörgensen*), ein Kleinverleger (*Manfred Hausin*), ein Rechtsanwalt (*Wolfgang Bittner*) und ein Sprachwissenschaftler (*Burckhard Garbe*) meist ihrem Fach nahestehende Aphorismen-Sammlungen veröffentlicht haben. Das Endstadium der Aphoristik jenseits des Literaturbetriebs: kein unpassender Lebensabend für eine Gattung, zu deren Stolz es immer gehört hat, alternativ zu sein.

Weitere Literatur:
Theodor W. Adorno: Valérys Abweichungen, in: Neue Rundschau 57, 1960, 1–38; *Gerhard Bauer:* Sprengstoff mit stilistischen Sicherheitsvorkehrungen. Zur Politisierung des Aphorismus bei Stanisław Jerzy Lec, in: Spr. i. techn. ZA 26, 1971, 68–79; *A. H. Chorney:* The English Maxim to 1756. Diss. (masch.) Los Angeles 1964; *R. Faber:* Der Collage-Essay. Eine wissenschaftliche Darstellungsform. Hommage à Walter Benjamin, Hildesheim 1979; *Ulrich Greiner:* Langsame Himmelfahrt. Maximen und Reflexionen einer neuen »Unkritischen Theorie«? Peter Handke: »Die Geschichte des Bleistifts«, in: Die Zeit. Buchbeilage 8. 10. 1982, 1–2; *Klaus-Dieter Herlemann:* Oscar Wildes ironischer Witz als Ausdrucksform seines Dandyismus. Diss. phil. (masch.) Freiburg 1972; *Hans Mayer:* Ernst Blochs poetische Sendung. Zu dem Buch »Spuren«, in: Ernst Bloch zu ehren. Beiträge zu seinem Werk, hrsg. v. S. Unseld, Frankfurt 1965, 21–30; *Robert Preyer:* Victorian Wisdom Literature: Fragment and Maxims, in: Victorian Studies 6, 1962f., 245–262; *Fritz Schalk:* Über die Aphorismen Paul Valérys, in: Mélanges offerts à l'Université de Liège 2, 1969, 1575–1584; *J. E. Tucker:* The Earliest English Translation of La Rochefoucauld's *Maximes*, in: Modern Language News 64, 1949, 413–415.

1. G. Chr. Lichtenberg: Prototyp wider Willen

Als der 1742 im hessischen Ober-Ramstadt geborene Georg Christoph Lichtenberg 1799 starb, wäre niemand (nicht einmal er selbst) auf den Gedanken gekommen, in ihm einen Aphoristiker zu sehen. Keine Zeile hatte er in dieser Gattung veröffentlicht; statt dessen hinterließ er (je nach Zählweise) etwa 10 starke und mehr als ebensoviel kleinere Hefte, die in der neuesten Werkausgabe gut 1600 eng bedruckte Seiten mit literarischer Aphoristik füllen.

Für diese Gattungszuordnung der »Sudelbücher« ist zunächst wichtig, daß Lichtenberg gesondert davon großenteils ein chronologisch kohärentes Tagebuch über den privaten Lebenslauf und gelegentlich ein Materialheft für geplante Veröffentlichungen geführt hat (Auszüge in GL II, 565–859). Von den in II.2 erwähnten vereinzelten Irrläufern abgesehen, ist der hinterlassene Text also schon als eine publikationsfähige Aphorismen-Sammlung angelegt. Zwar gibt es für Publikationspläne keinerlei Dokumente (und das Vorbild von Lichtenbergs Erzgegner Lavater und des zunehmend ungeliebten Göttinger Kollegen Kästner wird nicht eben verlockend gewirkt haben). Aber der Text der Sudelbücher selbst ist voll von direkten oder impliziten Leseranreden wie »Man wird mich verstehen, ich sage nicht, daß . . .« (GL E 426; vgl. E 178, 179, 184, 187, F 723; explizit L 617), von notwendig partnerbezogenen Empfehlungen wie »Schmierbuch-Methode bestens zu empfehlen« (F 1219; vgl. F 743, E 187), von Hinweisen für künftige Sudelbuch-Leser wie »Ordnung müßt ihr im Büchelgen nicht suchen« (E 249) und sogar von Legitimationen für künftige Publikation:

»Ich übergebe euch dieses Büchelgen als einen Spiegel um hinein nach euch und nicht als eine Lorgnette um dadurch und nach andern zu sehen.« (GL D 617)

Die meisten Editoren haben dennoch zunächst nach der Lorgnette gesucht und nur Auszüge nach sachbezogenen Kriterien veröffentlicht (so Lichtenbergs Bruder und F. *Kries* in den 1800–1806 erscheinenden »Vermischten Schriften« und Lichtenbergs *Söhne* in der erheblich erweiterten Ausgabe von 1844–1853, aber auch noch die unbrauchbare jüngste Auswahl von *Sengle*), so daß erst *Leitzmann* 1902-1908 (wie noch die originalverbundenste Leseauswahl von *Batt*) die Eintragungen in ursprünglicher Reihenfolge publizierte – freilich mit etwas willkürlichen Auslassungen, weshalb man die authentischen Sudelbücher nur in der seit 1968 erscheinenden und neu numerierenden Ausgabe von Promies (GL) studieren kann (was wiederum vom Ausbleiben des Register- und Kommentarbandes erschwert wird).

Wie sehr Lichtenbergs Bemerkungen die gegebene Definition des literarischen Aphorismus geradezu idealtypisch erfüllen, läßt sich an einem der ungezählten Fälle verdeutlichen, die neben den drei notwendigen auch alle vier alternativen Merkmale der Gattung zugleich aufweisen:

»Der Mensch kommt unter allen Tieren in der Welt dem Affen am nächsten.« (GL B 107)

Von seinen themenfremden Nachbaraphorismen steht dieser Satz kotextuell völlig *isoliert* (die seltenen Ausnahmen finden sich in den Sudelbüchern vorwiegend bei naturwissenschaftlichen Serien in Annäherung an die hier traditionelle Thesenstruktur); er verkörpert schlichte *Prosa* (nicht nur kein ›Vers‹, sondern klares ›genus humile‹) und ist *nichtfiktional* (den vielen Keimzellen potentiell epischer oder dialogisch-dramatischer Texte fehlen durchweg die entscheidenden Fiktionssignale – vgl. z. B. D 623, B 240). Das ganze beschränkt sich nicht bloß auf einen *Einzelsatz*, sondern beweist (wie in E 39 wörtlich unter Berufung auf Tacitus und die Lichtenberg zeitlebens am nächsten stehenden englischen Schriftsteller gefordert) *konzise* Formulierung in dem Sinne, daß nicht allein das Nötige knapp, sondern weniger als das Nötige in torsohafter Verkürzung gesagt wird. Der Leser muß nämlich selber erst die *sachliche Pointe* des Gedankens aufspüren, daß ja in der Tat kein Tier so sehr wie der Mensch jener Tätigkeit zuneigt, die wir in mangelnder Selbstkritik als »Nachäffen« zu bezeichnen gewohnt sind: dem Imitieren fremden Verhaltens. Zu diesem Selbst- und Weiterdenken aktiviert den Leser eine *sprachliche Pointe*, die verbale Umkehrung der auch 100 Jahre vor Darwin schon geläufigen Einsicht, daß unter allen Tieren ›der Affe dem Menschen am nächsten kommt‹.

Nicht nur idealtypischen, sondern auch prototypischen Charakter haben Lichtenbergs Aphorismen für die Gattungsentwicklung in Deutschland (und teilweise darüber hinaus) gewonnen; weit stärker als die vor ihm gedruckten Schlegel und Novalis ist er von späteren Aphoristikern immer wieder ausdrücklich invoziert und stillschweigend imitiert worden (bis an den Rand des Plagiats; vgl. z. B. DA 3/1: DA 136/3, DA 302/4, DA 302/6, DA 304/1, BWG 161/1, PA 20/1, *Laub* 1, *Laub* 83/5; DA 9/4: DA 188/1; DA 11/1: DA 13/5, DA 276/10; DA 12/8: DA 102/7, DA 128/4, DA 296/2, PA 72/6; DA 14/3: DA 96/8; DA 14/7: BWG 156/6; GL E 252: *Lec 1971*, 94; GL F 33: DA 45/3). Lichtenberg ist zu allen Zeiten wie ein

Zeitgenosse empfunden und noch in der Gegenwart von Helmut Heißenbüttel »der erste Autor des 20. Jahrhunderts« genannt worden (*Aufklärung* 76, 80). Sucht man nach Gründen für diese anhaltende Modernität, lassen sich zunächst mehrere hervorstechende Sachbereiche anführen, in denen er seiner Zeit auffallend weit vorauseilte.

So hat er, der selbst höchst unbürgerlich in Kurz- oder Dauerverhältnissen mit Mädchen aus der Unterschicht zusammenlebte und deren letztes erst nach mehreren Kindern legalisierte (vgl. *Mautner 1968*), wie kein anderer (deutscher) Autor seiner Zeit die Bedeutung der *Sexualität* für das Leben und gerade auch das Geistesleben zu Wort kommen lassen. Daraus resultieren nicht allein die alle Sudelbücher durchziehenden geistreichen Obszönitäten (z. B. DA 5/3, GL C 5; DA 5/5, GL C 37; GL E 201, J 149), sondern auch zusammenfassende Einsichten wie:

»Was sie Herz nennen liegt weit niedriger als der 4te Westenknopf.« (GL F 337; vgl. ähnl. gg. Kant J 1071, gg. Rezensenten D 75)

Wenn man dies (wie Heißenbüttel, *Aufklärung* 84f.) zusammen mit dem Interesse an *Träumen* als Vorgriff auf Freud versteht, gilt es freilich zu beachten, daß der moderne empirische Wissenschaftler Lichtenberg dabei im Gegensatz zur spekulativen Einzeltraum-Deutung der Psychoanalyse auch gleich methodisch-statistische Kautelen anfügt:

»Aus den Träumen der Menschen, wenn sie dieselben gnau anzeigten, ließe sich vielleicht vieles auf ihren Charakter schließen. Es gehörte aber dazu nicht etwa einer sondern eine ziemliche Menge.« (GL A 33)

Naturwissenschaftliche Zukunftsperspektiven lagen dem in Göttingen vor allem für Astronomie, Physik und Chemie zuständigen Professor naturgemäß besonders nahe (vgl. dazu *Schöne* 49–73), ebenso (gemäß seinem denkerischen Leitmotiv »wer will behaupten, daß die Menschen nie werden fliegen lernen?« in E 431) deren *technische* Anwendungsmöglichkeiten – wobei er freilich auch deren Gefahren auf eine heute betroffen machende Weise vorausahnte:

»Es wäre doch möglich, daß einmal unsere Chemiker auf ein Mittel gerieten unsere Luft plötzlich zu zersetzen, durch eine Art von Ferment. So könnte die Welt untergehen.« (GL K 334)

Solche bestürzend hellsichtigen Bemerkungen finden sich bei Lichtenberg aber ebenso in *politischen* Zusammenhängen. So stößt man als Nachgeborener von Goebbels' Sportpalast-Rede mit tiefem Erschrecken auf die Notiz:

»Bediente haben ihre Phrases [. . .]
Eine totale Schlacht, ein totaler Feldzug, ein totaler Krieg.« (GL II, 569)

Solche Formulierungen oder Gedanken, die man für Erfindungen
erst des 20. Jh. halten möchte, hat Lichtenberg in vielen weiteren
Bereichen notiert und so »fast auf jeder Seite Ideen-Körner ausge-
streut, die wenn sie auf den rechten Boden fallen Kapital ja Disser-
tationes tragen können« (GL E 189): Vorgriffe auf die moderne
Strafrechtskritik (DA 11/7, GL F 1205) wie die *theologische* Offen-
barungs-Kritik (D 201, J 17, J 277, L 113, L 194f.), auf *philosophische* Positionen ebenso des frühen Wittgenstein (H 151) wie des späten (H 146), ebenso Heideggers (DA 12/3, GL J 443) wie Poppers
(GL J 1521), auf die neuere *Literaturtheorie* (C 181), *Sprachwissen-
schaft* (A 93, E 434) und *Sprachkritik* (einschließlich der mit Krausscher Vehemenz attackierten »Zeitungsschreiber«: DA 7/2, GL D
108).

Über all solchen thematisch-gewichtigen Aspekten sollte man jedoch andere Gründe nicht vergessen, die wenigstens ebenso für
Lichtenbergs ›Modernität‹, für den Eindruck von Frische und Un-
mittelbarkeit seiner Texte verantwortlich sind und die in Besonderheiten seiner *Schreibweise* liegen. So springt den Sudelbuch-Leser
fast auf jeder Seite eine ungeheure Aggressivität an; in diesen Aphorismen steckt nicht weniger Haß als in denjenigen von Nietzsche
oder Kraus (nur außerdem viel mehr Liebe). Die Lust an der *Polemik* äußert sich abseits der Öffentlichkeit hier ganz ungebremst und
unzensiert und schlägt sich ein ums andere Mal nieder in pointierten
Grobheiten wie:

»Zu Abführung eines solchen Unrats waren freilich ein paar Kalender-Blätt-
gen zu wenig.« (GL F 635)

Im Gegensatz zur bloß gegen andere polemisierenden Entlar-
vungs-Manie vieler Aphoristiker richtet sich dieser bissige Witz bei
Lichtenberg jedoch als *Selbstkritik* oder *Selbstironie* mit gleicher
Schärfe und mit gleichen Verfahren gegen seine eigene Person –
wenn er etwa Lavaters »doppelten Superlativ« auch bei sich selber
geißelt (J 320: H 171), seinen gegen alle Rationalität durchbrechen-
den Hang zum Aberglauben bespöttelt (G 38, H 2, H 42) oder sich
gar eingesteht:

»In Gesellschaft spielte ich zu Zeiten den Atheisten bloß Exercitii gratia.«
(GL H 9)

Auf diese Weise entsteht beim Lesen der Sudelbücher das Bild einer wirklich hervortretenden *Individualität*, die uns durch die un-
schematische und erstaunlich unveraltete Art des Sprechens (vgl.

Gockel 157–174) gleichsam wie in Naheinstellung vorgeführt wird – kein ›Aphoristiker ohne Unterleib‹ wie sonst so oft, sondern jemand, der in ganzer Person als Alltagsmensch in Alltagssprache vor uns tritt:

»Ich habe mit ihm 2 Jahre in einerlei Nachtgeschirr gepisset und kann also schon wissen was an ihm ist.« (GL B 273; vgl. L 618)

Es hat nicht an Versuchen gefehlt, die Vielfalt von Lichtenbergs Gedankenwelt und ihrer Darstellungsformen zu vereinheitlichen und aus einem Punkt zu explizieren. Man hat darin (so *Requadt* 20–81) eine Säkularisierung pietistischer Selbstbeobachtung sehen wollen (aus der man vielleicht die Tagebücher erklären kann, niemals aber die Sudelbücher). Man hat (spätestens seit *Grenzmann* 58ff. zum Topos geworden) die ›Bucklilgkeit‹ des vermutlich seit dem 8. Lebensjahr rachitischen Lichtenberg – mit seinem kleinen, unförmigen Körper und groben Gesichtszügen bei gleichwohl außergewöhnlichem Charme des Umgangs in der Tat eine Gestalt, wie sie Jean Paul nicht besser hätte erfinden können – als tiefere Wurzel all seiner Geistestätigkeit angeführt und sich dabei auf manche seiner Äußerungen berufen können:

»Die gesundesten und schönsten, regelmäßigst gebauten Leute sind die, die sich alles gefallen lassen. Sobald einer ein Gebrechen hat, so hat er seine eigne Meinung.« (DA 15/3, GL G 86; vgl. ähnl. B 54; DA 11/2, GL F 901)

Doch dergleichen ist nur umgekehrte Physiognomik (gegen die er sich bei Lavater so heftig zur Wehr setzte): wieviele Bucklige gab es damals, und wie wenige Lichtenbergs?

Des weiteren hat man (so *Müller* 63–105) die Satire als Keimzelle von Lichtenbergs Aphorismen benannt (aber das trifft nur einen Teil der Sudelbücher). Man hat (so *Knauff* 41–51), in Anlehnung an die nach ihrem Entdecker benannten elektromagnetischen Strukturen, seine Aphoristik typologisch auf die drei ›Lichtenbergschen Figuren‹ des perspektivenöffnenden »Modalismus«, des egozentrischen »Auktorialismus« und des witzigen »Lakonismus« reduziert (aber mit der heiligen Dreizahl ist hier kein Auskommen). In ähnlicher Weise metaphorisch überdehnt wird das »von Lichtenberg immer wieder verwandte Verfahren alternierender Mikro- und Makroskopie« (*Neumann* 110 et passim; vgl. GL B 54). Man hat (so *Stern* 227–276) eine versteckte Theorie aus den Sudelbüchern rekonstruiert: jene ›Doktrin der verstreuten Gelegenheiten‹, wonach die Welt in Erfahrungstatsachen zerfällt und jede einzelne exemplarisch für ebendiesen Sachverhalt steht (aber Erkenntnisprobleme sind nur ein Thema unter vielen bei Lichtenberg). Dieser Ansatz ist dann (von

Boyle 253 u. ö.) zur Einsetzung der Hypothese als versteckter Satzform von Lichtenbergs gesamter Aphoristik präzisiert worden (doch was wirklich in den Sudelbüchern steht, ist oft mehr, oft auch viel weniger als eine Hypothese).

Methodisch präziser, empirisch abgesicherter und darum im Ergebnis umfassender stellt sich der Versuch dar, aus einem einzigen aufschlußkräftigen Sprachdetail, nämlich aus dem statistisch auffallend häufigen Konjunktivmorphem bei Lichtenberg (und hier besonders in den naturwissenschaftlichen Bemerkungen) die gesamte geistige Physiognomie dieses Mannes zu entwickeln und seine historischen Koordinaten zwischen Französischen Moralisten und deutschen Romantikern zu bestimmen:

»Daß ihn (anders als jene) der Zweifel zur Hypothese treibt, und daß es zugleich doch (anders als diese) die Skepsis einsetzt zum Zuchtmeister der Spekulation, bestimmt die Position dieses Physikers: weist ihn als Aufklärer aus.« (*Schöne* 141)

Das trifft sehr vieles, und doch bei weitem noch nicht alles: wie bei den meisten dieser zu einseitig aufs Ernsthafte setzenden Vereinheitlichungsversuche werden wir auch bei diesem um den Spaßvogel und lustvollen Sprachspieler Lichtenberg geprellt. Gerade das aber sagt wohl am meisten über diesen Aphoristiker aus, daß sich sein Schreiben eben nicht auf eine einzige Wurzel oder einen einheitlichen Grundzug zurückführen läßt, sondern jedem Versuch in nichtreduzierbarer Vielfalt widersteht; wenn irgendwo, dann ist hier einmal die mißbrauchte Germanistenvokabel »Unerschöpflichkeit« am Platze. Am deutlichsten wird dies, wenn man schlicht die auftretenden *Sprechhandlungstypen* der Sudelbücher mit denjenigen seiner großen französischen Vorgänger vergleicht (die Lichtenberg ja, wie *Boyle* 224–235 detailliert belegt, bestens gekannt und bis in die Vergleichung von Auflagen hinein genau studiert hat). Bei La Rochefoucauld und seinen Nachfolgern finden wir nahezu ausschließlich *Behauptungen* (meist in allquantifizierten Aussagesätzen) und gelegentlich verallgemeinerte *Aufforderungen*. In den Sudelbüchern begegnet uns ein fast unbegrenztes Repertoire verschiedenartiger Sprechhandlungen und ihrer Satzformen: direkte und indirekte *Fragen, Zweifel, Vermutungen*, kontrafaktische *Gedankenexperimente, Wünsche, Pläne, Absichtserklärungen, Empfehlungen* und *Selbstermahnungen, Beschimpfungen* und *Belobigungen* – und darüber hinaus *Satzfragmente* von der in II.2 vorgeführten Vielfalt, die den jeweiligen Sprechakttyp bloß andeutend offenlassen.

Gerade deshalb kann man, auch wenn man schon 10 000 Aphorismen Lichtenbergs gelesen hat, von Nr. 10 001 erneut überrascht werden. Und gerade diese Unabsehbarkeit verleiht den Sudelbüchern ihre eigentümliche Fähigkeit der Antizipation zukünftiger Lesergenerationen: die fundamentale Möglichkeit des Aphorismus, durch seine torsohafte Unbestimmtheit für *jeden* Leser persönlich zu sprechen, hat Lichtenberg gerade dadurch zum Äußersten geführt, daß er zunächst für *keinen* Leser schrieb (sondern bloß für den ›generalisierten Anderen‹ i. S. v. *Mead* 194ff.). Auf diese Weise ist Lichtenberg zum Prototyp der Gattung geworden, ohne im mindesten daran zu denken – nach ihm gibt es zwar noch Entwicklungen und differenzierende Entfaltungen in der literarischen Aphoristik, aber nichts mehr, für das das Potential nicht grundsätzlich schon bei Lichtenberg angelegt wäre.

Weitere Literatur:
Helmut Arntzen: Beobachtung, Metaphorik, Bildlichkeit bei Lichtenberg, in: DVjs 42, 1968, 359–372; *Walter A. Berendsohn:* Stil und Form der Aphorismen Lichtenbergs. Ein Baustein zur Geschichte des deutschen Aphorismus, Kiel 1912; *Ernst Bertram:* Georg Christoph Lichtenberg. Adalbert Stifter. Zwei Vorträge, Bonn 1919; *Nicholas Boyle:* Georg Christoph Lichtenberg, in: German Men and Letters, hrsg. v. A. Natan und B. Keith-Smith, Band VI, London 1972, 169–206; *Rudolf Jung:* Lichtenberg-Bibliographie, Heidelberg 1972; *Pierre Missac:* Lichtenberg ou l'aphoriste sans le savoir, in: Revue de littérature comparée 53, 1979, 5–16; *Wolfgang Preisendanz:* Georg Christoph Lichtenberg. Ein Literaturbericht, in: GRM 6, 1956, 338–357; *Wolfgang Promies:* Georg Christoph Lichtenberg in Selbstzeugnissen und Bilddokumenten, Reinbek 1964 (erw. Neuaufl. 1979); *Peter Rippmann:* Werk und Fragment. Georg Christoph Lichtenberg als Schriftsteller, Bern 1953; *Albert Schneider:* G. C. Lichtenberg. Précurseur du Romantisme. I: L'homme et l'oeuvre, Nancy 1954; II: Penseur, Paris [1955]; *Herbert Schöffler:* Lichtenberg. Studien zu seinem Wesen und Geist, Göttingen 1956; *Reinhard Trachsler:* Ursprünge und Größe wirklicher Freiheit, Zürich 1956; *Georg Henrik von Wright:* G. C. Lichtenberg als Philosoph, in: Theoria 8, 1942, 201–217.

2. Jean Paul: Der verhinderte Erste

Über das aphoristische Werk jenes Autors, der 1763 als Johann Paul Friedrich Richter geboren wurde und 1825 als Jean Paul starb, kann man in der leider bislang einzigen, die Quellen ebenso materialreich wie theorielos zusammentragenden Spezialuntersuchung lesen, es nähere sich »der deutschen Art dieser Gattung, wie sie Lichtenberg als selbständige Kunstform begründete« (*Fieguth* 3). Doch so einfach liegen die Dinge bei weitem nicht: den Publikationsdaten nach geht eine Reihe einschlägiger Werke Jean Pauls denjenigen Lichtenbergs um viele Jahre voraus – aber ihre Zuordnung zu dieser literarischen Gattung ist gleichwohl viel problematischer als bei den unpublizierten, aber eindeutig aphoristischen Sudelbüchern. Nach Ausweis der Wirkungsgeschichte gibt es ja für Jean-Paul-Leser offenbar nur zwei Möglichkeiten, nämlich seine Schreibweise zu verabscheuen oder ihr mit Haut und Haaren zu verfallen; auch als bekennendes Mitglied der zweiten Gruppe braucht man jedoch nicht zugleich der These zu verfallen, daß dieser in mancher Hinsicht unvergleichliche Erzähler »zu den bedeutendsten deutschen Aphoristikern gerechnet werden« müsse (so *Fieguth* 180; barsch abgewiesen von *Schweikert 1970*, 162). Vielmehr sollte man sich die Texte einmal genau ansehen, die durch Aufnahme in Aphorismen-Anthologien (vor allem in Fieguths eigene Sammlung DA) der Gattung zugeschlagen worden sind.

Deren früheste sind die »Wetterbeobachtungen über den Menschen« aus dem 1795 (also zwei Jahre vor Schlegels »Kritischen Fragmenten«!) erschienenen Roman »Hesperus«. Unter diesen 17 Bemerkungen liest man etwa

»Die Menschen fodern von einem neuen Fürsten – Bischof – Haushofmeister – Kinderstuben-Hofmeister – Kapaunenstopfer – Stadtmusikus und Stadtsyndikus nur in der ersten Woche ganz besondere Vorzüge, die dem Vorfahr fehlten: – denn in der zweiten haben sie vergessen, was sie gefodert und was sie verfehlet haben.« (DA 54/5; JP I.1, 667)

Dieses Zusammenpferchen semantisch völlig heterogener Elemente durch ein ihnen gemeinsam übergeordnetes Satzglied ist die uralte Form der ›Priamel‹, wie wir sie schon in der Älteren Edda gesammelt finden (»Lobe abends den Tag, / nach dem Tode die Frau, / nach dem Hiebe das Schwert, / nach der Hochzeit die Maid, / bist du drüben, das Eis, / das Äl nach dem Trunk!«, *Edda* 143). Man hat dieses Grundverfahren des Jean Paulschen Witzes zumeist als komische Vergleichung bezeichnet (vgl. bes. *Birus* c. 7–9); ich spreche im folgenden lieber von komischer Verknüpfung, weil das Prinzip weit über die Fälle vergleichender Kombination hinausreicht. An der folgenden »Wetterbeobachtung« läßt sich dies verdeutlichen:

»Zwei Dinge vergisset ein Mädchen am leichtesten, erstlich wie sie aussieht – daher die Spiegel erfunden wurden –, und zweitens, worin sich *das* von *daß* unterscheidet.« (JP I.1, 666)

Bis dahin wäre dies ein hübscher Aphorismus, schon jeanpaulisch genug in seiner disparaten Priamelform. Aber Jean Paul wäre nicht Jean Paul, wenn er hier aufhörte und nicht noch fortführe:

»Ich besorg' aber, daß sie den Unterschied, bloß um meinen Satz umzustoßen, von heute an behalten werden. Und dann geht mir einer von den beiden Probiersteinen verloren, an die ich bisher gelehrte Frauenzimmer strich.« (ebd.)

Mit diesem scherzhaft fingierten Bezug zu den Leser(inne)n wird die Möglichkeit wechselseitiger Kommunikation und damit ein situativer Kontext aufgebaut. Und weil Jean Paul statt eines gleich zwei Probiersteine erwähnt, muß er natürlich den anderen nachliefern:

»– der zweite, den ich behalte, ist ihr linker Daumennagel, welchen das Federmesser zuweilen voll Narben geschnitten, aber selten, weil sie die Feder leichter führen als schneiden.« (ebd.)

Wie im vorigen Zitat die ›weibliche Orthographie‹, so wird hier also das ›gelehrte Frauenzimmer‹ nach Abschluß des Gedankens mit einem weiteren Annex versehen (»aber selten«); somit folgt in fünf Stufen immer ein komischer Anhang auf den anderen. Und wer jetzt meint, damit sei die Sache (wie in der Tat der Text der Bemerkung) nun endlich vorbei, muß auf eine weitere Enttäuschung gefaßt sein. Es gibt nämlich zu diesem ›Aphorismus‹ eine Fußnote, sc. zu dem Wort »Probiersteinen«:

»[1]Es lief glücklicher und ohne Verlust der Steine ab; und ich hatte die Genugtuung, daß keine, welche die erste Auflage dieses Werks gelesen, im weiblichen Rochieren oder Chargentausche des *das* und *daß* etwas geändert hat.« (ebd.)

Und auch diese Fußnote bekommt ab der 3. Auflage noch einen Schwanz:

»– Ja sogar die Leserinnen der zweiten Auflage sind sich gleich geblieben.« (ebd.)

Diese unablässige Anhangs- und Verknüpfungsmanie Jean Pauls muß man gerade hinsichtlich seines problematischen Status als ›Aphoristiker‹ sorgfältig beachten. Denn es bleibt natürlich nicht aus, daß innerhalb der Bemerkungs-Serien z. B. eine ›Wetterbeobachtung‹ selbst ein komischer Anhang zur vorigen wird:

»Solche Sentenzen gefallen und bleiben den Weibern am meisten.« (DA 54/6; JP I.1, 667)

Als zusammenfassender Kommentar zu den vorigen ›Sentenzen‹ (wie den oben zitierten) bringt dies deren kotextuelle Isolation bereits in Gefahr – und vollends vorbei ist es mit der aphoristischen Selbständigkeit bei der nächstfolgenden Bemerkung:

»Daher will ich zur Belohnung mehr als eine über sie selber verfertigen. Sie halten andere nur für jünger, nicht für schöner als sich.« (DA 54/7; JP I.1, 667)

Und nun folgt, trotz der graphischen Abtrennung durch Sternchen und Durchschuß, eine Satzkette in schulmäßiger syntaktischer Kohäsion durch das Pronomen »sie«; um etwas Aphorismenfähiges zu erhalten, müßte man hier erst jedesmal »Die Weiber« einsetzen – z. B. so:

»Die Weiber sehen nur darauf, *daß* man sich bei ihnen entschuldige, nicht *wie*.« (vgl. dgg. DA 55/2; JP I.1, 667)

Genau in dieser Form taucht der Satz nun tatsächlich auf in jener vierbändigen »Chrestomathie« (*Jean Pauls Geist* I, 155), die zum großen Ärger ihres ungefragten Sentenzen-Spenders die florilegische Rezeption Jean Pauls, besonders in Frankreich, so sehr förderte (vgl. T + K 93–117). Ein bezeichnendes Faktum: man muß an Jean Pauls Bemerkungen erst etwas verändern – oder zumindest etwas weglassen, um aus ihnen ›Aphorismen‹ zu machen. Was die Anthologen besonders gern weglassen, sind die jeweils ersten und letzten Bemerkungen einer Serie mit ihrer epischen Integration ins Werkganze – z. B. bei den »Wetterbeobachtungen«:

»Da ich im vorigen Kapitel die Kernsprüche des Lords niederschrieb: so sah' ich, daß mir selber eigne einfielen, die für Schalttage zu brauchen wären. Ich habe niemals eine Bemerkung allein gemacht, sondern allemal zwanzig, dreißig hintereinander – und gerade diese erste ist ein Beweis davon.« (JP I.1, 666)

Typisch Jean Paul: er verknüpft nicht nur die ›Aphorismen‹, er sagt es auch gleich selbst, und dies auf sich potenzierende Weise in einem ›verknüpften Aphorismus‹. Spiegelbildlich dazu die letzte ›Wetterbeobachtung‹ (ebenso wie der Anfang in DA getilgt):

»Ich will mit einigen Regeln der Besserung schließen. Stelle keinem [. . .]. – Das tugendhafte Herz wird, wie der Körper, mehr durch *Arbeit* als durch gute *Nahrung* gesund und stark. Daher kann ich aufhören. (JP I.1, 668f.)

Der Schlußsatz bedeutet eine ironische Selbstaufhebung der gerade mit dem Pathos der Empfindsamkeit vorgetragenen Tugendregeln. So wird der Leser, nach der Hauptregel von Jean Pauls literarischer Sauna, zuerst »ins Dampfbad der Rührung geführt und sogleich ins Kühlbad der frostigen Satire hinausgetrieben« (JP I.4, 348).

Der hier am »Hesperus« in exemplarischer Ausführlichkeit demonstrierte Grundzug höchst unaphoristischer Verknüpfung zu komischen Zwecken bestätigt sich in Jean Pauls vermeintlichem Aphorismenwerk nun an allen Ecken und Enden. In den ›Lebensregeln‹ aus dem »Quintus Fixlein« (gleichfalls 1795) finden wir die komische Kontrastierung zunächst wieder innerhalb der einzelnen Bemerkungen durch Bildung von Priameln, z. B. auf der Basis eines Wortspiels:

»Verdecke dir nicht durch lange Plane dein Hauswesen, deine Stube, deine Bekannten!« (DA 55/3; JP I.4, 185f.)

Die Bemerkungen untereinander sind auch nicht etwa isoliert, sondern nach dem Muster des Dekalogs aneinandergereiht und dabei durch scheinbar kunterbunte Füllung gezielt gegeneinandergesetzt:

»Genieße dein Sein mehr als deine Art zu sein, und der liebste Gegenstand deines Bewußtseins sei dieses Bewußtsein selber! – Mache deine Gegenwart zu keinem Mittel der Zukunft, denn diese ist ja nichts als eine kommende Gegenwart, und jede verachtete Gegenwart war ja eine begehrte Zukunft! – Setze in keine Lotterien – [. . .]« (ebd.)

Vom Erhabenen des ›Seins‹ zum Banalen der ›Lotterie‹ ist nur ein Schritt bei diesem Feirefiz der deutschen Literatur, an dem sich wie bei Parzivâls schwarz und weiß geflecktem Halbbruder die nachtdunkle Seite von der humoristischen nicht isolieren läßt. Man verfälscht ihn, wenn man (wie in DA 55f.) die ›Lebensregeln‹ um eines ungetrübten aphoristischen Eindrucks willen so enden läßt:

»Halte [. . .] die Freude für eine Sekunde, den Schmerz für eine Minute, das Leben für einen Tag und drei Dinge für alles: Gott, die Schöpfung, die Tugend! – –«

Denn im Original bindet Jean Paul mit der unmittelbar folgenden ironischen Antiklimax die ganze Maximenserie zurück an den fiktionalen Kotext des Fixlein-Romans:

»Und wenn ich mir selber und diesen Regeln folgen will: so muß ich auch nicht so viel aus dieser Lebensbeschreibung machen, sondern sie einmal wie ein mäßiger Mensch ausklingen lassen.«

Nach den bisherigen Erfahrungen wird man, wenn man nun auch die dritte bis neunte der »zehn Verfolgungen des Lesers« aus dem »Titan« als Aphorismen präsentiert findet (DA 56f.), mißtrauisch die drei fehlenden nachschlagen – und in der Tat bestätigt finden, daß sie in analoger Weise durch selbstironische Kommentierung und fiktionale Integration dem Ganzen den aphoristischen Charakter nehmen. Wenn die Einleitung endet:

»Der folgende Aphorismus ist – wenn man den vorhergehenden als die erste Verfolgung anschlägt – hoff' ich,

die zweite.«

dann schreibt Jean Paul damit gerade keine isolierten Aphorismen, sondern spielt unter ausdrücklicher Berufung auf La Rochefoucauld, La Bruyère und Lavater (JP I.3, 167f.) nur mit dieser im Erscheinungsjahr 1800 auch durch die Schlegels schon hinreichend vorbereiteten Gattungserwartung.

Nicht geringere, aber etwas anders gelagerte Schwierigkeiten bereiten die ›Schwefelblumen‹ aus den »Flegeljahren« (ebenfalls unter die Aphorismen aufgenommen in DA 57). Es handelt sich dabei nämlich um:

»›Ihre Polymeter! – › Was sinds?‹ [. . .] ›. . . in der Tat eine neue Erfindung des jungen Kandidaten, meines Schülers, er machet Gedichte nach einem freien Metrum, so nur einen einzigen, aber reimfreien Vers haben, den er nach Belieben verlängert, seiten-, bogenlang; was er den *Streckvers* nennt, ich einen *Polymeter*.« (JP I.2, 622)

Die im folgenden dann unter Kommentierung der Zuhörer verlesenen »Schwefelblumen« sind also nicht nur fiktionale Personenrede, sondern auch keine Prosa: zwar wie solche gedruckt, aber regelmäßig rhythmisiert durch Zusammensetzung aus beliebig vielen (wechselnden, aber traditionellen) Versfüßen mit ein oder zwei Senkungen (Abweichungen von dieser Quasi-Norm gibt es nur zugunsten einer spezifischen Funktion), mit besonderer Vorliebe für Klausel- bzw. Hexameter-Schlüsse (dominierend: – vv – v) – im folgenden Fall gleich dreifach:

»*Die alten Menschen.* Wohl sind sie lange Schatten, und ihre Abendsonne liegt kalt auf der Erde; aber sie zeigen alle nach Morgen.« (DA 57/5; JP I.2, 625)

Nicht um »dichterische Aphorismen« handelt es sich also (*Fieguth* 140–165; dgg. *Schweikert 1970*, 167), sondern um Jean Pauls Variante des Epigramms.

Ein notwendiges Merkmal des Aphorismus fehlt auch den »Noten« zu der Erzählung von Attila Schmelzle: viele von ihnen (prompt weggelassen in DA 58) beginnen mit Satzanschlüssen wie »Denn . . .«, »So wahr!«, »Gleichwohl . . .«, »Und . . .«, »Oder . . .«, »Ich sage aber Nein.« (JP I.6, 14/15/21/24/30/36), beziehen sich also auf einen Kotext – nur ist dieser, nach Jean Pauls witziger Fiktion, durch ein Versehen bei der Drucklegung verlorengegangen und die Fußnotenserie beliebig unter die Seiten verteilt.

Etwas der literarischen Aphoristik Ähnliches hat Jean Paul auch in seine nichtfiktionalen späten Prosasammlungen immer wieder eingestreut. Die ›kleinen Zwielichter‹ inmitten der politischen Satiren und Glossen der »Dämmerungen für Deutschland« (wie ähnlich in den »Politischen Fastenpredigten«) nähern sich durch thematische Kohärenz und streng nach A/B/C ... numerierte Anordnung unter einer förmlichen Überschrift (anders in DA 59) deutlich der Textsorte von Thesen. Und in den ähnlich knappen Einsprengseln der drei Bändchen »Herbstblumine« (1810–20) begegnen wir vielen bereits bekannten Verfahren Jean Pauls wieder, die uns die Einordnung als Aphorismen schwermachen: die »Trümmer eines Ehespiegels« werden als eine Art komischer Anhang zum »Siebenkäs«-Roman dessen Helden in den Mund gelegt und damit fiktionalisiert; diese Sammlung ebenso wie die »Bemerkungen über den Menschen« erhalten durch ironische Einleitungs- und Schlußkommentare lineare statt beliebig permutierbare Struktur (JP II.3, 133 bzw. 199); und die Bemerkungen werden auch direkt miteinander verknüpft (implizit z. B. JP II.3, 195/3–196/2, explizit ebd. 198/3–4 bzw. 130/6–7; DA 60/6–7). Und wie diese Seiten, so stellen die ganzen Sammlungen eine Gattungsmischung dar: aus Essays, Glossen, Kommentaren und Selbstinterpretationen, Satiren, Polemiken und polymetrischen Epigrammen.

Man könnte dies fast für einen Vorgriff auf die ›Minimalprosa‹ des 20. Jh. nach Art von Valéry und Benjamin halten – wenn es nicht in Wahrheit ein Rückgriff auf Jean Pauls eigene Frühschriften wäre. Denn schon in der Zeit der »satirischen Essigfabrik« (JP I.1, 15) hat er in seine bunte Prosamischung u. a. der »Grönländischen Prozesse« (1783) oder »Auswahl aus des Teufels Papieren« (1789) kleine Gruppen von ›Bonsmots‹, ›gestrichenen Stellen‹, ›abgerissenen Einfällen‹, ›witzigen‹ und (scheinbar) ›ernsthaften Anhängen‹ eingefügt. Sie alle weisen freilich schon Ansätze zu Jean Pauls späteren Verknüpfungs- und Vermischungstechniken auf: manche sind Vorstufen zu den Streckversen (wie die prosaischen »Epigrammen«, JP II.1, 570–575), andere fügen die witzigen Aussprüche in fiktionale Anekdoten über das Erzähler-Ich ein oder beschreiben wie La Bruyère theophrastische ›Charaktere‹ (z. B. II.1, 904–917 bzw. 1069–1071), durchsetzen die Bemerkungen mit betitelten Kurzessays (z. B. II.1, 1074f.; II.2, 371–374), und viele haben schon den ironisch zusammenfassenden Schlußkommentar (II.1, 1074f.; II.2, 241; II.2, 378). Ähnlich wie bei den etwa aus gleicher Zeit stammenden Texten von Kästner, Moritz und Lavater (vgl. II.6) handelt es sich bei diesen gemischten Prosapublikationen also noch um Übergangsformen zur eigentlichen literarischen Aphoristik.

Wenn ein Autor sein Leben lang in dieser Weise Aphorismenähnliches schreibt und dann im Ergebnis doch immer wieder etwas anderes daraus wird, dann wird man auch seine nachgelassenen Notizen nicht einfach dieser literarischen Gattung zuschlagen können (wie in DA 63–68). Gerade Jean Paul ist ja für sein unermüdliches Exzerpieren, Notieren und Systematisieren von kuriosen Funden und Einfällen berühmt, die er dann als Ausgangsmaterial für die komischen Kontrastierungen seiner endgültigen Werke benutzte (vgl. dazu *Birus* c.7). Der Vorgang läßt sich an einem Beispiel verdeutlichen:

»Zwischen 4 Wänden sind alle Menschen Sonderlinge, nur nicht offen.« (DA 65/7; JPSW II.5, 101)

Das ist, obwohl so präsentiert, nicht etwa ein ›Aphorismus von Jean Paul‹, sondern der deutlich ins Unreine formulierte Entwurf eines sentenziösen Bonmots, dessen Endfassung dann in den argumentativen Kotext der »Vorschule der Ästhetik« integriert wurde:

»Zwischen vier Wänden sind die meisten Menschen Sonderlinge; dies wissen die Eheweiber.« (JP I.5, 139)

Der wiederkehrende Eindruck des ›Aphoristischen‹ bei Jean Paul beruht also auf einer naheliegenden Täuschung: man stößt bei ihm überall auf die *alternativen* Merkmale des Aphorismus – auf Konzision als »Sprachkürze« (JP I.5, 175ff.), auf das Zusammenraffen ganzer Gedankenwelten in einem einzigen Satz, auf immer neue sachliche und sprachliche Pointierungen (wodurch sein Œuvre so eine unerschöpfliche Fundgrube für Motti und Zitate abgibt). Doch die daraus resultierenden Ansätze zur Aphoristik werden immer wieder zunichte gemacht durch jene Verknüpfungsmanie, die den Grundzug von Jean Pauls ganzer schriftstellerischer Arbeit ausmacht (bis in die Verknüpfung ganzer Romane durch Wiederaufnahme fiktiver Personen hinein). So sehr man das eine wie das andere lieben kann – das Wesentliche am Aphorismus ist mit dem Wesentlichen an Jean Paul ganz unvereinbar: nicht die Isolation, sondern die Assoziation überraschender Einfälle ist seine eigentliche Stärke. Und gerade diese Eigenschaft, die ihm für immer seinen Platz unter den Ersten der deutschen Dichtung gesichert hat, hat zugleich verhindert, daß er auch der erste unter den deutschen Aphoristikern geworden ist.

Weitere Literatur:
Dieter Baacke: Vehikel und Narrenschiff der Seele. Zu Jean Pauls Abschweifungen und Digressionen, T + K 39–58; *Eduard Berend:* Jean Pauls hand-

schriftlicher Nachlaß. Seine Eigenart und seine Geschichte, in: Jb. d. Jean-Paul-Ges. 3, 1968, 13–22; *Hendrik Birus:* Neue kleine Bücherschau. Über die jüngste Jean-Paul-Forschung (1974–1982) / Vita Jean Paul / Kommentierte Auswahlbibliographie, T + K 216–306; *Robert Minder:* Jean Paul in Frankreich, in: FS Berend, hrsg. v. H. W. Seiffert u. B. Zeller, Weimar 1959, 112–127; *Peter Horst Neumann:* Streckvers und poetische Enklave. Zu Entstehungsgeschichte und Form der Prosagedichte Jean Pauls, in: Jb. d. Jean-Paul-Ges. 2, 1967, 13–36; *Wolfdietrich Rasch:* Die Erzählweise Jean Pauls. Metaphernspiele und dissonante Strukturen, München 1961; *Walther Rehm:* Jean Pauls vergnügtes Notenleben oder Notenmacher und Notenleser, in: ders.: Späte Studien, Bern 1964, 7–96; *Uwe Schweikert:* Jean Paul, Stuttgart 1970; *ders.* (Hrsg.): Jean Paul. Wege der Forschung 336, Darmstadt 1974; *Peter Sprengel:* Herodoteisches bei Jean Paul. Technik, Voraussetzungen und Entwicklung des »gelehrten Witzes«, in: Jb. d. Jean-Paul-Ges. 10, 1975, 213–248; *ders.:* Heroische Anekdoten. Jean Pauls Plutarch-Rezeption, in: Antike und Abendland 24, 1978, 171–190; *Gisela Wilkending:* Jean Pauls Sprachauffassung in ihrem Verhältnis zu seiner Ästhetik, Marburg 1968.

3. Fr. Schlegel: Selbst-Bewußtsein der Gattung

Der 1772 in Hannover geborene Friedrich Schlegel hat, wie sein fünf Jahre älterer Bruder August Wilhelm, zu Lichtenbergs Zeiten in Göttingen studiert. Aber es ist kaum ein größerer Gegensatz denkbar als zwischen dem privat seine Einfälle notierenden Sonderling Lichtenberg und der geselligen Entstehungsweise der romantischen Fragmente. Näher liegt der Vergleich zur Französischen Moralistik: Wie das ›jeu des maximes‹ als geistvolles Gesellschaftsspiel in aristokratischen Zirkeln (wie dem der mit Pascal wie mit La Rochefoucauld produktiv befreundeten Mme. de Sablé) zur Geburt der literarischen Aphoristik überhaupt geführt hatte, so entstanden die ersten rein aphoristischen Publikationen Deutschlands aus dem ›Symphilosophieren‹ junger Intellektueller in den bürgerlichen Salons hochgebildeter und meist wohlhabender Frauen (wie Rahel Levin / verh. Varnhagen von Ense, Karoline Michaelis / verh. Böhmer / verh. Schlegel (A. W.!) / verh. Schelling oder Dorothea Mendelssohn / verh. Veit / verh. Schlegel (Friedrichs ›Lucinde‹) u. a.). Die als erste Sammlung 1797 im »Lyceum der Schönen Künste« erschienenen »Kritischen Fragmente« (nicht berücksichtigt in DA) hat Fr. Schlegel zwar noch allein verantwortet (und insofern muß man in der deutschen Literatur ihm das Erstgeburtsrecht der ungemischt veröffentlichten Aphoristik zusprechen); aber von den im Jahr darauf in einer selbst gegründeten Zeitschrift publizierten »Athenäums-Fragmenten« stammt insgesamt etwa ein Viertel direkt (und weit mehr indirekt) von seinem Bruder, von Novalis und von Schleiermacher (von diesem mit der kohärenten Dekalog-Kontrafaktur AF 364 zugleich der einzig nichtaphoristische Beitrag der Sammlung). Nach seinen erneut eng auf den Freundeskreis bezogenen »Ideen« von 1800 (s. u.) hat Fr. Schlegel dann bis zu seinem Tode 1829 zwar noch gelegentlich Fragmente geschrieben, aber nicht mehr veröffentlicht (enthalten in FS XVIII).

Die Aphorismen der Romantiker sind also nicht monologisch, sondern dezidiert auf ein Publikum hin geschrieben. Hier versucht wirklich eine neue literarische Gruppe oder allgemeiner eine junge literarische Generation mit einer eigenen Form in einem eigenen Organ auf sich aufmerksam zu machen und sich auf dem literarischen Markt durchzusetzen. Dieser Grundzug des Sich-Interessant-Machen-Wollens (ja: Müssens, unter handfest ökonomischen Aspekten) bleibt in den Fragmenten stets präsent und sollte bei ihrer gelegentlich allzu hehren spekulativ-idealistischen Auslegung nicht übersehen werden. Die Durchsetzungsstrategie der romantischen Bewegung läßt sich schon an den thematisierten Gegenstandsbereichen ablesen (ich beziehe mich zunächst nur auf die Lyceums-Fragmente und auf Fr. Schlegels Anteil an den Athenäums-Fragmenten). Hier findet sich nämlich auffallend viel programmatische Selbstdarstellung einer poetisch innovativen Gruppe; es ist nur geringfügig überspitzt zu behaupten, daß die Romantiker in ihren Fragmenten ausschließlich von sich selber reden – nicht als Privatpersonen, sondern von sich als Schriftstellern und von ihrem Schreiben.

In Schlegels Fragmenten lassen sich geradezu konzentrische Kreise von immer enger werdendem Selbstbezug feststellen. Ihr weitester Ring zeigt sich in der thematischen Beschränkung auf das *Geistesleben:* jeder beliebige Vergleich mit Lichtenbergs Sudelbüchern macht deutlich, ein wie enger Sektor der Welt bei Schlegel thematisiert wird. Was in dieser stark gesiebten und sublimierten Wirklichkeit gar nicht erscheint, ist z. B. die gesamte Naturwissenschaft und Technik (allenfalls als Metaphernspender), das Wirtschafts- und selbst Verlagswesen der Zeit (vgl. dgg. Jean Paul!), ebenso Reisebetrieb und Verkehrsmittel. Obwohl gelegentlich in vornehmer Distanziertheit auf die weltgeschichtliche Rolle der (immerhin auch schon acht Jahre alten) Französischen Revolution hingewiesen wird, findet man hier weder aktuelles politisches Weltgeschehen noch soziale Probleme (der Klassenkampf findet nicht statt). Es gibt kein Essen, Trinken oder gar Verdauen wie bei Lichtenberg, keinen Traum, keinen Schlaf oder gar Beischlaf. Überhaupt findet man jene tiefsinnige Präsentation von Alltagsbeobachtungen und Alltagssprache, die so viele große Aphoristiker auszeichnet, bei Schlegel gar nicht – statt dessen fast nur theoretisch verallgemeinernde Aussagen mit einer Vorliebe für die überraschende Kombination abstraktester Begriffe und Sachbereiche. Mit geringen Ausnahmen (wie AF 34) werden nicht einmal die von den romanischen Vorgängern bevorzugten ›moralistischen‹ Probleme des richtigen Lebens oder des weltklugen Verhaltens behandelt – statt dessen dominieren die ›brotlosen Künste‹, das Themenspektrum etwa der heutigen Zeitungsfeuilletons. Kurz: der schöne Geist beschäftigt sich in diesen Fragmenten fast ausschließlich mit sich selber.

Im nächstengeren Kreis des selbstbezüglichen Interesses steht dabei vor allem »*die Poesie*« – weit überwiegend noch in den Athenäums-, beinahe konkurrenzlos in den Lyceums-Fragmenten (denn »Kritische Fragmente« heißen diese nicht im heutigen Gegensatz zu ›unkritischen‹, sondern als kunst- und literaturkritisch räsonnierende). Die Behandlung geschieht dann auf vielen verschiedenen Abstraktionsebenen: in bezug auf die Poesie im allgemeinen (z. B. KF 14, 65; AF 101, 114; AF 238, 247 expl. »Poesie der Poesie«), auf das Verstehen von Poesie (z. B. AF 19,78), auf einzelne poetische Gattungen (Roman: KF 18, 26; Gedicht: KF 19; Drama: AF 42; Satire: AF 146; Autobiographie: AF 196), auf Stile oder Schreibweisen (z. B. AF 51, 217), auf das Verhältnis von antiker und moderner Poesie (z. B. KF 20, AF 69), auf einzelne Schriftsteller beider Zeitalter (Antike z. B. AF 145–168; Moderne z. B. Chamfort KF 111, Jean Paul AF 421) und schließlich auf einzelne Werke wie Goethes Gedichte (KF 6), »Diderots JAKOB« (= Jacques le fataliste, KF 3, 15) oder »Wilhelm Meisters Lehrjahre«:

»Wer Goethes *MEISTER* gehörig charakterisierte, der hätte damit wohl eigentlich gesagt, was es jetzt an der Zeit ist in der Poesie. Er dürfte sich, was poetische Kritik betrifft, immer zur Ruhe setzen.« (KF 120)

Das ist natürlich eine versteckte Ankündigung (maliziöser formuliert: eine Schleichwerbung) für Schlegels eigenen, kurz darauf im »Athenäum« erscheinenden Essay »Über Goethes Meister«. Und insofern Schlegel dort (wie in AF 247) Goethes Roman zum Musterfall der eigenen romantischen Bewegung deklariert, ist damit zugleich die nächste konzentrische Verengung des Selbstbezugs erreicht: die programmatische Beschäftigung mit der *romantischen Poesie*, historisch wie systematisch variabel bestimmt (vgl. z. B. AF 125, 126, 139, 153, 253) und gipfelnd in dem berühmten, durch Länge wie durch Sprachkürze gleichermaßen auffallenden Fragment »Die romantische Poesie ist eine progressive Universalpoesie . . .« (AF 116), dessen treffendste Charakterisierung wieder dem Verfasser selbst zu entlehnen ist: »der romantische Geist scheint angenehm über sich selbst zu fantasieren« (AF 418).

Noch etwas spezieller ist dann die selbstbezügliche Konzentration auf jenen schriftstellerischen Grundzug, der als *romantische Ironie* zu germanistischer Berühmtheit gelangt ist. Das ist etwas anderes als die rhetorische Figur der Ironie, die spöttische Übertreibung oder Umkehrung des eigentlich Gemeinten (obwohl es auch dies bei Schlegel gibt, z. B. DA 72/7, AF 46 – vgl. DA 18/2, GL H 80!); und auch nicht dasselbe wie die ›sokratische Ironie‹, mit der Platons Dialogfigur seine Gesprächsfigur immer wieder listig bis zur Einsicht in die absurden Konsequenzen ihrer selbstgewissen Annahmen treibt (obwohl auch Schlegel sich einmal auf das sokratische »Wissen des Nichtwissens« bezieht: DA 75/6, AF 267). In einem Fragment wird freilich die romantische Auffassung von Ironie schon in Sokrates hineingedeutet:

»Die Sokratische Ironie ist die einzige durchaus unwillkürliche, und doch durchaus besonnene Verstellung. Es ist gleich unmöglich sie zu erkünsteln, und sie zu verraten. [. . .] In ihr soll alles Scherz und alles Ernst sein, alles treuherzig offen, und alles tief verstellt. [. . .] Es ist ein sehr gutes Zeichen, wenn die harmonisch Platten gar nicht wissen, wie sie diese stete Selbstparodie zu nehmen haben [. . .]« (KF 108)

Die geht offenkundig weit über das hinaus, was man der didaktischen Hebammenkunst der Antike zuschreiben kann – im Gewande einer Charakterisierung der sokratischen erfolgt ein Bekenntnis zur eigenen, romantischen Ironie als »stete Selbstparodie«, als wirkliche Selbstaufhebung des Gesagten im unmittelbaren Kotext, ohne daß dabei dem ›harmonisch platten‹ Leser (wie schließlich immer in der rhetorischen und der sokratischen Ironie) eine definitive Entscheidung für das Gesagte oder für seine Aufhebung ermöglicht würde. An einer anderen Ironie-Definition Schlegels kann man die Technik gleich selbst studieren:

»Ironie ist die Form des Paradoxen. Paradox ist alles, was zugleich gut und groß ist.« (KF 48)

Diese Definitionskette hebt sich selber ironisch auf: statt der nach der Ankündigung »Paradox ist alles, was zugleich . . .« zu erwartenden Antonyme folgen »gut und groß« – völlig kompatible, ja in dieser kontextlosen Allgemeinheit beinahe synonyme Prädikate. So erkennen wir zwar, daß das Gesagte nicht wörtlich genommen werden darf, bekommen aber auch keinen positiven Anhaltspunkt dafür, inwiefern oder in Bezug worauf »gut und groß« eine paradoxe Bestimmung sein könnte. Solche unaufgelöst bleibenden Paradoxien (wie DA 73/1, AF 53) und rätselhaften Definitionen oder Definitionsketten (wie DA 73/8, AF 100) findet man bei Schlegel in großer Zahl (treffend dazu *Neumann* 438–442) – noch häufiger freilich bei Novalis, wo sie deshalb auch näher besprochen werden sollen.

Eine noch engere Form der Selbstbezüglichkeit betrifft ein Verfahren zur Erzeugung romantischer Ironie: den *Witz* – nicht im heutigen Sinne einer komischen Kurzerzählung (obwohl Schlegel auch auf moderne Weise ›witzig‹ sein kann – z. B. DA 75/3, AF 62), sondern (i. S. des vorbildhaften englischen »wit«) als ein schriftstellerisches Vermögen oder Verfahren der Aufdeckung verborgener Analogien und Differenzen, das in ganz verschiedenen Textsorten zur Geltung kommen kann und das Schlegel ebendeshalb gleich in 24 ipsoreflexiven ›witzigen Einfällen‹ (so KF 34, 96, AF 29) thematisiert:

»Die Römer wußten, daß der Witz ein prophetisches Vermögen ist; sie nannten ihn Nase.« (KF 126; vgl. KF 9, 17, 34, 51, 56, 59, 67, 71, 90, 96, 104, 109; AF 29, 32, 37, 116, 120, 156, 220, 366, 383, 394, 438)

Ins Zentrum der Selbstbezüglichkeit kommen wir schließlich bei denjenigen romantischen Fragmenten, die (wie KF 4, 9; AF 23, 24, 77, 206) von nichts anderem handeln als vom *romantischen Fragment:*

»Viele Werke der Alten sind Fragmente geworden. Viele Werke der Neuern sind es gleich bei der Entstehung.« (AF 24)

Wie dieses. Oder wie die berühmteste und intrikateste all dieser selbstrückbezüglichen Gattungsdefinitionen:

»Ein Fragment muß gleich einem kleinen Kunstwerke von der umgebenden Welt ganz abgesondert und in sich selbst vollendet sein wie ein Igel.« (DA 74/6; AF 206)

Der Stachel sitzt natürlich in den letzten drei Worten: in romantischer Ironisierung heben sie das gerade Gesagte auf, weil ein Igel ja gerade kein Bild der Absonderung und selig in sich selbst scheinenden Vollendung darstellt, sondern ein Symbol defensiver Bedrohlichkeit für jeden, der sich an ihm vergreifen wollte. Doch gerade durch diese Selbstaufhebung erfüllt das Fragment insgesamt nun wieder die gegebene Gattungsbestimmung: den Igel-Charakter bekommt es nämlich erst dadurch, daß es ihn in den letzten drei Worten ausspricht.

Genau hier (und nur hier) wäre auch die Einheit in dieser vielfältigen Widersprüchlichkeit der Schlegelschen Fragmente zu suchen: nicht in einer einheitlichen oder vereinheitlichungsfähigen Theorie, sondern in der stehenden Figur der Ipsoreflexivität, des wortgewordenen Selbstbewußtseins. Und bei Novalis wird noch deutlicher werden, wie sehr dies ein Grundzug der literarischen Romantik und der romantischen Kunst überhaupt ist.

Inkonsequent war Schlegel nur in einem Punkt, den er selbst als wesentlich für romantische Poesie bezeichnet hat, nämlich in der Frage der Gattungsmischung. Die klassische Gattungsreinheit verspottet er als »lächerlich« (KF 60), als »roh und kindisch« (AF 434) und fordert statt dessen, »alle getrennten Gattungen der Poesie wieder zu vereinigen« (AF 116) – und gerade er hat, in seiner romantischsten Gattung, den literarischen Aphorismus in völliger Reinheit und im völligen Bewußtsein seines individuellen Gattungscharakters für den Bereich der deutschen Literatur öffentlich begründet.

Das gilt nun nicht mehr so uneingeschränkt für die späteren »Ideen« – im Jahre 1800 gleichfalls im »Athenäum« veröffentlicht, aber wie dem Titel, so der Sache nach augenfällig und tiefgreifend von den »Fragmenten« unterschieden. Man höre nur den veränderten Ton (bei bewahrtem Selbstbezug):

»Der Sinn versteht etwas nur dadurch, daß er es als Keim in sich aufnimmt, es nährt und wachsen läßt bis zur Blüte und Frucht. Also heiligen Samen streuet in den Boden des Geistes, ohne Künstelei und müßige Ausfüllungen.« (*Ideen* 5)

Vom »Igel« zum »heiligen Samen« – ein solcher Predigertonfall wäre neben dem frechen Witz der Fragmente schwer vorstellbar. Doch er zieht sich durch die gesamten Ideen und hängt zusammen mit der veränderten Thematik, die gegenüber den in erster Linie auf die Poesie zielenden »Fragmenten« sich nun gleichermaßen auf eine Reihe wiederkehrender Begriffe bezieht: »Gott / Religion / geistlich /heilig / ewig / unendlich / unsichtbar / geheim« (wovon fast in jeder »Idee« wenigstens einer, meist aber mehrere vorkommen). Fast durchweg geht es dabei um eine spekulativ-utopische Identifizierung von Religion und Poesie einerseits und dann von Philosophie und Moral mit diesen beiden – stellenweise geradezu ein Vexierspiel mit Begriffen, die immer abwechselnd voneinander abgegrenzt und dann wieder ineins gesetzt werden. Gerade diese ans unfreiwillig Parodistische grenzende Imitation der zeitgenössischen Identitätsphilosophie macht die Lektüre im Vergleich zu den »Fragmenten« für heutige Leser weit schwieriger und unfruchtbarer.

In Korrelation zu dieser wechselnden Begriffskombinatorik gerät aber auch die aphoristische Isolation der einzelnen Bemerkungen zunehmend ins Wanken. Nicht nur kommt es durch umkreisendes

Paraphrasieren zur bloßen Wiederholung von Gedanken (vgl. z. B. *Ideen* 120:135!), sondern dies wird gelegentlich sogar explizit eingeräumt:

»Mysterien sind, wie schon gesagt, weiblich« (in *Ideen* 137)

Gesagt wurde dies nicht etwa in derselben oder der vorhergehenden Bemerkung, sondern bereits 9 ›Ideen‹ davor (»Mysterien sind weiblich«, *Ideen* 128). Ein solcher Rückbezug auf einen früheren ›Aphorismus‹ widerspricht nun klar den Gattungsmerkmalen: man kann den Bezugstext dann ja nicht mehr kommutativ ersetzen bzw. weglassen noch die Reihenfolge permutativ umkehren. In erhöhtem Maße trifft das auf die letzte Bemerkung dieser Sammlung zu:

»Ich habe einige Ideen ausgesprochen, die aus Zentrum deuten, ich habe die Morgenröte begrüßt nach meiner Ansicht, aus meinem Standpunkt. Wer den Weg kennt, tue desgleichen nach seiner Ansicht, aus seinem Standpunkt.« (*Ideen* 155)

In Tempus und Gestus ist das deutlich eine Zusammenfassung alles Vorherigen, ähnlich wie die einleitende ›Idee‹ indirekt alle folgenden ankündigt; streng genommen verlieren dadurch aber auch alle übrigen Bemerkungen ihre aphoristische Isolation und werden zu aufeinander folgenden Elementen eines kohärenten Textes. Und nach der in messianische Bibelworte gefaßten Schlußaufforderung an den Leser allgemein folgt schließlich noch eine direkte Botschaft »An Novalis« (*Ideen* 156) – ein Übertritt in die Briefform wie implizit schon vorher in einer an ebendenselben Verfasser von »Glauben und Liebe« adressierten Bemerkung (»Nicht in die politische Welt verschleudere du Glauben und Liebe«, *Ideen* 106). Durch diese briefartigen Einbettungen in eine personell und zeitlich konkretisierte Sprechsitutation beginnt sich auch in dieser Hinsicht die gerade erst geschaffene Gattung Aphorismus tendenziell bereits wieder aufzulösen.

So wie Schlegel also in diesen »Ideen« schon wieder auf dem Rückweg vom Propheten der freien Liebe und der Französischen Revolution zum 1808 konvertierten und 1815 geadelten Gefolgsmann Metternichs ist, so hat er auch als Schriftsteller schon den Rückzug angetreten von seiner innovativen Kunstform des literarischen Aphorismus zum kohärenten idealistischen Traktat, wenn nicht gar zum Traktätchen.

Weitere Literatur:
Ernst Behler: Die Theorie der romantischen Ironie im Lichte der handschriftlichen Fragmente Fr. Schlegels, in: ZfdPh 88, 1969, 90–114; *Hans*

Eichner (Hrsg.): Fr. Schlegel: Literary Notebooks 1797–1801, ed. with introduction and commentary, London 1957; *Eberhard Huge:* Poesie und Reflexion in der Ästhetik des frühen Schlegel, Stuttgart 1971; *Franz Norbert Mennemeier:* Fragment und Ironie beim jungen Fr. Schlegel. Versuch einer Konstruktion der nicht geschriebenen Theorie, in: Poetica 2, 1968, 348–370; *Klaus Peter:* Idealismus als Kritik. Fr. Schlegels Philosophie der unvollendeten Welt, Stuttgart 1973; *Karl Konrad Polheim:* Die Arabeske. Ansichten und Ideen aus Friedrich Schlegels Poetik, München 1966; *Alize Rühle-Gerstel:* Friedrich Schlegel und Chamfort, in: Euphorion 24, 1922, 809–860; *Richard Samuel:* Fr. Schlegels »Ideen« in Dorothea Schlegels Abschrift mit Randbemerkungen von Novalis, in: Jb. d. dt. Schiller-Ges. 10, 1966, 67–102; *Ingrid Strohschneider-Kohrs:* Die romantische Ironie in Theorie und Dichtung, Tübingen 1960; *Hans von Zastrow:* Die Unverständlichkeit der Aphorismen Friedrich Schlegels im »Athenäum« und im »Lyzeum der schönen Künste«, Diss. phil. München 1917; sowie *Besser; Fink; Krüger* 62–80; *Neumann* 417–603.

4. Novalis: Aphoristische Visionen

Als Friedrich von Hardenberg ist Novalis wie Fr. Schlegel 1772 geboren, aber schon 1801 (in Gegenwart des Freundes) an Schwindsucht gestorben. Die Nähe der beiden hat einen deutlichen Niederschlag in ihren Werken hinterlassen; unter den Athenäums-Fragmenten stammen 13 von Novalis (AF 282–294), dafür finden sich unter dessen »Blütenstaub« (neben der im gleichen Jahr 1798 erschienenen Sammlung »Glauben und Liebe« die einzigen seiner in unübersehbarer Zahl notierten Fragmente, die er noch selbst publizieren konnte) 4 Fragmente von Fr. Schlegel (vgl. FS II, S. XLV u. 164). Dennoch erweist sich das, was an den beiden bei oberflächlicher Lektüre bis zur Verwechselbarkeit ähnlich erscheint, in der genaueren Beschäftigung zunehmend als unvergleichbar. So findet man zum Beispiel im »Athenäum« das Fragment:

»Wir sind dem Aufwachen nah, wenn wir träumen daß wir träumen.« (DA 76/3; AF 288)

Das ist, wie gehabt, ein klarer Fall von Selbstrückbezüglichkeit: das Träumen wird gestuft wiederholt oder (mit Schlegel AF 116 und Novalis DA 84/3, NOV II, 545/5) ›potenziert‹. Dennoch könnte man dies selbst ohne textgeschichtliche Zeugnisse leicht als ein Fragment von Novalis identifizieren. Zunächst an einem allgemeinen Grundzug: an der hier sich aussprechenden Neigung von Novalis zum Bereich von Nacht und Traum, hier mit der häufigen Nuance, daß nicht das normale Wach- oder Bewußtsein, sondern erst das potenzierte, seiner selbst bewußt werdende Träumen als ipsoreflexives Selbstbewußtsein die wahre geistige Wachheit darstelle. Erst wenn man das normale Begreifenwollen aufgibt, hat man nach Novalis die Chance, über die immer unvollkommene rationale Erfassung seines Selbst hinauszukommen:

»Ganz begreifen werden wir uns nie, aber wir werden und können uns weit mehr, als begreifen.« (DA 79/1; NOV II, 413)

Darüber hinaus ist speziell der ›Traum im Traum‹ mit Novalis verknüpft durch eine berühmte Stelle: durch den potenzierten Traum von der blauen Blume in seinem fragmentarisch gebliebenen Roman »Heinrich von Ofterdingen«, dem Kultbuch der Romantiker-Generation. Dessen bis zu fünffache, ja an einer Stelle infinite Potenzierung der Poesie folgt einem Prinzip, das ein Schlüsselfragment von Novalis selber ausspricht:

»Die Welt muß romantisiert werden. So findet man den urspr[ünglichen] Sinn wieder. Romantisieren ist nichts, als eine qualit[ative] Potenzierung. Das niedre Selbst wird mit einem bessern Selbst in dieser Operation identifiziert.« (DA 84/3; NOV II, 545)

Von »Potenzierung« ist hier – genau wie in Schlegels Forderung, die romantische Poesie müsse die »Reflexion immer wieder potenzieren« (AF 116) – durchaus in Anlehnung an die mathematische Operation die Rede, einen Wert mit sich selbst zu vervielfachen. Deshalb bedient sich Novalis in einem Fragment aus dem »Allgemeinen Brouillon« (seinem ›Sudelbuch‹) zum Stichwort »Romantik« sogar einmal der algebraischen Schreibweise:

»Die *künftige* Welt ist das *vernünftige* Chaos – das Chaos, das sich selbst durchdrang – in sich und außer sich ist – *Chaos*^{2} oder ∞.« (NOV III, 281)

Als verbale Potenzierung begegnet uns dies bei Novalis in den häufigen Wendungen vom Typ »das Ich seines Ichs« (DA 80/3, NOV II, 425) und enggeführt sogar als potenziertes Wort im Titel der »Logologischen Fragmente« (DA 80, NOV II, 529ff.), gleichsam die Logik der Logik (oder des Logos) betreffend. In all diesen poetischen Potenzierungen steckt wohl eine ästhetische Transformation Kantischer Philosophie (als kategorialer Abhängigkeit der Gegenstände von unserem Bewußtsein) in ihrer Fichteschen Variante (daß nämlich das ›Ich‹ das ›Nicht-Ich‹ der Bewußtseinsgegenstände, damit aber auch sich selbst bloß ›setze‹). Und als struktureller Grundzug romantischer Kunst ist dies außer von Schlegel und Novalis ja auch bekannt aus C. D. Friedrichs Bildern, aus Tiecks Komödien und aus den das Prinzip parodierenden, dadurch aber zugleich steigernden Romanen Jean Pauls.

Daß solcher Selbstbezug immer wieder zu Paradoxien, ja zu einem definitiven Bruch mit der Logik führt, nimmt Novalis in vollem Bewußtsein in Kauf:

»Den Satz des Widerspruchs zu vernichten ist vielleicht die höchste Aufgabe der höhern Logik.« (DA 90/5; NOV III, 570)

Infolgedessen findet man bei Novalis paradoxe Formulierungen so häufig oder noch häufiger als bei Schlegel – aber es handelt sich um Paradoxien von anderer Art: für Schlegel ist das Paradox ein Ratespiel, für Novalis ist es das Welträtsel selber in seiner sprachlichen Form. Wie schon bei La Rochefoucauld stellt die paradoxe Zuspitzung bei Schlegel überwiegend eine Technik des Bonmots dar und wird neben anderen als ein Mittel der romantischen Ironie eingesetzt. Novalis dagegen wählt den Grundton sehr viel ernster; selbst im Paradoxon ringt er noch um wirkliche Erkenntnis der Welt wie seiner selbst und verschmäht infolgedessen den leichtfüßigen Witz (»Witz zeigt ein gestörtes Gleichgewicht an«, DA 80/6; NOV II, 429). Nicht daß er das Bonmot wie die sauren Trauben nur deswegen geringschätzte, weil es ihm selbst an Witz dafür fehlte:

»Poetik. Wenn man manche Gedichte in *Musik setzt,* warum setzt man sie nicht in Poesie.« (DA 88/2; NOV III, 360; als Hörsaalbewohner vgl. man auch DA 90/2; NOV III, 567/1)

Von solchen seltenen Ausnahmen abgesehen, sind die Paradoxien bei Novalis jedoch buchstäblich todernst gemeint:

»Leben ist der Anfang des Todes. Das Leben ist um des Todes willen. Der Tod ist Endigung und Anfang zugleich, Scheidung und nähere Selbstverbindung zugleich. Durch den Tod wird die Reduktion vollendet.« (DA 79/4, NOV II, 417; vgl. DA 85/1, NOV II, 560/7 und bes. NOV III, 559/8)

Dieser Gedanke vom Tod als dem wahren Leben ist nun ein Grundgedanke vieler Formen der *Mystik,* und tatsächlich schließt sich Novalis hier nahezu wörtlich an Formulierungen des von ihm intensiv studierten frühbarocken Mysterikers Jakob Böhme und seines epigrammatischen Adepten Angelus Silesius an (vgl. dazu *Fricke 1981,* 54f.). Was aber bedeutet in diesem Zusammenhang eigentlich »Mystik«? Will man eine (para-)psychologistische, selbst wieder bloß irrational vernebelnde Begriffsverwendung vermeiden, könnte man es in sprachbezogener Explikation knapp so erläutern: Als »mystisch« können genau diejenigen Formen des Redens zusammengefaßt werden, in denen jemand (unter Erfüllung aller pragmatischen Aufrichtigkeitsbedingungen) Dinge als vereinigt oder gar identisch bezeichnet, die man nach den gewöhnlichen semantischen

Normen derselben Sprache für verschieden, für unvereinbar oder
sogar für entgegengesetzt hält. Die bekannteste solcher Redeweisen
ist diejenige spätmittelalterlicher Theosophen von der ›unio my-
stica‹ des Menschen mit Gott, ähnlich aber auch diejenige von der
Aufhebung des Gegensatzes zwischen Leben und Tod durch Medi-
tation, durch ›mystische Versenkung‹ in sich selbst. In ähnlicher
Weise hat auch Hardenberg seine Vereinigungserlebnisse mit seiner
fünfzehnjährig gestorbenen Braut Sophie von Kühn an ihrem Grabe
beschrieben. Und auch wer solche Erlebnisse weder hat noch ver-
mißt, wird wohl als schlichte Tatsache akzeptieren müssen, daß es
Menschen (und außerhalb Europas ganze Kulturen) gibt, die eine
solche mystische Redeform als den ihnen adäquat erscheinenden
Ausdruck bestimmter Lebenserfahrungen benutzen – und dies sind
zuweilen selbst hochgradig rationale Menschen wie Novalis, der bei
all dem ja keine Zeile lang seinen mathematisch-naturwissenschaft-
lich ausgebildeten Scharfsinn außer Kraft setzt.

Von daher sollte man nun die Fragmente des Novalis immer mit
besonderer Vorsicht lesen; kaum einmal lassen sie sich im primären
Sinne ihres wörtlichen Aussagegehalts verstehen, sondern man muß
sie in der Tat als eine einzige »Tropen und Räthselsprache« auffassen
(NOV II, 485) und das in diesen uneigentlichen Redeweisen Ver-
hüllte näherungsweise zu erschließen versuchen. Besonders dring-
lich dürfte das im Hinblick auf die von Novalis mit ebendieser Warnung eingeleitete Aphorismensammlung »Glauben und Liebe oder
Der König und die Königin« (nicht in DA) geboten sein, die dem
verbreiteten Bild von Novalis als politischem Reaktionär scheinbar
reichliche Nahrung gibt. Beim ersten Lesen wirkt dies tatsächlich
wie peinliche Panegyrik auf den jungen, 1797 gerade zur Herrschaft
gekommenen König Friedrich Wilhelm III. von Preußen und seine
ungewöhnlich populäre Königin Luise, oberflächlich auch wie ein
vehementes Eintreten für die Monarchie zu einem Zeitpunkt, da sie
durch die (von den Frühromantikern sonst gefeierte) Französische
Revolution durchaus in Frage gestellt war. Einzelne Bemerkungen
kann man wohl auch kaum anders denn als Spekulieren auf eine gute
Stellung am Hofe dieses Königs lesen: wenn Novalis dem König
empfiehlt, neben militärischen mehr »civilistische Adjutanten« ein-
zustellen, die ihn über Kunst und Wissenschaften auf dem laufenden
halten (NOV II, 496f.), dann wäre er so ein ›Kulturattaché‹ bei Hofe
offenbar selber gern geworden.

Bemerkenswerterweise scheint nun der König selbst, in dessen
»Jahrbüchern der Preußischen Monarchie« die Sammlung erschien,
das Ganze etwas sorgfältiger gelesen zu haben. Er reagierte nämlich
keineswegs beglückt, sondern ausgesprochen verdrießlich mit dem

von Schlegel berichteten Kommentar: »Von einem König wird mehr verlangt als er zu leisten fähig ist.« (*Preitz* 122). Das dürfte ganz richtig gesehen sein: hier wird kein Ist-Zustand gelobt, hier wird ein Soll-Zustand eingeklagt. Das aber geschieht in der verhüllenden Form, daß dem König und seiner Frau die Eigenschaften von »Idealmenschen«, die beinahe gottähnlichen Fähigkeiten eines »höhergebornen Menschen« bereits zugeschrieben werden (NOV II, 489): der König soll der Erzieher des ganzen Volkes werden (ebd.), die Prostitution allein aufgrund des vorbildhaft wirkenden königlichen Paares durch lauter glückliche Ehen ersetzen (NOV II, 491f.), sich zum genauen Kenner und fördernden Lenker aller Künste und Wissenschaften ausbilden (NOV II, 497), kurz: »der wahrhafte Reformator und [!] Restaurator seiner Nation und seiner Zeit« sein (NOV II, 496). Dies ist kein deskriptiver, sondern ein appellativer Sprachgebrauch: so ist es nicht, so soll es werden. Einzelne Wendungen sind dafür verräterisch: »Wie herrlich wäre es, wenn der jetzige König sich wahrhaft überzeugte . . .« (NOV II, 495), »Wie divinatorisch würde sein Blick, wie geschärft sein Urtheil, wie erhaben seine Gesinnung werden« (NOV II, 497) – offenbar hat der König es also nötig, zu dieser erhabenen Gesinnung erst zu kommen.

Kein Zweifel: dieser Text ist keine politische Panegyrik, sondern eine *politische Utopie.* Im drittletzten Fragment läßt sich das mit Händen greifen:

»Wenn die Taube [nach Luises Heraldik], Gesellschafterin und Liebling des [preußischen] Adlers wird, so ist die goldne Zeit in der Nähe oder gar schon da, wenn auch noch nicht öffentlich anerkannt und allgemein verbreitet.« (NOV II, 498)

Wie falsch es wäre, dergleichen im Sinne einer affirmativen Verklärung zu nehmen, belegt am deutlichsten die Tatsache, daß der zweite Teil der von Novalis gemeinsam zum Druck eingereichten Fragmentsammlung, die (formal stärker thesenhaften) »Politischen Aphorismen« , von der Zensur völlig unterdrückt wurden. Denn hier hatte es z. B. gehießen:

»Jede Verbesserung unvollkommener Konstitutionen läuft darauf hinaus, daß man sie der Liebe fähiger macht.« (DA 83/4; NOV II, 500)

»Republik ist das Fluidum deferens [stromableitende Flüssigkeit] der Jugend. Wo junge Leute sind, ist Republik.« (DA 83/6; NOV II, 501)

In solcher Weise von der Republik und von Konstitutionen zu reden, war in diesen Jahren einigermaßen riskant. Und es macht deutlich, wie ambivalent zu nehmen ist, was Novalis in einem anderen Aphorismus über die Bedeutung der Monarchie sagt:

»[. . .] Alle Menschen sollen thronfähig werden. Das Erziehungsmittel zu diesem fernen Ziel ist ein König. Er assimilirt sich allmählich die Masse seiner Unterthanen. Jeder ist entsprossen aus einem uralten Königsstamm. Aber wie wenige tragen noch das Gepräge dieser Abkunft?« (NOV II, 489)

Der König ein höhergeborener Mensch – zugleich aber jeder ein potentieller König. Und zusammen mit dieser typisch Novalisschen Paradoxie tritt hier noch eine andere auf, die für sein Werk von höchster Bedeutung ist: »thronfähig *werden*« – zugleich aber »entsprossen aus einem *uralten* Königsstamm«. Das Neue Jerusalem kann nur durch Wiedergewinnung des Goldenen Zeitalters, der verlorenen ›aurea aetas‹ erlangt werden. Nur im Sinne dieses historischen Dreischritt-Gesetzes ist auch die befremdliche Mittelalter-Vergötterung in Novalis' Aufsatz »Die Christenheit oder Europa« zu verstehen – wie es allgemein in einem Fragment der Sammlung »Blütenstaub« postuliert wird:

»[. . .] Und sollte nicht die Zukunft den alten Zustand der Dinge wieder herbeiführen?« (DA 81/6; NOV II, 441)

Für solche utopischen, nämlich auch für jede spätere Lesergeneration unerfüllbar bleibenden Visionen mystischer Identität von Vergangenheit und Zukunft, von gottähnlichem Monarchentum und revolutionärer Gleichheit dürfte es keine angemessenere Ausdrucksform geben als den Torsocharakter des aphoristischen Fragments.

Weitere Literatur:
Anni Carlsson: Die Fragmente des Novalis, Basel 1939; *Manfred Dick:* Die Entwicklung des Gedankens der Poesie in den Fragmenten des Novalis, Bonn 1967; *Käte Hamburger:* Novalis und die Mathematik. Eine Studie zur Erkenntnistheorie der Romantik, in: Dies.: Philosophie der Dichter, Stuttgart 1966, 11–82; *Maria Hamich:* Die Wandlungen der mystischen Vereinigungsvorstellung bei Friedrich von Hardenberg, Diss. phil. (masch.) Straßburg 1944; *Albert Höft:* Novalis als Künstler des Fragments. Ein Beitrag zur Geschichte des deutschen Aphorismus, Berlin 1935; *Hans Wolfgang Kuhn:* Der Apokalyptiker und die Politik. Studien zur Staatsphilosophie des Novalis, Freiburg 1961; *Hugo Kuhn:* Poetische Synthesis oder Ein kritischer Versuch über romantische Philosophie und Poesie aus Novalis' Fragmenten, in: ZfPhFg 5, 1950/51, 161–178 und 358–384; *Hans-Joachim Mähl:* Die Idee des goldenen Zeitalters im Werk des Novalis, Heidelberg 1965; *Helmut Schanze:* Romantik und Aufklärung. Untersuchungen zu Fr. Schlegel und Novalis, Nürnberg 1966; *Joachim Stieghahn:* Magisches Denken in den Fragmenten Friedrichs von Hardenberg, Diss. phil. Berlin 1964; *Jurij Striedter:* Die Fragmente des Novalis als ›Präfigurationen‹ seiner Dichtung, Diss. phil. (masch.) Heidelberg 1953; *Claus Träger:* Novalis und die ideolo-

gische Restauration. Über den romantischen Ursprung einer methodischen Apologetik, in: Sinn und Form 13, 1961, 618–660; *Irmgard Trosiener:* Der Wechselbezug von Einzelnem und Ganzem in den Fragmenten des Novalis, Diss. phil. (masch.) Freiburg 1955; *Rudolf Unger:* Jean Paul und Novalis, in: Ders.: Gesammelte Studien, Repr. Darmstadt 1966, Bd. 2, 104–121; sowie *Besser, Fink, Neumann* 265–416, *Schöne* 133–141, *Schröder*.

5. *J. G. Seume:* Der unterdrückte Klassiker

Unter den hier einzeln porträtierten Aphoristikern ist Johann Gottfried Seume (1763–1810) bei weitem der unbekannteste. Dabei spricht fast jeder, der sich als Leser oder Gelehrter mit seinen Schriften beschäftigt hat, mit großer Emphase von ihm – nennt ihn etwa den ersten »Typus des revolutionären Intellektuellen« (Hausenstein, zit. *Stephan* 10), rühmt sein »revolutionäres Bewußtsein« wie seine »untadelige Haltung« (Benjamin, ebd.) oder erklärt ihn gar für »monumental und in der Zeit ohne Vergleich« (Kraft, Einl. *Seume* 14). Aber im öffentlichen Bildungsbewußtsein ist sein Name wie sein Werk kaum existent; volkstümlich – und damit anonym – ist nur ein einziges Lied geworden (»Wo man singet, lass' dich ruhig nieder«, JGS V, 148), und als ›geflügeltes Wort‹ darf auch der Ausspruch des ›ehrlichen Huronen‹ aus dem Gedicht »Der Wilde« gelten:

»Seht, Ihr fremden, klugen, weißen Leute,
Seht, wir Wilden sind doch bess're Menschen!« (JGS V, 62)

Das konnte Karl Kraus immerhin als hinreichend geläufig einer aphoristischen Kontrafaktur zugrundelegen (»Wir Menschen sind doch bessere Wilde«, BWG 387). Literarhistorisch Gebildete kennen vielleicht noch die abenteuerliche Autobiographie des jung als Soldat nach Amerika verkauften Seume oder seinen Reisebericht über den »Spaziergang nach Syrakus«. Der Rest ist vergessen oder nie bekannt geworden – auch sein hochpolitisches Drama »Miltiades«, das doch den moralisch-egalitären Rigorismus von Brechts »Jasager« und der »Maßnahme« vorwegnimmt mit der Zustimmung des Siegers von Marathon zu seinem eigenen, demokratisch beschlossenen Todesurteil:

»Nur gleiches Recht, nur gleiche Freiheit trägt
Das Vaterland an des Verderbens Rand
Durch Klippen hin, wo jeder Bürger sich
Mit edlem Stolze zu dem Ganzen reiht
Und Keinem Antwort giebt als dem Gesetz.« (JGS VI, 119)

Das Ignorieren dieses bedeutenden Autors dürfte deshalb auch viel mit politischen Gründen und mit der Ideologiegeschichte der deutschen Literaturgeschichtsschreibung zu tun haben: man hat ihn im Wortsinne links liegen gelassen. Denn zwar ist die Apostrophierung als ›Revolutionär‹ etwas zu stark oder schief, insofern Seume zu Revolutionen aus unmittelbarem Miterleben ein durchaus ambivalentes Verhältnis hatte (vgl. *Seume* 1264/6). Aber auf jeden Fall war er ein radikaldemokratischer Schriftsteller wie kaum einer vor ihm und nur wenige zu seiner Zeit – ein Autor, der (1) *kompromißlos sozialkritisch* argumentiert, also nicht etwa bloß ›fortschrittlich‹ zugunsten des aufsteigenden Bürgertums; der (2) nicht *nationalistisch* argumentiert, ja nicht einmal dem gewöhnlichen Chauvinismus des Abendländischen huldigt, sondern dem Imperialismus (besonders Englands) schon lange vor dessen theoretischer Erfindung das Eigenrecht anderer Völker entgegenhält; und der (3) nicht im Banne irgendeines *religiösen Dogmatismus* argumentiert, sondern als (seit 1796 auch öffentlich) bekennender Atheist besonders gegenüber jeder Form kirchlicher Machtausübung offen antiklerikal auftritt. Ein solcher Mann, den charakteristischerweise schon Goethe als »mißwollend, sanskulottisch, nichts Höheres über sich anerkennen wollend« ablehnte (vgl. *Stephan* 6), konnte der überwiegend Goethehörigen, idealistischen und national-konservativen Germanistik nur höchst unangenehm sein und (ähnlich wie der fast ein Jahrhundert vergessene Büchner) mit Stillschweigen übergangen werden. Immerhin gibt es aus den letzten Jahren eine in vielem vorzügliche Monographie (von Inge *Stephan*) und eine gut gemeinte Dissertation (von Gert *Kostencki*) über Seume; und immerhin hat sich der Kraus- und Jochmann-Forscher Werner Kraft mit Wärme für die »Apokryphen« eingesetzt:

»In ihnen ballt sich Seumes Sprachkraft zu Aphorismen zusammen, die durch den Charakter furchtloser Öffentlichkeit nicht tiefer, aber durchgreifender sind als die tiefen Aphorismen Lichtenbergs.« (Einl. *Seume* 14)

Den endgültigen Titel seiner 1806/07 zunächst als »Schmieralien« (in Korrespondenz zu Lichtenbergs ›Sudeleien‹) verfaßten Aphorismensammlung hat Seume – wohl nach den nichtkanonischen ›Apokryphen‹ der Bibel – sehr hellsichtig gewählt: sie blieben in der Tat lange apokryph, also ›verborgen‹ oder ›unterdrückt‹. Er bot sie zwar seinem Verleger Hartknoch zum Druck an, doch wie mehrere seiner Schriften hatten sie keine Aussichten, die Zensur zu passieren, und konnten so erst ein Jahr nach seinem Tode von seinem Freund Clodius in einer geschönten Teilsammlung unter dem Decktitel »Spaziergang nach Syrakus, 3. Theil« in dessen Neuauflage bekannt gemacht werden; nach mehreren Zwischenstufen ist der Originaltext des Manuskripts ohne Auslassung historischer Namen und direkter Angriffe erst 1879 erschienen (JCS VII, 123–245; vgl. insg. *Stephan* 49f.).

Für das Profil des Aphoristikers Seume findet sich eine höchst aufschlußreiche Schulanekdote in seiner Autobiographie:

»Hier ließ mein Bibelstudium ziemlich nach, und an dessen Stelle trat die Beschäftigung mit lateinischen Sprichwörtern [. . .] So kam einmal das horazische *Quidquid delirant reges, plectuntur Achivi* vor; der Rektor forderte es sprichwörtlich. Wenn sich die Könige raufen, müssen die Bauern Haare lassen, sagte ich. ›Recht gut, recht gut!‹ versetzte der Rektor; ›Nur etwas zu sehr vom Dorfe, etwas zu – zu – ‹ ich verstand, er wollte sagen, zu grob.« (*Seume* 79)

Hier schon zeigt sich also seine eigentümliche Fähigkeit, Einsichten dieser Art so schlagkräftig wie ein altes Sprichwort zu formulieren – und dies freilich zu grob für die Ohren der Zeit zu tun. Denn seine Aphorismen sind kein gesellschaftliches Unterhaltungsspiel wie bei den Moralisten und keine ironische oder mystische Selbstschau wie bei den Romantikern; Seume geht direkt zur Sache, der Aphorismus ist für ihn eine geistige Waffe im politischen Kampf seiner Zeit. Zentrales Angriffsziel sind dabei die immer wieder genannten »Privilegien« – und damit sind nicht allein die noch immer bestehenden Adelsvorrechte gemeint, sondern ebenso die hierarchische Streberei neuer zur Herrschaft drängender Klassen:

»Fast werde ich anfangen zu hassen, und zwar die Deutschen. Eine so empörende Weggeworfenheit hat kaum die Geschichte, als man jetzt überall findet; und am niederträchtigsten unter allen sind die Gelehrten. Es wäre unbegreifliche Dummheit, wenn sie nicht zu den Privilegienfischern gehörten. Hier macht die Schlechtheit die Verächtlichkeit erklärlich. Ein deutscher Gelehrter ist ein Amphibion zwischen Auster und Polypen: er schläft, langt zu, gähnt, deraisonniert und schläft wieder ein.« (DA 52/1; *Seume* 1386)

Über solche satirischen Ständeporträts hinaus bleibt der wesentliche Angriffspunkt aber natürlich der regierende Adel, oft mit antithetischen Pointierungen, deren sachliche Berechtigung durch Seumes Erfahrung mit dem Soldatenverkauf nur zu sehr beglaubigt war:

»Nach der Vernunft gehören die Fürsten den Ländern, nach der Unvernunft gehören die Länder den Fürsten.« (DA 50/3; *Seume* 1281)

Neben anderen Leitbegriffen wie »Despotie« und »Tyrannei« kehrt dabei auch das Komplement »Sklaverei« immer wieder, dessen Direktheit Seume ausdrücklich verteidigt:

»Wenn man menschlich fühlte und dachte, fand man das Wort Sklave zu hart, man sagte Leibeigener, dann Erbmann, dann Fröhner, dann Bauer; von der Sache selbst suchte man immer so viel als möglich zu behalten.« (DA 52/3; *Seume* 1309)

Im Gegensatz etwa zur modernen polnischen Aphoristik ist die Rede von »Sklaven« für Seume ja nicht bloß eine historisch kostümierende Metapher: er kannte die amerikanische Sklaverei der Zeit persönlich, war selbst nicht viel mehr gewesen als ein gekaufter Schießsklave der Engländer und übersah im Gegensatz zur humanistischen und noch zur romantischen Verklärung der Antike auch nicht den Grundcharakter der griechisch-römischen Sklavenhalter-Gesellschaften (einschließlich der Befreiungsversuche in Sklavenaufständen: »Heiliger Spartacus, bitte für uns!« *Seume* 1293; vgl. auch *Stephan* 233). Überhaupt hält er sich als philologisch brillanter Kenner besonders der Alten Geschichte bemerkenswert fern von einer Beschönigung der Vergangenheit wie auch von einem euphorisch-aufklärerischen Fortschrittsoptimismus (nicht jedoch vom 1390/2 eindrucksvoll definierten Ideal der Aufklärung selbst) und versteht das historische Studium statt dessen als die warnende Beschäftigung mit einer Kette negativer Beispiele:

»Die Geschichte ist meistens die Schande des Menschengeschlechts.« (DA 52/7; *Seume* 1277)

Wenn man bedenkt, wie fern eine so unideologische und unverklärte Sicht der Geschichte selbst den berühmtesten seiner Zeitgenossen lag und um wie viel mehr sich diese vor zwei Weltkriegen und vor den Vernichtungslagern Stalins, Hitlers und Pol Pots geschriebene Einsicht inzwischen bewahrheitet hat, dann erkennt man zugleich, wie recht Seume auch mit seiner brieflich ausgesprochenen Selbstcharakterisierung hatte:

»Meine Ideen sind nicht von heute und leider nicht für heute. Wenn jemand sagt, daß sie eben deswegen nichts taugen, so bin ich stolz genug zu glauben, daß dieser Jemand nichts taugt, ausgenommen für heute . . .« (*Seume* 1447)

Die Schande seiner eigenen Zeit hat er vor allem in der anhaltenden sozialen Despotie gesehen und ihre Instrumente im einzelnen aggressiv demaskiert – so das absolutistische Soldatenwesen:

»Es kann in seinem Ursprung nicht leicht ein schlimmeres Wort sein als *Soldat*, Söldner, Käufling, feile Seele; *solidarius*, glimpflich: Dukatenkerl. Die Sache macht die Ehre des Kriegers, aber ein Soldat kann als Soldat durchaus auf keine Ehre Anspruch machen. Es ist ein unbegreiflicher Wahnsinn des menschlichen Geistes, wie der Name *Soldat* ein Ehrentitel werden konnte.« (DA 50/9; *Seume* 1282)

So aber auch die Rolle der Kirchen im Mechanismus sozialer Unterdrückung:

»Weist nur die Menschen in den Himmel, wenn Ihr sie um alles Irdische königlich betrügen wollt!« (DA 51/7; *Seume* 1312)

Auch dies ein damals mehr als kühner Gedanke, der inzwischen, seit den polemischen religionsgeschichtlichen Analysen von Feuerbach, Marx, Engels und Lenin (vgl. auch Heine, DA 108/4), jedermann mindestens in der schlagwortartigen Zusammenfassung vom ›Opium fürs Volk‹ geläufig ist. Auch Nietzsches Attacken auf die ›christliche Sklavenmoral‹ nimmt Seume mit der expliziten Umwertung abendländischer Hochwertwörter wie »Demut« (DA 51/5; *Seume* 1261/5), »Gnade« (*Seume* 1296/4; DA 50/6, *Seume* 1360/3) oder »Geduld« (DA 51/6, *Seume* 1294/3 explizit als »Sklaverei«) vorweg und scheut sich nicht vor sarkastischen Pointen:

»Wenn ich von jemand höre, er sei sehr fromm, so nehme ich mich sogleich sehr vor seiner Gottlosigkeit in acht.« (DA 51/8; *Seume* 1295)

Und drastischer und zu jener Zeit unpublizierbarer kann man wohl nicht antiklerikal formulieren als mit Seumes Attacke:

»[. . .] Die feinste Gaunerei ist also der erzwungene Zölibat, um eine große, einflußhabende Klasse von dem schöneren Interesse der Menschlichkeit loszuketten. Von der Ehelosigkeit zur Ehrlosigkeit ist moralischen Schwächlingen nur ein kleiner Schritt. [. . .]« (*Seume* 1319; entstellt in DA 51/9, zensiert bei *Neumann* 790)

Natürlich greift Seume nicht nur solche institutionellen Überbauphänomene der sozialen Ungerechtigkeit an, sondern artikuliert auch direkt deren ökonomisch-politische Grundlagen:

»Der Staat sollte vorzüglich nur für die Ärmeren sorgen, die Reichen sorgen leider nur zu sehr für sich selbst.« (DA 53/1; *Seume* 1396)

Die bisherigen Zitate könnten den Eindruck erwecken, als beschränkten sich die »Apokryphen« auf Polemik und destruktive Kritik (was man im Nazi-Deutsch »zersetzend« nennt); doch Seume läßt daneben auch keine Zweifel über seine positiven Zielvorstellungen und ist, nach seiner Versicherung im »Spaziergang nach Syrakus«, überhaupt »keines Menschen Feind, sondern nur der Freund der Wahrheit, Freiheit und Gerechtigkeit« (*Seume* 564). So wie hier verwendet er als seine Leitbegriffe die radikaldemokratischen Ideale der französischen und deutschen Aufklärung: Freiheit, Gleichheit, Gerechtigkeit, Humanität – und immer wieder Vernunft. Die besondere Nuance Seumes ist dabei freilich die These, daß all diese

Dinge eigentlich dasselbe sind oder stets zusammenfallen oder doch jedenfalls (wie ihre Antonyme) unlösbar miteinander verbunden sind:

»Gleichheit ist immer der Probestein der Gerechtigkeit, und beide machen das Wesen der Freiheit.« (DA 53/6; *Seume* 1261)

Ein zentrales Argument ist dabei für Seume häufig die Berufung auf die »Etymologie«, für ihn »das beste Studium der heiligen und profanen Gaunerei« (*Seume* 1320), um die besten »Kunstgriffchen der Despotie als die Sprachverwirrung und die Halbbegriffe« (*Seume* 1366) zu enttarnen:

»Gleichheit und Gerechtigkeit ist eins, das zeigt das Nachdenken und der Gebrauch aller Sprachen. Die successive Entfernung von der Urgleichheit bringt die Mißgeburt unserer Gerechtigkeiten hervor.« (DA 53/4; *Seume* 1682)

Der unmittelbar folgende Aphorismus spitzt den sprachlichen Befund noch stärker zu:

»Wo man von Gerechtigkeiten und Freiheiten redet, soll man durchaus nicht von Gerechtigkeit und Freiheit sprechen.« (*Seume* 1283)

Und an mindestens einer Stelle findet man bei Seume die philosophischen Sprachanalysen des späten Wittgenstein (»Es ist richtig zu sagen ›Ich weiß, was du denkst‹, und falsch: ›Ich weiß, was ich denke.‹«, PU S. 534) bis in Technik und Tonfall hinein vorgebildet:

»Du sollst, weil ich will, ist Unsinn, fast ebenso sehr Unsinn ist die Vollmacht von Gottes Gnaden. Aber *Du* sollst, weil *ich* soll, ist ein richtiger Schluß und die Base [Basis] des Rechts.« (DA 53/3; *Seume* 1309)

Auch der Sache nach bewegt sich Seume hier in unmittelbarer Nähe heutiger rechtsphilosophischer Theorien wie der von John Rawls über Gerechtigkeit als Chancengleichheit sozialer Rollenwahl unter dem ›Schleier der Unkenntnis‹. Überhaupt ergibt es ein verzerrtes Bild, wenn man Seume einseitig nur in die Schublade der ›politischen Aphoristik‹ ablegt und damit je nach Standpunkt abwertet (wie *Neumann* 788–791) oder aufwertet (wie die DDR-Germanistik; Forsch.ber. bei *Stephan* 10f.). Über die durch ihren unerschrockenen Ton zuerst auffallenden Bemerkungn zu diesem Themenkreis hinaus ist Seume jedoch insgesamt ein durchaus vielseitiger Aphoristiker: Sprache, Literatur, Philosophie, Geschichte, Charaktere und Alltagsbeobachtungen – das ganze Themenspektrum der großen literarischen Aphoristik ist bei ihm zu finden. Und unter Hunderten von Apokryphen trifft man kaum eine banale und nur wenige mittelmäßige; dies ist eines jener wenigen Aphorismenbücher, in denen sich auch der heutige Leser noch beinahe jeden einzelnen anstreichen möchte. Manches könnte man sich ebensogut von Lichtenberg (den *Seume* 1347/1 zitiert!) ins Sudelbuch eingetragen denken:

»Jetzt habe ich 44 Jahre, gut gezählt, und die Geschlechtsanmutung ist gewaltig stark, stärker als jemals. Je älter ich werde, desto schöner sind die Mädchen. Soll ich meine Narrheiten in der Periode der Weisheit machen? Ich muß mich auf magere Diät setzen und Anatomie studieren.« (*Seume* 1348/3; vgl. 1348/4)

In seiner engen Verbindung politischer Attacke mit sprachbezogener Methode könnte Seume zugleich als deutlichster Vorgänger der Aphorismen von Lec gelten. Schlagender noch ist aber häufig die Analogie zu Karl Kraus, in der Berufung auf die Wahrheit des ›alten Worts‹ ebenso wie in der vehementen, an die Fundamente gehenden Sprachkritik:

»Der Satan hat die Sprachen erfunden. Sie sind das beste Handwerkszeug der despotischen und geistlichen Gaunerei.« (*Seume* 1276)

So nimmt es nicht Wunder, daß Kraus selbst verschiedentlich auf Seume angespielt und schließlich auf den ersten Seiten der drittletzten »Fackel« in lichtem Satz zehn Aphorismen Seumes kommentarlos abgedruckt hat – eine Geste und eine Form der Präsentation, die in dieser späten Zeit nur seinen Sternen erster Ordnung wie Shakespeare oder Nestroy vorbehalten blieb. Nur nicht gefunden hat der chronisch leseunwillige* Kraus offenbar eine ›Apokryphe‹, die geradezu von ihm selber erfunden sein könnte:

»Wer Gerechtigkeit, Liberalität und Geschichte sehen will, darf nur die Zeitungen und die Verordnungen der Fürsten nehmen; da findet er von allen das Gegenteil.« (*Seume* 1317)

Ähnlich kritisch reagiert Seume auch auf zeitgenössische Tendenzen in der Philosophie und Literatur seiner Zeit – einschließlich einiger hier bereits besprochener:

»Wenn mich die Philosophie zu Jacob Böhme führt, wie es den Anschein bekommt, so tue ich auf ihre Leitung Verzicht.« (*Seume* 1297)

---

* *Korrekturzusatz:* Ich danke Herrn Werner Kraft (Jerusalem) für den Hinweis, daß auch die von Kraus abgedruckten Seume-Aphorismen nicht auf eigener Lektüre beruhen, sondern auf einer Auswahl, die ihm Kraft zum 60. Geburtstag anonym hatte zukommen lassen.

Auch die daran anknüpfende literarische Romantik kommt bei diesem Erzrationalisten nicht besser weg:

»Ich habe gemerkt, daß der Mysticismus bei Gebildetern meistens Nervenschwäche und Magenkrampf ist. Mein Freund Novalis steht an der Spitze. Schiller konnte sich mit mehr Kraft durchtragen, sonst wäre er auch förmlich dem Mysticismus unterlegen. In seiner ›Braut von Messina‹ stand er im Vorhofe.« (Seume 1277)

Um abschließend Seumes Aphoristik gattungsgeschichtlich einordnen zu können, darf man die Tatsache nicht übersehen, daß die »Apokryphen« nicht seine einzigen oder ersten Aphorismen sind. In den 1796 und 1798 (mit Widmung an seinen Lehrer »Dr. Platner«, den in II.4 erwähnten Verfasser der »Philosophischen Aphorismen«) erschienenen beiden Bändchen von »Obolen« (von der Kleinmünze »obolos«, also nahezu synonym mit Lichtenbergs »Pfennigwahrheiten«, GL F 1219) gibt es neben anderem jeweils ein paar Seiten Aphorismen. Die zweite Sammlung wendet dabei unter dem ironischen Titel »Neue wohlgeordnete Auszüge aus Büchern und Zeitungen« ein Verfahren an, das der Krausschen Zitatmontage ähnlich nahesteht wie dem englischen ›Cross-reading‹ des waagerechten Weiterlesens getrennter Zeitungsspalten:

»Als der Consul Mummius Korinth erobert und die schönsten Statuen mit großer Sorgfalt nach Rom geschickt hatte – stiegen in London die Actien sogleich um sieben Procent, welcher glückliche Vorfall auf der Börse einen allgemeinen Jubel verursachte.« (JGS VII, 71)

Mag man hier über den Gattungscharakter noch debattieren, so handelt es sich bei der ersten Sammlung »Bemerkungen« um lupenreine Aphorismen – und sie sind ein Jahr früher erschienen als diejenigen Schlegels. Genau genommen ist Seume also auch der erste publizierende Aphoristiker in Deutschland gewesen. Angesichts des geringen Umfangs der Sammlung sollte man diesen Gedanken freilich nicht überstrapazieren; soviel aber wird man sagen können, daß Seume als Aphoristiker hinter niemandem in der deutschen Literatur zurücksteht.

Weitere Literatur:
Elena Craveri Croce: La vita e le opere di Johann Gottfried Seume, in: Poeti e scrittori tedeschi dell' ultimo settecento, Bari 1951, 174–228; *Gertrude E. Grisham:* Johann Gottfried Seume. Eine Monographie, Chicago (Diss. Northw. Univ., dt.) 1976; *Ingeborg Herbst:* Die ganze Welt ist eine große Apokryphe. Seumes Aphorismen, in: Kairosu 4, o. J., 1–6; *Johann Höltl:* Johann Gottfried Seume. Die Entwicklung seines literarischen Schaffens zur

zeitgemäßen Publizistik, Diss. phil. Wien 1937; *Johannes Hunger:* Johannes Gottfried Seume. Leben und Wirken eines aufrechten Demokraten und großen Patrioten, Berlin/DDR 1953; *Marlis Ingenmey:* L'illuminismo pessimistico di Johann Gottfried Seume, Venedig 1978; *Robert L. Kahn:* Seume and the English, in: Studies in German 55/3, 1969, 47–68; *Klaus Walter Klemm:* Johann Gottfried Seumes Schriften. Politisch-historisches Denken zwischen Revolution und Resignation, Diss. phil. Bonn 1970; *Adolf Kohut:* J. G. Seume als Mensch, Dichter, Patriot und Denker, Berlin 1910; *Werner Kraft:* Johann Gottfried Seume, in: Ders.: Rebellen des Geistes, Stuttgart 1968, 135–163; *Hermann Schweppenhäuser:* Citoyen in Deutschland. Zu seinen Apokryphen, in: Johann Gottfried Seume: Apokryphen, Frankfurt 1966, 137–163; *Hildegard Siegmeth:* Johann Gottfried Seumes Leben und dichterisches Werk, Diss. phil. Wien 1943.

6. J. W. Goethe: Ein Fehlurteil der Gattungsgeschichte

Goethes »Maximen und Reflexionen« bilden ohne Zweifel die meistzitierte aller hier behandelten Textsammlungen und stellen nach herrschender Forschungsmeinung den Höhepunkt in der Gattungsentwicklung der deutschen Aphoristik dar. Für manche ist sie sogar

»fraglos das großartigste Aphorismenbuch der Weltliteratur, Goethe nicht nur der größte Dichter, sondern auch der größte Spruchdenker, den die Deutschen haben. Das läßt sich mit nichts vergleichen, mit nichts in einem Atem nennen.« (*Hofmiller* 31)

Die hymnische Verehrung nicht nur Goethes überhaupt, sondern speziell der MuR versteigt sich gelegentlich zu Behauptungen wie der (außer von Hochschullehrern) gern zitierten von Hofmannsthal:

»Von Goethes Sprüchen in Prosa geht heute vielleicht mehr Lehrkraft aus als von sämtlichen deutschen Universitäten.« (*Hofmannsthal* 69)

Und dieser Mythos vom unvergleichlichen Rang der MuR hat jüngst (durch *Neumann* 604–736) wieder neue Nahrung erhalten. Wenn ich hier im folgenden einige Bedenken anmelde, so richten sie sich nicht eigentlich erst gegen den Superlativ, sondern schon gegen die globale Einordnung der MuR in die literarische Aphoristik.

Ein erster Zweifel legt sich bereits beim Blick in das alphabetische Register nahe. Da begegnet man nämlich massenhaft Textanfängen mit »Aber« (3), »Also« (2), »Auch« (6), »Denn« (8), »Deshalb / Deswegen« (6), »Ferner« (1), »Und« (6) oder auch mit Pronomina wie »Dies« (5) oder »Er« (4). Schon wenn man nur aufs allererste

Wort schaut, beginnen fast 100 der rund 1400 Texte mit einem dieser oder gleichartiger Wörter – die doch als Elemente expliziter Textverknüpfung am Anfang von Aphorismen eigentlich nichts zu suchen haben. Nun stehen aber Schlüsselsignale für syntaktische Kohäsion durchaus nicht immer an der Satzspitze; wenn man die nächsten Worte mit einbezieht, kommt noch einmal reichlich die doppelte Anzahl ausdrücklich verknüpfter Texte (zuzüglich der jeweils voraufgehenden Bezugstexte) hinzu. Und wenn man sich erinnert, daß es daneben ja auch implizite textematische Verbindungen durch strukturelle Kohäsion oder semantische Kohärenz gibt – für beides finden wir in Goethes Sammlung zahlreiche Belege –, dann ergibt sich schon aus dieser rein technischen Prüfung, daß ein ganz erheblicher Teil der MuR nicht kotextuell isoliert, nicht vertauschbar und damit keinesfalls aphoristisch strukturiert ist.

Weitere Zweifel erheben sich, wenn man sich anhand von Textkommentaren (z. B. MuR S. 251–341, HA XII, 727–768) über die ermittelten Quellen informiert und erfährt, daß ein großer Teil von ›Goethes Aphorismen‹ gar nicht von Goethe ist. Vielmehr handelt es sich oft einfach um Exzerpte und Notate: um Sprüche oder Aussprüche anderer Verfasser, die Goethe sich auf-, ab- oder herausgeschrieben hat (großenteils wirklich auf Zetteln, Briefumschlägen, Theaterkarten u. ä., also noch ohne textsortenspezifische Anordnung – vgl. Hecker, MuR S. 16f. sowie *Baumann* 60f., *Müller-Seidel* 114). Wie prekär hier die Zuordnung zu einem Verfasser ist, mag folgendes Beispiel belegen:

»Gegen große Vorzüge eines andern gibt es kein Rettungsmittel als die Liebe.« (DA 41/1, MuR 45)

Dieser anthologienerprobte ›Aphorismus von Goethe‹ ist ein Satz von Schiller aus einem Brief (2. 7. 1796), den der Empfänger Goethe dann in leicht paraphrasierter Form festgehalten hat. Das Spektrum der MuR reicht von solchen Einzelfunden bis zu ganzen Exzerpt-Serien z. B. aus Hippokrates (621–632), Plotin (633–641) oder auch einem englischen Pseudo-Sterne (743–759 sowie z. T. 773–797). Nun ist es gewiß nicht uninteressant zu sehen, welche Texte aus welchen Quellen ein Goethe exzerpiert – zumal nach seinem Grundsatz:

»Nicht jeder, dem man Prägnantes überliefert, wird produktiv; es fällt ihm wohl etwas ganz Bekanntes dabei ein.« (MuR 107)

Aber mit diesem Verfahren steht Goethe nicht in der modernen Tradition des selbstverfaßten literarischen Aphorismus, sondern in der uralten des Sammelns fremder Sentenzen und Apophthegmata.

Und darauf weist der von Goethe mehrfach für Teilsammlungen verwendete Titel »Eigenes und Angeeignetes« mit seinem zweiten Stichwort schon hin. Das somit gattungstypologisch heterogene Material erfordert also eine individuelle Prüfung (hier in chronologischer Abfolge).

Goethes erster hier in Frage kommender Text ist 1809, also erst am Ende des ›aphoristischen Jahrzehnts‹ erschienen. Und es handelt sich nicht etwa um eine Aphorismen-Sammlung, sondern um seinen Roman »Die Wahlverwandtschaften«, in den sechs Gruppen kurzer Bemerkungen unter dem Zwischentitel »Aus Ottiliens Tagebuche« eingelagert sind. Unter den Experten besteht Uneinigkeit darüber, wieviele dieser Gruppen zur Goetheschen Aphoristik zu zählen sind. Die maßgebliche Ausgabe von Hecker hat nur zwei Folgen (Nr. 3 und 4) in die MuR aufgenommen; Neumann hat dies kritisiert und nachzuweisen versucht, daß alle sechs als charakteristische ›Aphorismen-Gruppen‹ in die Goethesche Aphoristik und damit in die Gattungsgeschichte hineingehören (*Neumann* 683ff.). Zur Urteilsfindung sollte man sich vergegenwärtigen, wie Goethes Erzähler die erste dieser Gruppen (und ähnlich dann einige der späteren) einführt:

»Übrigens waren diese Tage zwar nicht reich an Begebenheiten, doch voller Anlässe zu ernsthafter Unterhaltung. Wir nehmen daher Gelegenheit, von demjenigen, was Ottilie sich daraus in ihren Heften angemerkt, einiges mitzuteilen [. . .]
Ebenso zieht sich durch Ottiliens Tagebuch ein Faden der Neigung und Anhänglichkeit, der alles verbindet und das Ganze bezeichnet. Dadurch werden diese Bemerkungen, Betrachtungen, ausgezogenen Sinnsprüche und was sonst vorkommen mag, der Schreibenden ganz besonders eigen und für sie von Bedeutung. Selbst jede einzelne von uns ausgewählte und mitgeteilte Stelle gibt davon das entschiedenste Zeugnis. (HA VI, 368)

Deutlicher hätte Goethe sein Warnschild kaum aufstellen können: es handelt sich hier um fiktionale Rollenprosa. Statt Aphorismen werden schriftliche Äußerungen der Romanfigur Ottilie eingeführt. Das verdeutlicht auch schon der erste Eintrag:

»Neben denen dereinst zu ruhen, die man liebt, ist die angenehmste Vorstellung, welche der Mensch haben kann, wenn er einmal über das Leben hinausdenkt. ›Zu den Seinigen versammelt werden‹ ist ein so herzlicher Ausdruck.« (HA VI, 369)

Das ist eine genau kalkulierte (technisch gesprochen: zukunftsungewisse und spannungserzeugende) Vorausdeutung auf den Schluß des Romans, wenn Ottilie und Eduard an den Folgen ihres geistigen Ehebruchs gestorben sind und zusammen beerdigt werden. Gerade als Ottilies Tagebucheintrag bildet es keinen Aphorismus, sondern ein nach dem Schema von Wunsch und Erfüllung integriertes Element *fiktionaler* Rede. Deutlicher wird das noch bei Eintragungen, die unmittelbar auf Romanfiguren bezogen sind – etwa den ›Architekten‹:

»Es ist wohl wahr, die Sammlung des Architekten [. . .] bezeugt uns, wie unnütz die Vorsorge des Menschen sei [. . .]« (HA VI, 369f.)

Der anschließende (von *Neumann* 685 als gesonderter Aphorismus durchgezählte!) Kurztext beginnt dann so:

»Warum soll man es aber so streng nehmen?«

Als Aphorismus betrachtet, erinnerte dies denn doch allzu sehr an Jean Pauls textunabhängig verstreute Fußnoten vom Typ »Ich sage aber Nein.« (s. o. III.2). Wollte man selbst eine so klar an den vorhergehenden Absatz anknüpfende Äußerung als Aphorismus bezeichnen, dann könnte man wohl nichts in Sprache Formuliertes mehr aus dieser Gattung ausschließen.

Ähnlich wie die erste weisen auch die 2., 5. und 6. Gruppe klaren Tagebuch-Charakter mit ad personam zu beziehenden Äußerungen auf. Anders und schwieriger verhält es sich mit den beiden restlichen Gruppen. In Heckers Edition (MuR 1–57) findet man Verknüpfungen der Bemerkungen untereinander oder mit dem Romangeschehen hier nicht. Schaut man hingegen in den Originaltext des Romans, bemerkt man zwei Eintragungen, die Hecker einfach weggelassen hat. Die erste davon lautet:

»Wenn wir mit Menschen leben, die ein zartes Gefühl für das Schickliche haben, so wird es uns angst um ihretwillen, wenn etwas Ungeschicktes begegnet.«

Bis hierhin könnte es sich ohne weiteres um einen Aphorismus handeln. Doch die Eintragung ist noch nicht zu Ende:

»So fühle ich immer für und mit Charlotten, wenn jemand mit dem Stuhle schaukelt, weil sie das in den Tod nicht leiden kann.« (HA VI, 397)

Damit wird die Äußerung vollständig in die Romanfiktion integriert. Und der nächste Eintrag setzt den Gedanken mit einer gleichfalls rollenperspektivischen Spezifikation fort; auch er fehlt bei Hecker (in den Neuauflagen wie MuR nicht einmal mehr im Kommentar erwähnt). Dieses Verfahren, einen Text durch Ausmerzung gattungsfremder Elemente in vermeintliche Aphoristik zu verwandeln, hat mit philologischer Sauberkeit nicht mehr viel zu tun.

Noch etwas schwieriger wird die Entscheidung bei der dritten Gruppe: Verweise auf die Romanhandlung gibt es hier auch im Original nicht, und Goethe vermeidet in den letzten vier Eintragungen (»Die Leidenschaften . . .«, »Unsre Leidenschaften . . .«, »Große Leidenschaften . . .«, »Die Leidenschaft . . .«) strikt die naheliegende pronominale Verknüpfung. Insofern leitet der Erzähler hier also zu Recht ein:

»Um diese Zeit finden sich in Ottiliens Tagebuch Ereignisse seltner angemerkt, dagegen häufiger auf das Leben bezügliche und vom Leben abgezogene Maximen und Sentenzen.« (HA VI, 383)

Bei näherer Betrachtung erkennt man freilich, daß die Eintragungen hier wiederum Gruppen bilden – und zwar keine ›Aphorismengruppen‹, sondern solche mit nicht umkehrbarer Reihenfolge und semantischer Kohärenz. Man läuft nämlich immer wieder Gefahr, die einzelne Bemerkung vollkommen mißzuverstehen, wenn man sie nicht als argumentativen Schritt direkt auf die vorige bezieht. Genau dieses Mißverständnis ist aber im Hinblick auf einen der berühmtesten Goetheschen Aussprüche verbreitet eingetreten. Die Eintragungen MuR 5–10 bilden nämlich einen solchen eng verknüpften Komplex über das ›Sprechen in Gesellschaft‹, von dem schließlich in MuR 8 gesagt wird:

»Wer vor andern lange allein spricht, ohne den Zuhörern zu schmeicheln, erregt Widerwillen.«

Genau dieser Sachverhalt wird nun in MuR 9–10 ausgeführt:

»Jedes ausgesprochene Wort erregt den Gegensinn.«
»Widerspruch und Schmeichelei machen beide ein schlechtes Gespräch.«

Der berühmte Satz MuR 9 wird nun jedoch im allgemeinen nicht nur so zitiert, sondern oft (wie in HA XII, 528) auch so ediert, als stehe hier die unbeschränkte Aussage, daß jedes *jemals* ausgesprochene Wort den Gegensinn errege (und nicht nur, wie bei Goethe, der Vielredner ohne Schmeichelei). Kurz: wer diesen Satz unter der Gattungserwartung eines Aphorismus liest, muß ihn zwangsläufig grob mißverstehen.

Unter strenger Beachtung solcher Kotext-Beziehungen bei Edition und Interpretation kann man also keine der 6 Gruppen aus den »Wahlverwandtschaften« zur Aphoristik rechnen. Demnach könnte Goethe frühestens 1818 mit der Veröffentlichung eigentlicher Aphorismen begonnen haben: von da an erscheinen in 8 Heften der Zeitschrift »Über Kunst und Alterthum« sowie in je einer Nummer der »Hefte zur Morphologie« und der »Hefte zur Naturwissenschaft« kleine Sammlungen reflektierender Kurzprosatexte. Deren Struktur erweist sich freilich bei genauerem Hinsehen immer wieder als durchgehend oder zumindest partiell nichtaphoristisch. Die erste Sammlung etwa (MuR 58–66) ist ein kleiner geschlossener Essay über den Künstler und das Naive mit teils impliziten, teils expliziten Querverweisen zwischen den Argumentationsschritten (vgl. bes. MuR 62–65). Und das ganze endet mit MuR 66 so:

»Hierüber kann eine Arbeit anmuthig aufklären, die wir vorbereiten: [. . .]«

Hier liegt unmißverständlich der Sprechakt des Ankündigens einer (übrigens nie verwirklichten) Publikation vor: eine pragmatisch wohldefinierte Äußerung mit Bezug auf den situativen Kontext eines bestimmten Zeitpunktes und Adressatenkreises. Auch dies aber nimmt (wie an der Variation des Knopfloch-Beispiels demonstriert) prinzipiell jedem Text den aphoristischen Charakter.

Im ganzen dominiert in diesen Zeitschriften-Sammlungen neben den erwähnten Exzerpten und Apophthegmata die Form der sentenziös zugespitzten kurzen Abhandlung, also die Textsorte *Thesen* – gelegentlich mit geradezu demonstrativ‹ ›numerierendem‹, nicht aphoristisch isolierbarem Aufbau:

»Das Höchste, was wir von Gott und der Natur erhalten haben, ist das Leben [. . .]« (MuR 391)

»Die zweite Gunst der von oben wirkenden Wesen ist das Erlebte [. . .]« (MuR 392)

»Als Drittes entwickelt sich nun dasjenige, was wir als Handlung [. . .] gegen die Außenwelt richten [. . .]« (MuR 393)

Aphorismen aber können grundsätzlich nicht mit »Drittens . . .« anfangen – weder explizit noch implizit.

Die letzte zu Goethes Lebzeiten veröffentlichte Quelle der MuR ist der 1829 erschienene Roman »Wilhelm Meisters Wanderjahre«, in dem die Sammlungen »Betrachtungen im Sinne der Wanderer« und »Aus Makariens Archiv« stehen. Die ›Wanderer‹ ebenso wie Makarie sind nun wiederum Personen der Romanhandlung, und besonders bei der zweiten Sammlung wird ähnlich wie in den »Wahlverwandtschaften« der innerfiktionale Stellenwert einleitend klargestellt: es handelt sich nämlich eigentlich um Gespräche, deren Extrakt dann auf gemeinsamen Beschluß thesenartig in dem ›Archiv‹ der Makarie gesammelt wird.

Gleichwohl sind diese Texte nur durch einen äußerlichen Zufall in den Roman (wie die Walpurgisnachtstraum-Xenien in den »Faust«) hineingekommen: die Bogenzahl reichte für das zweite und dritte Buch nicht aus, und so beauftragte Goethe Eckermann damit, aus großen Bündeln unpublizierter Notizen die beiden nötigen Bandfüllsel »zusammenzuredigieren« (zit. MuR S. 19f.). Das verdeutlicht aber, daß Goethe nicht einmal persönlich verantwortlich ist für die bei Aphorismen so entscheidende Textstruktur dieser Serien, die man mit der witzig-subtilen Kunst der epischen Integration solcher Sentenzenreihen bei dem Vorgänger Jean Paul kaum auf eine Stufe stellen kann. Denn das Resultat ist ein recht beliebiges Gemisch von Thesen, kleinen Abhandlungen, Vorstudien, gesammelten Apophthegmen, einigen eigenen sentenziösen Aussprüchen und längeren Exzerpten (hier stehen z. B. die Übersetzungen aus Hippokrates und Plotin).

Ein so problematischer Gesamtbefund mahnt dann natürlich auch gegenüber den aus dem Nachlaß edierten ›Aphorismen von Goethe‹ zur Vorsicht (vgl. *Fricke 1981*, 141–144). Ähnlich wie bei Jean Paul hat hier wohl die Regel zu gelten, daß ein Autor, für dessen vorgebliche Aphorismen der Gattungsstatus schon bei seinen eigenen Publikationen fraglich ist, nicht aufgrund dessen, was er (und bei Goethe in ganz uneindeutiger Form) an Notizen hinterlassen hat, posthum zum Aphoristiker ausgerufen werden kann.

Wenigstens andeuten möchte ich an einigen weiteren Beispielen, daß über die präzisierten Definitionsmerkmale der Isolation und Nichtfiktionalität hinaus auch die herkömmlichen Kriterien der ›Kürze‹, der ›Knappheit‹ und der ›überraschenden Erkenntnis‹ auf große Teile der MuR nicht recht passen wollen (so daß Stern völlig zu Recht konstatiert, daß darin »nur einige echte Aphorismen sind«, WdF 243). So ergibt sich bei Beachtung der Anschlüsse zwischen fortlaufenden Absätzen häufig eine Länge von mehreren Druckseiten, also von dem charakteristischen Umfang kleiner Essays; besonders gut kann man das an dem einzigen Fall studieren, in dem Goethe selbst den späteren Gattungsbegriff im Titel verwendet: in den klar nichtaphoristischen »Aphorismen, Freunden und Gegnern zur Beherzigung« (MuR 1064–1099; nicht publiziert).

Die Forderung nach neuartigen Einsichten im Aphorismus hat man zu Recht so zugespitzt: »Banalität ist sein unverzeihlicher Fehler« (zit. WdF 52). Ebenso zu Recht aber konstatiert eine scharfsinnige Goethe-Analyse neuerdings »a growing awareness of the banality of his aphorisms« (*Stephenson* 13) – in der Tat eine hervorstechende Eigenschaft von Aussprüchen wie:

»Ein Zustand, der alle Tage neuen Verdruß zuzieht, ist nicht der rechte.« (MuR 143)

»Wenn mir eine Sache mißfällt, so laß ich sie liegen oder mache sie besser.« (DA 27/9; MuR 934)

»Der Umgang mit Frauen ist das Element guter Sitten.« (DA 39/8; MuR 134)

111

Daß die MuR sprachlich oft wenig durchgefeilt oder pointiert sind, hat man des öfteren bemerkt und ihnen sogar »etwas Sprödes, Stockendes, Schwerflüssiges, manchmal Umständliches« nachgesagt (Schrimpf, Nachw. HA XII, 736; ähnlich in MuR, S. 344). Manche sprachliche Nachlässigkeit dürfte vor allem aus der recht sorglosen Entstehungsgeschichte zu erklären sein – z. B.:

»Sieht man ein Übel, so wirkt man unmittelbar darauf, das heißt, man kuriert unmittelbar aufs Symptom los.« (DA 32/3; MuR 598)

Wenn aber jemand in einem so ›kurzen‹ Satz schon zweimal ungefähr dasselbe sagt, sich also selber bloß paraphrasiert, und dann auch noch ausdrücklich »das heißt« dazwischen schiebt, hat er die Chance auf einen gelungenen Aphorismus bereits vertan.

Nun wäre es ohne Zweifel eine neuerliche Verzeichnung des Bildes, wollte man über all diesen nichtaphoristischen Zügen und Bestandteilen der MuR übersehen, daß es in dieser Sammlung auch längere oder kürzere Ketten gattungsreiner Aphorismen gibt und daß man darunter auch solche finden kann, die für sich genommen in der Aphoristik der Weltliteratur keinen Vergleich zu scheuen brauchen:

»Einen Regenbogen, der eine Viertelstunde steht, sieht man nicht mehr an.« (MuR 161)

In konzisester Form wird hier an einer einfachen Beobachtung eine beinahe unbegrenzt beziehbare Einsicht angedeutet (aber nicht zerredet): die Wahrnehmung von Schönheit – des Naturschönen, aber wohl auch des Kunstschönen – hängt immer mit der Abweichung vom bereits Gewohnten zusammen (und das könnte sogar für Wahrnehmung überhaupt gelten). In diesem, Goethe nun einmal am besten vertrauten Gebiet ästhetischer Fragen liegt auch der wichtigste thematische Schwerpunkt seiner eigentlichen Aphoristik, deren Vorliebe für paradox erscheinende Antithesen (vgl. dazu *Baumann* 56f., *Karnick* 124f.) etwa in dem Diktum zur Geltung kommt:

»Man weicht der Welt nicht sicherer aus als durch die Kunst, und man verknüpft sich nicht sicherer mit ihr als durch die Kunst.« (DA 34/1; MuR 52)

Solche potentiellen Aphorismen stehen jedoch in allen bisherigen Ausgaben zwischen Kurztexten von ganz unterschiedlichem Typus, auf die zwar insgesamt die recht glücklich gewählte Sammelbezeichnung »Maximen und Reflexionen« zutrifft (von Hecker statt der unpassenden »Sprüche in Prosa« wieder eingeführt nach Goethes eigenem Titel für eine Teilsammlung von 1822), die komplett als »Goethes Aphorismen« zusammenfassen aber zu einem flagranten gattungsgeschichtlichen Justizirrtum verfestigt worden ist. Dringend

zu fordern ist deshalb zunächst eine völlig neue, text- und gattungs-
kritische Edition der MuR, die sie weder rein kumulativ-chronolo-
gisch (wie z. B. Hecker) noch ohne Kontextbeachtung nach Themen
(wie z. B. HA), sondern entschieden nach den vertretenen *Textsorten* anordnet. Erst dann wird man Goethes schmalen Beitrag zur
deutschen Aphoristik sachgerecht sichten und würdigen können.

Weitere Literatur:
Geneviève Bianquis: Les »Maximes et Réflexions«, in: Dies.: Etudes sur
Goethe, Paris 1951, 81–89; *Thomas Degering:* Das Elend der Entsagung.
Goethes »Wilhelm Meisters Wanderjahre«, Bonn 1982 (darin 531–542); *Wilhelm Flitner:* Aus Makariens Archiv, in: Goethe-Kalender 36, 1943, 116–
174; *Pierre Grappin:* Réflexions sur quelques maximes de Goethe, in: Un
Dialogue des Nations, FS A. Fuchs, Munchen 1967, 107–120; *Ernst Grün-
thal:* Goethes »Maximen und Reflexionen« zur Wissenschaft, in: Ders./
Fritz Strauß: Abhandlungen zu Goethes Naturwissenschaft, Bern 1949, 19–
42; *Otto Harnack:* Essais und Studien zur Literaturgeschichte, Braun-
schweig 1899 (darin 202–210, 238–247, 248–260); *Gustav von Loeper:* Zu
Goethes Sprüchen in Prosa, in: Goethe-Jahrbuch 11, 1890, 135–144; *C. P.
Magill:* The Dark Sayings of the Wise. Some Observations on Goethe's
»Maximen und Reflexionen«, in: Publ. of the Engl. Goethe Soc. 36, 1966,
60–82; *Wolfgang Schadewaldt:* Goethe, Plutarch und Sophokles, in: DVjs
35, 1961, 64–68; *R. H. Stephenson:* Goethe's Transmutation of Common-
places: An Historical and Rhetorico-Stylistic Inquiry into the Nature, Cau-
ses and Effects of his »Maximen und Reflexionen«, Diss. (masch.) London
1977 (Kurzfassung in *Stephenson*); *Paul Stöcklein:* Wege zum späten Goehte.
Dichtung – Gedanke – Zeichnung. Interpretationen um ein Thema, Hamburg 1960 (darin 9ff.).

7. *M. v. Ebner-Eschenbach:* Reifezeit des Genres

Marie von Ebner-Eschenbach – 1830 als mährische Gräfin
Dubsky geboren, blutjung mit einem späteren k. u. k. Feldmar-
schall und (!) Physikprofessor verheiratet (nicht ohne Reiz, sie sich
als Hofmannsthals ›Marschallin‹ zu denken) und erst 1916 in Wien
gestorben – ist unter den Großen der deutschen Aphoristik die einzige Frau. Man kann das natürlich auch positiv formulieren: Der
Aphorismus ist eine der ganz wenigen Gattungen, bei denen überhaupt eine Frau in der allerersten Reihe steht. Nach Ansicht mancher männlichen Aphorismus-Forscher – die ihr ohnehin selten
mehr als die Höflichkeit eines Pflichttanzes erweisen – dürfte das
nun gerade hier nicht passieren, gilt ihnen doch der Aphorismus als
»eine betont männliche Literaturform« (*Wehe*, WdF 133); zur Ret-

tung des Klischees muß man dann bei der Ebner-Eschenbach zu Ausweichmanövern Zuflucht nehmen:

»Ihre Aphorismen sind nicht Produkte des Geistes und Nachdenkens, sondern Bekenntnisse einer schönen und großen Seele, vor der Härte des Denkens weicht sie aus in die Weichheit des Gemütes« (*Wehe*, WdF 136)

Auch sehr wohlwollende Kommentatoren liefern meist nur solche maskulinen Stereotype wie die von der »Einfühlsamkeit« oder von der »Frau, die bereit war, ihr Herz an jeden wesentlichen Menschen herzugeben« (*Klein*, Nachw. EE 958). Auf diese Autorin im allgemeinen und auf ihre Aphorismen im besonderen paßt dergleichen nun aber überhaupt nicht: die Ebner-Eschenbach ist das Musterbild einer klugen Frau – nicht etwa bloß ›für eine Frau ziemlich klug‹, sondern an »Härte des Denkens« den meisten Männern ihrer Zeit hoch überlegen. Aber:

»Eine gescheite Frau hat Millionen geborener Feinde – alle dummen Männer.« (DA 135/1; EE 875)

Und in derselben Richtung darf man wohl die weniger direkte, aber nicht weniger polemisch geschärfte Bemerkung verstehen:

»Die Katzen halten keinen für eloquent, der nicht miauen kann.« (DA 140/1; EE 893)

Männlicher Chauvinismus macht daraus freilich sogar den Umkehrschluß: Wer so eloquent miauen (und, wie man sieht, auch fauchen) kann, muß zu uns Katzen gehören – wer so intelligent schreibt wie die Ebner-Eschenbach, wird gönnerhaft in die Reihen der Männer aufgenommen:

»Es wurde erwähnt, daß sie, bei aller frauenhaften Einfühlung und Güte, viel Männliches und Verstandesbetontes hatte. (Ihre oft erstaunlichen Charakterbilder von Männern bestätigen diesen männlichen Einschlag.)« (*Klein*, Nachw. EE 968)

Wer mit Verstand Männer charakterisieren kann, ist männlich – ein Argument, das man sich auf der Zunge zergehen lassen muß (und das bei jeder Frau sofort als ›weibliche Logik‹ gelästert würde). Ohne viel Federlesens hat die Ebner-Eschenbach die Hintergründe solcher Bemerkungen aphoristisch auf den Punkt gebracht:

»Als eine Frau lesen lernte, trat die Frauenfrage in die Welt.« (EE 888)

Denn wenn eine lesende und denkende Frau in so wehrhafter Weise ihre geistige Überlegenheit erkennen läßt, braucht sie auf die männlichen Reaktionen nicht lange zu warten:

»Ein Mann, der sich im Gespräche mit seiner Frau widerlegt fühlt, fängt sogleich an, sie zu überschreien: Er will und kann beweisen, daß ihm immer, auch wenn er falsch singt, die erste Stimme gebührt.« (EE 877)

Nun stehen solche frühfeministischen Bemerkungen nicht etwa im Mittelpunkt der 1880 veröffentlichten »Aphorismen« (neben denen es dann nur noch einige eingestreute Kurzbetrachtungen in der späten Prosasammlung »Altweibersommer« und erst teilweise publizierte Bemerkungen aus dem Nachlaß gibt). Gleich aus mehreren Gründen kann man vielmehr dieses Erscheinungsjahr als Eckdatum dafür werten, daß der literarische Aphorismus – nach der Gründerphase um 1800 und einer Konsolidierungsphase auf eher mittlerem Niveau (in der als letztes prominentes Werk 1851 noch Schopenhauers »Aphorismen zur Lebensweisheit« trotz nichtaphoristischen Charakters unter diesem Titelstichwort erschienen) – spätestens 1880 endgültig als festes *Genre* im literarischen Leben Deutschlands etabliert war. Denn erstens stammte dieses Aphorismen-Buch ja von einer *Frau* (der man üblicherweise etwas literarisch ganz Innovatives auf dem literarischen Markt kaum zugestanden hätte). Zweitens von einer *Dame* der besten Gesellschaft (die im Gegensatz zu vielen frühen Aphoristikern ihr Werk offen unter vollem Namen publizieren und darauf bauen konnte, daß das Schreiben von Aphorismen gesellschaftlich mittlerweile voll akzeptiert war). Drittens erschien der Text als selbständige Veröffentlichung explizit unter der Genrebezeichnung »Aphorismen« – und zwar ausschließlich, ohne erläuternden oder nach älterer Sitte blumig umschreibenden Zusatz. Wie der Titel, so weisen viertens auch die *Themen* der Sammlung keine Einschränkungen auf, auch nicht als Konzession an die Publikationsnische ›Frauenliteratur‹ (wie sie z. B. 1788 das thematisch kohärente Büchlein »Kleine Fragmente für Denkerinnen. Von der Frau Verfasserinn der Philosophie eines Weibs« von Maria Anna Ehrmann selbstverständlich noch machen mußte).

Fünftens und vor allem aber weist der Text selbst die Ausgereiftheit und völlige *Gattungsreinheit* der Textsorte »Aphorismus« aus. Zweifelsfrei Prosa, zweifelsfrei nichtfiktional und ohne Einbindung in andere Werk- oder Arbeitszusammenhänge; und die kotextuelle Isolation ist so vollständig durchgeführt, daß man jeden der etwa 500 Aphorismen auch an jede andere Stelle der Sammlung setzen könnte. Von den alternativen Merkmalen aus der Gattungsdefinition ist immer wenigstens eins, fast immer mehr als eins erfüllt. Die *Einzelsätze* überwiegen hier sogar; die Ebner-Eschenbach schreibt im Durchschnitt kürzere Aphorismen als alle Autoren vor ihr – oft nicht einmal eine Zeile lang, gelegentlich syntaktisch unvollständig (maximaler Umfang sind fünf Sätze bzw. zehn Zeilen: EE 873/10 bzw. 898/6). Und selbst scheinbar abgeschlossene Aussagen offenbaren deutlich den aphoristischen Torsocharakter:

»Läufer sind schlechte Geher.« (EE 902)

Da das in dieser Kontextlosigkeit offenkundig nicht leichtathletisch zu verstehen ist, muß der Leser den Satz selbsttätig mit Fällen aus seinem eigenen Erfahrungsbereich in Verbindung setzen. Solche *Konzision* verleiht dann auch Aphorismen von mehr als einem Satz die charakteristische ›Sprachkürze‹, in der das Gemeinte ungesagt bleibt, im Gesagten aber ganze Lebenshaltungen metonymisch angedeutet werden:

»Ein Blitz vom Himmel – dem steh ich! Eine Schaufel voll Kehricht – der weich ich aus!« (DA 141/6; EE 901)

Aufmerksamkeit verdient die besondere Art *sprachlicher Pointierung* bei dieser Aphoristikerin, die den sprachlichen Knalleffekt im allgemeinen vermeidet und dem sich aufdrängenden Witz – für sie »ein brillanter Emporkömmling von zweifelhafter Abstammung« (DA 141/7; EE 902) – eher mit Skepsis begegnet:

»Ein guter Witz muß den Schein des Unabsichtlichen haben. Er gibt sich nicht dafür, aber siehe da, der Scharfsinn des Hörers entdeckt ihn, entdeckt den geistreichen Gedanken in der Maske eines schlichten Wortes. Ein guter Witz reist inkognito.« (DA 137/5; EE 881)

Die Anwendung dieser Grundregel kann man bei ihr auf vielen Ebenen beobachten. Denn zwar finden sich hier fast alle vertrauten Techniken aphoristischer Sprachstilisierung wie Parallelismen, Antithesen und Gradationen, Paradoxien und rätselhafte Definitionen, Wortspiele und variierende Zitatanspielungen wieder (vorzügliche Zusammenstellung bei *Schneider* 182–190, der ihre Aphorismen zu den durchgefeiltesten der Gattungsgeschichte rechnet); aber sie geben sich nur mit Verzögerung zu erkennen. Ihre Paradoxa etwa werden nicht wie bei den Romantikern demonstrativ auf die Spitze getrieben, sondern man bemerkt sie oft erst beim zweiten Hinsehen:

»Die Menschen, denen wir eine Stütze sind, die geben uns den Halt im Leben.« (DA 133/12; EE 871)

Eher besonnen als plakativ auch die Art, in der die Ebner-Eschenbach ihre Kontrafakturen (nicht bloß: Umkehrungen!) zu Redensarten und Sprichwörtern baut:

»Jeder Mensch hat ein Brett vor dem Kopf – es kommt nur auf die Entfernung an.« (DA 140/11; EE 897)

Auch das etymologische Beim-Wort-Nehmen der Sprache, das schon in Seumes Apokryphen so häufig zu finden war, geschieht bei ihr auf eine eher hintersinnige Weise:

»Die ›Vornehmen‹ – etymologisch diejenigen, die vor allen anderen nehmen, und zugleich die Bezeichnung für Adelige oder Edle.« (EE 896)

Das ist sehr fein und ebendadurch sehr spitz formuliert (zu spitz für jemanden, der nur über ›Gemüt‹ statt ›Geist‹ verfügt). Und mit wie geringen Mitteln ein guter Aphorismus auskommt, zeigt die bloß orthographische Minimalpaar-Bildung:

»Wenn eine Frau sagt ›jeder‹, meint sie: jedermann. Wenn ein Mann sagt ›jeder‹, meint er: jeder Mann.« (DA 104/4; EE 901)

Weitaus wichtiger als solche verbalen Coups nimmt die Ebner-Eschenbach freilich die *sachliche Pointierung* ihrer Aphorismen: den neuartigen Gedanken und die verblüffende, weil dem Gewohnten entgegenarbeitende Einsicht. Auch hinter der sprachlichen Schlichtheit verbirgt sich meist alles andere als eine Banalität:

»Ein fauler und ein fleißiger Mensch können nicht gut miteinander leben, der faule verachtet den fleißigen gar zu sehr.« (DA 136/9; EE 879)

Statt mit Worten spielt dieser Aphorismus mit der gedanklichen Erwartung des Lesers: man rechnet natürlich mit der umgekehrten Begründung und erfaßt erst bei genauem Hinsehen die scharfsinnige Demaskierung des Hochmuts als Selbstschutz-Maßnahme des Unterlegenen.

Alles dies kann man natürlich auch bei anderen Aphoristikern antreffen, und überhaupt ist kaum etwas ganz neu oder ganz individuell an Marie von Ebner-Eschenbachs Aphorismen – aber es ist alles souverän gekonnt: statt exzentrischer Besonderheiten treten bei ihr eher die allgemeinen Gattungszüge literarischer Aphoristik hervor, und dies in besonderer Reinheit. So kann es nicht ausbleiben, daß immer wieder Berührungspunkte zu anderen großen Aphoristikern auffallen. La Rochefoucauld und Vauvenargues erweist sie ihre Reverenz einmal ganz ausdrücklich (DA 138/4; EE 885 – die einzige Verwendung neuzeitlicher Namen im ganzen Buch); doch während die Französischen ›Moralisten‹ meist die menschlichen Torheiten auf die ›amour-propre‹ zurückführen, attackiert die wirkliche Moralistin Ebner-Eschenbach die Eigenliebe selbst als die größte menschliche Torheit:

»Je mehr du dich selbst liebst, je mehr bist du dein eigener Feind.« (DA 132/5; EE 866)

An Lichtenberg erinnert nicht nur eine Variation seiner berühmten ersten Sudelbuch-Eintragungen (DA 136/3, EE 878/1: DA 3/1, GL A 1), sondern mehr noch ein ebenso glänzender wie vielbezüglicher Nachtrag zu dessen zahlreichen Uhren-Aphorismen (die schon *Seume* 1347/1 erwähnt und denen bei *Neumann* 181–188 ein ganzes Kapitel gewidmet ist):

»Die stillstehende Uhr, die täglich zweimal die richtige Zeit angezeigt hat, blickt nach Jahren auf eine lange Reihe von Erfolgen zurück.« (DA 140/8; EE 896)

Doch diese Aphorismen weisen nicht etwa (wie bei einem Epigonen) bloß zurück, sondern ebenso voraus. Denn es kann wohl kein Zweifel bestehen, auf welchen Verfasser 99 von 100 Sachkennern tippen würden, wenn man ihnen den folgenden Aphorismus ohne Quellenangabe vorlegte:

»Die öffentliche Meinung ist die Dirne unter den Meinungen.« (DA 141/9; EE 902)

Karl Kraus hat denn auch in anderem Zusammenhang die satirische Prophetengabe der Ebner-Eschenbach respektvoll hervorgehoben (F 108, 16–18; vgl. auch DA 27/7, EE 873/10: BWG 143/3, 135/2).

Angesichts dieses Beziehungsreichtums stellt es eine unnötige Verengung dar, wenn man in ihren Aphorismen immer nur die Moralistin, Psychologin und feinfühlige Menschenbeobachterin am Werke sieht (so noch *Schneider* 171). Die behandelten Gegenstände gehen erheblich über diesen Bereich hinaus und bleiben an thematischer Vielfalt und Weite des aphoristischen Horizonts hinter niemandem außer Lichtenberg zurück: Prinzipien der Naturwissenschaft (DA 135/2; EE 875/6), die Rolle der Philosophie (DA 138/4; EE 885/7), wenige und eher modern anmutende Anmerkungen zur Religion (DA 137/10; EE 883/12), natürlich vieles zu Kunst und Literatur (DA 137/11; EE 883/13 bzw. DA 141/13; EE 903/12) und Prinzipielles zur Geschichte (EE 904/2). Im politischen Bereich findet man vor allem sozialkritische Mahnungen (z. B. DA 139/12, EE 893/9; DA 141/2, EE 901/5; EE 865/12) an die Adresse ihrer eigenen Gesellschaftsschicht (so wie sie sich ja auch in ihrem epischen Werk – etwa dem »Gemeindekind« – als zwar allem Revolutionären fernstehende, aber vorurteilsfreie und zeitkritische Erzählerin zeigte und mit ihrem adelspersiflierenden Lustspiel »Das Waldfräulein« nahezu einen Skandal auslöste); in der ihr eigenen dezent andeutenden Weise gibt es freilich auch ›außenpolitische‹ Anzüglichkeiten:

»Wir sind in Todesangst, daß die Nächstenliebe sich zu weit ausbreiten könnte, und richten Schranken gegen sie auf – die Nationalitäten.« (DA 140/7; EE 895)

Die Ebner-Eschenbach aber wegen solcher Einzelbemerkungen schlankweg in die Rubrik »Politische Aphoristik« einzustufen und in eine Reihe (?) zwischen Klinger, Seume, Lec, Adorno und Schweppenhäuser zu stellen (so *Neumann* 786, 799), erweist sich bei zusammenhängender Lektüre ihrer Aphorismen als abwegig. Das sind eher Ausnahmen in ihrem gesamten Werk, oder allenfalls eine Farbe unter vielen; jede einseitige Betonung muß hier zu einer Überzeichnung führen. Denn unter den Großen der literarischen Aphoristik hat Marie von Ebner-Eschenbach wohl die ausgereiftesten und, wenn man so will, die ›normalsten‹ Aphorismen geschrieben; in ihr hat die Gattung ihre ideale Mitte.

Weitere Literatur:
Unveröffentlichte Aphorismen aus dem Nachlaß der Freifrau Marie von Ebner-Eschenbach, in: Der Wächter 28/29, 1946/46, 45–47; *Dee L. Ashliman:* Marie von Ebner-Eschenbach und der deutsche Aphorismus, in: Österreich in Geschichte und Literatur 18, 1974, 155–165; *Rudolf Bruno Fischer:* Die Aphorismen der Marie von Ebner-Eschenbach, Diss. phil. Marburg 1926; *Ingeborg Geserick:* Gesellschaftskritik und -erziehung in den Werken der Marie von Ebner-Eschenbach. Diss. phil. (masch.) Potsdam 1955; *Maria Grundner:* Marie von Ebner-Eschenbach. Wechselbeziehungen zwischen Leben, Werk und Umwelt der Dichterin, Diss. phil. (masch.) Graz 1971; *Maria Hans:* Die religiösen Weltanschauungen der Marie von Ebner-Eschenbach, Diss. phil. Frankfurt 1934 (darin 23–31); *Brigitte Kayser:* Möglichkeiten und Grenzen individueller Freiheit. Eine Untersuchung zum Werk Marie von Ebner-Eschenbachs, Diss. phil. Frankfurt 1974 (darin bes. 163–217); *Alexandra Unterholzner:* Marie von Ebner-Eschenbach. Eine Analyse der Form und der Rezeption ihres Werkes, Diss. phil. Innsbruck 1978; *Jiři Vesely:* Tagebücher legen Zeugnis ab. Unbekannte Tagebücher der Marie von Ebner-Eschenbach, in: Österreich in Geschichte und Literatur 15, 1971, 211–241.

8. *Fr. Nietzsche:* Aphoristik ohne Netz

Größere Gegensätze sind kaum denkbar als zwischen den ungefähr gleichzeitig publizierenden Aphoristikern Friedrich Nietzsche und Marie von Ebner-Eschenbach (wiewohl sie den um 14 Jahre Jüngeren überraschenderweise nach Ausweis ihrer Tagebücher (8. 4. 1874) schon früh zu bewundern begann). Denn Nietzsche –

1844 geboren und psychisch 1889, physisch erst 1900 gestorben – ist geradezu der Extremfall der Gattung und einer der exzentrischsten Schriftsteller deutscher Sprache überhaupt. Von seiner Person soll hier jedoch ebensowenig die Rede sein wie von ›der Philosophie‹ oder ›der philosophischen Position‹ Nietzsches – die vereinheitlichend zu resümieren ist nicht nur in wenigen Sätzen unmöglich, sondern es ist überhaupt nicht möglich. Von Nietzsche sollte man sich kein Bildnis machen; sobald es scharf wird, wird es falsch, weil es zu jeder geäußerten Ansicht mindestens einen Beleg für die gegenteilige Behauptung gibt und man so allenfalls identifizieren kann, welche Philosophien er kritisiert, nicht aber, welche Philosophie er vertreten hat.

Statt dessen sofort zu Nietzsches aphoristischem Werk – und damit gleich zu dessen Grenzen. Denn unausrottbar wird immer wieder auch »Also sprach Zarathustra« dazu gerechnet (und z. B. in Aphorismus-Anthologien aufgenommen wie DA 156f.), obwohl Nietzsche das Buch ausdrücklich als »Dichtung und keine Aphorismensammlung« bezeichnet hat (Zusammenstellung von Belegen und ihren Mißachtungen bei *Greiner* 9ff.) und obwohl vor allem der Text selbst unmißverständlich dagegen spricht. Schon innerhalb der ›Reden Zarathustras‹ erhalten die drucktechnisch abgesetzten Bemerkungen durch bis zu 17fache Anaphern, Epiphern und Parallelismen größtmögliche strukturelle Kohäsion und sind überdies in der syntaktischen und semantischen Abfolge der Sätze unumkehrbar definiert. Vor allem aber sind im »Zarathustra« alle Einzelelemente so sorgfältig und artistisch in das Werkganze integriert wie in kaum einer zweiten Dichtung; denn der vermeintliche ›epische Rahmen‹ ist in Wahrheit der fiktionale Kern des Werks – wer den Gang der Handlung nicht beachtet, versteht die ›Reden Zarathustras‹ in ihrem durchaus beschränkten jeweiligen Stellenwert falsch, und wer die Reden nicht genau liest, vermag bald der Handlung nicht mehr zu folgen. Nietzsche liefert hier nämlich eine fiktionalisierte Autobiographie seiner philosophischen *Entwicklung* und nicht eine statische Verkündigung seiner gegenwärtigen *Lehre*. So ist der »Zarathustra« keine Aphoristik und auch keine Philosophie, sondern Nietzsches Antwort auf Bayreuth: der erste Propagandist und später dann glühendste Feind Wagners entwirft in Worten ein Gesamtkunstwerk aus szenischer Handlung, eingelagerten Liedern und Tänzen sowie sorgfältig aufgebauten Bühnenbildern für jeden Auftritt und möchte »den ganzen Zarathustra unter die Musik rechnen« (FN VI.3, 333). Wer aus dieser »unendlichen Melodie« (FN IV.3, 60) einzelne Sequenzen wie etwa die häufig als Nietzsches Meinung mißverstandene ›Lehre vom Übermenschen‹ herauslöst, hat nur nicht bemerkt, daß Zarathustra im vierten Buch diese seine frühere Fortschrittseuphorie vom ›höheren Menschen‹ ausdrücklich verwirft und zugunsten der ›ewigen Wiederkunft des Gleichen‹ hinter sich läßt. Und wer (wie in DA 156f.) die Rede »Von alten und jungen Weiblein« als Aphorismen behandelt und z. B. das berüchtigte Peitschen-Diktum isoliert verwendet, mißachtet dabei den Umstand, daß der Ausspruch ja keineswegs zufällig gerade einem ›alten Weiblein‹ als Rollenprosa in den Mund gelegt wird (FN VI.1, 82). Die literarische Aphoristik und der »Zarathustra« sind also nicht durch die gleiche Gattung, sondern nur durch partiell gleiche Abstammung verbunden: von der geistlichen Spruchweisheit und hier besonders von alttestamentarischen Sprüchen und der Bergpredigt, deren Säkularisierungsphänomen der Aphorismus unter anderem ist und auf die sich auch »Zarathustras Bergpredigten« (*Bartholomä*) als Gegenentwurf bis hin zu einem »Abendmahl« aus Brot und Wein (FN VI.1, 349–351) überdeutlich beziehen.

Auch nach vollständigem Abzug des »Zarathustra« bleiben jedoch noch vier Werke Nietzsches mit großen Aphorismen-Sammlungen übrig. In anthologischen und deshalb meist das Kurze bevorzugenden Auswahlen erhält man aber auch hier leicht einen falschen Eindruck: keineswegs sind die ganzen Bücher oder auch nur die als Quelle herangezogenen Teile durchweg aphoristisch strukturiert (wie mit *Häntzschel-Schlotke*, *Greiner* und *Heller* gleich drei ausgezeichnete strukturanalytische Monographien unter verschiedenen Aspekten aufgeschlüsselt und dabei das Bild korrigiert haben, das die durch Adornos Vorwort einflußreiche, aber wenig klärende Arbeit von *Krüger* entworfen hatte). Vielmehr gilt es stets zu beachten, »daß bei weitem nicht alles, was in Nietzsches Aphorismenbüchern steht, Aphorismen im strengen Sinne sind« (*Häntzschel-Schlotke* 40): kapitelweise angeordnete Abhandlungen, kurze oder längere Essays, punktuell polemisierende Glossen und sogar Gedichte wechseln mit Aphorismenketten unterschiedlicher Länge. Teils stehen diese deutlich abgesondert, wie die »Sprüche und Zwischenspiele« im Buch »Jenseits von Gut und Böse« (1886), die »Sprüche und Pfeile« in der »Götzendämmerung« (1888/89) und die Anhänge »Vermischte Meinungen und Sprüche« bzw. »Der Wanderer und sein Schatten« zu Nietzsches erster aphoristischer Veröffentlichung »Menschliches, Allzumenschliches« (1876–1880); in deren neun ›Hauptstücken‹ wie auch in der »Fröhlichen Wissenschaft« (1887) finden sich hingegen die aphoristischen Ketten in loser Folge zwischen die Essaysammlungen gestreut. Und mit der lange gepflegten Fiktion eines nachgelassenen aphoristischen Hauptwerks »Der Wille zur Macht« hat die Kritische Werkausgabe gründlich aufgeräumt: es handelt sich um Entwürfe und Vorstudien zu den publizierten Werken.

Ein anderes Problem stellt sich für beinahe das gesamte aphoristische Werk Nietzsches ähnlich: seine Vorliebe für die Betitelung aller Aphorismen mittels einer Spitzmarke am Textanfang. Gerade bei sehr kurzen Bemerkungen ergibt das oft eine reine Verdoppelung:

»*Der Asket.* – Der Asket macht aus der Tugend eine Noth.« (DA 148/6; FN IV.2, 82)

Hieran wäre soweit noch nichts auszusetzen außer der Überflüssigkeit. In anderen Fällen aber ergibt sich durch den Titel, ähnlich wie bei der Vorankündigung schlechter Witzerzähler, ein störendes Vorecho der Pointe:

»*Unter das Thier hinab.* – Wenn der Mensch vor Lachen wiehert, übertrifft er alle Thiere durch seine Gemeinheit.« (DA 153/3; FN IV.2, 342)

Manchmal freilich ergibt sich die Pointe eigentlich erst aus dem Zusammenwirken und der semantischen Spannung zwischen Ankündigung und eigentlichem Text:

»*Die Einheit des Ortes und das Drama.* – Wenn die Ehegatten nicht beisammen lebten, würden die guten Ehen häufiger sein.« (DA 151/6; FN IV.2, 276)

Ganz allgemein aber haben, wie bereits angedeutet, Titel als klare Texteingangssignale die Tendenz, den Torsocharakter des Aphorismus eher zu mildern und ihn stärker einem geschlossenen Ganztext in der Art eines Prosa-Epigramms anzunähern. Das ist kein Anlaß, solche Texte nicht mehr zur Aphoristik zu rechnen; aber zusammen mit den oft seitenlang argumentierenden Essayfolgen tragen doch auch die Titel dazu bei, daß Nietzsches ›Aphorismenbücher‹ insgesamt einen unverwechselbar anderen und längst nicht so charakteristisch ›aphoristischen‹ Leseeindruck hervorrufen. So wie Nietzsches stark rhetorische Gedankenführung ohne konstante philosophische Postition zwischen verschiedenen Standpunkten fluktuiert, so changiert auch der Gattungscharakter seiner Bücher ziemlich ungreifbar zwischen Aphorismen, verknüpften Sentenzen, Thesen, satirischen Glossen und Kurzrezensionen, zwischen Prosa und Lyrik, zwischen Sachtext und selbststilisierender Fiktion.

Seinen Platz unter den Klassikern des literarischen Aphorismus hat sich Nietzsche also weniger durch Gattungsstrenge als durch seine Sprachkunst erworben; und die ist bei ihm ganz wesentlich Kunst der Polemik. Bei niemandem vor ihm, auch nicht bei betont aggressiven Autoren wie Lichtenberg, Seume oder Heine, findet man solche Exzesse uneingeschränkter Menschenfeindlichkeit:

»*Brief.* – Der Brief ist ein unangemeldeter Besuch, der Briefbote der Vermittler unhöflicher Ueberfälle. Man sollte alle acht Tage eine Stunde zum Briefempfangen haben und darnach ein Bad nehmen.« (DA 156/2; FN IV.3, 303)

Daß dieser *Menschenfeind* bekanntermaßen insbesondere als *Weiberfeind* auftrat, bleibt auch in seinen Aphorismen nicht verborgen:

»*Verschiedene Seufzer.* – Einige Männer haben über die Entführung ihrer Frauen geseufzt, die meisten darüber, dass Niemand sie ihnen entführen wollte.« (DA 151/5; FN IV.2, 275)

Dergleichen ist zwar kaum mehr als der Stammtisch-Witz eines Junggesellen; der von Nietzsche genährte Topos vom beschränkten Muttertier (»Alles am Weibe . . . hat Eine Lösung: sie heisst Schwangerschaft«, FN VI.1, 80) hat freilich seine Folgen im öffentlichen Bewußtsein des deutschen Rechtsextremismus gehabt. Geradezu zur Allgemeinbildung gehört auch der *Christenfeind* Nietzsche, der sich aphoristisch in ironischen Attacken zu erkennen gibt:

»Es ist eine Feinheit, daß Gott griechisch lernte, als er Schriftsteller werden wollte – und daß er es nicht besser lernte.« (DA 159/5; FN VI.2, 94)

Seine Spottlust macht bei der religiösen Seite des Geisteslebens aber keineswegs Halt; als umfassender *Idealistenfeind* reduziert er immer wieder Erscheinungen der Philosophie, Wissenschaft und Literatur auf biologische Grundlagen und verallgemeinert dies:

»Grad und Art der Geschlechtlichkeit eines Menschen reicht bis in den letzten Gipfel seines Geistes hinauf.« (FN VI.2, 87)

Als Grundcharakter all dieser witzigen oder wütenden Rundumschläge Nietzsches zeigt sich ein geradezu zwanghafter, über das seit La Rochefoucauld schon Gattungstypische weit hinausgehender Zug zur Entlarvung. Insofern sie sich dabei aber fast wahllos gegen alles und jedes richtet, kommt es hier häufig genug zu einer unfreiwilligen Selbstentlarvung Nietzsches. Nur ein Beispiel:

»*Dunkles und Ueberhelles neben einander.* – Schriftsteller, welche im Allgemeinen ihren Gedanken keine Deutlichkeit zu geben verstehen, werden im Einzelnen mit Vorliebe die stärksten, übertriebensten Bezeichnungen und Superlative wählen: dadurch entsteht eine Lichtwirkung, wie bei Fackelbeleuchtung auf verworrenen Waldwegen.« (DA 149/7; FN IV.2, 171)

Eine brillant vorgetragene Kritik – aber auf wen trifft sie stärker zu als auf Nietzsche selbst? Nicht nur finden sich die Superlative bei ihm ganz allgemein gehäuft (allein sieben auf derselben Seite DA 149), sondern dieser Aphorismus beweist selber – und da Nietzsche die grimmige Selbstironie eines E. M. Cioran völlig abgeht, wohl kaum gewollt – mit der sich noch überbieten wollenden Wendung »die stärksten, übertriebensten Bezeichnungen und Superlative«, wie sehr gerade ihr Autor zur grellen Hell-Dunkel-Wirkung solcher Extremformulierungen neigt (weshalb man diesen Sprachtrunkenen unter den Aphoristikern nicht ausgerechnet als Sprachkritiker herausstreichen sollte wie *Krüger* 76–92). Und in ebendieser permanenten und sich selbst ad absurdum führenden verbalen Großmannssucht wird auch am deutlichsten, wie sehr »der fehlende archimedische Punkt« in Nietzsches Ironie (*Häntzschel-Schlotke* 145) seine angestrengt durchgehaltene Überlegenheitsgeste zu dem macht, was man sehr treffend, mit einem seiner eigenen Lieblingswörter, als eine »Maske« beschrieben hat (*Häntzschel-Schlotke* 28–30, *Greiner* 193–196). Es ist, um ein anderes Selbstporträt Nietzsches heranzuziehen, das bekannt verzerrte, maskenhafte Lächeln eines Seiltänzers, der ohne Netz und feste Balance hoch oben auf seinem Seil brilliert und durch ständige extreme Schlingerbewegungen den Zuschauern das Gefühl des drohenden Absturzes vermittelt. Und wir, die sein Ende kennen, wissen: Nietzsche ist abgestürzt.

Dies kann nun kein Grund sein, Nietzsche als *Aphoristiker* nicht ernst zu nehmen (während mancher da dem *Philosophen* Nietzsche gegenüber vielleicht zögern wird). Denn die Besonderheiten dieser literarischen Gattung, die ja in ihrer torsohaften Offenheit dem Leser immer einen aktiven Bezug auf ihn selbst abverlangt, ermöglichen es bei Nietzsche nicht weniger als bei irgendeinem anderen, uns auch und gerade in seiner polemisch überspitzten Kritik wiederzuerkennen und ganz persönlich betroffen zu fühlen. Dafür ein letztes Beispiel:

»*Das Zünglein an der Wage.* – Man lobt oder tadelt, je nachdem das Eine oder das Andere mehr Gelegenheit giebt, unsere Urtheilskraft leuchten zu lassen.« (DA 149/1; FN IV.2, 85)

Das mag zwar wiederum auf Nietzsche selbst zutreffen; es trifft aber gewiß ebenso auf zahllose andere Fälle literarisch-wissenschaftlicher Äußerungen zu (dieses Buch nicht ausgenommen). Der reflexionsbereite Leser kann hier und in vielen anderen Aphorismen eine Wahrheit entdecken, die ein Teil der Wahrheit über ihn selbst ist – unabhängig von der Frage, was für pathologische Ursprünge in der Person Nietzsches der Text gehabt haben mag. In dieser Fähigkeit, über das Bewußtsein des Autors hinweg auf das Bewußtsein von Lesern aller Zeiten zu wirken, zeigen sich grundlegende Qualitäten des Aphorismus als einer Form poetischen statt theoretischen Sprechens.

Weitere Literatur:
Anke Bennholdt-Thomsen: Nietzsches »Also sprach Zarathustra« als literarisches Phänomen. Eine Revision, Frankfurt 1974; *Besser; Maria Bindschedler:* Nietzsche und die poetische Lüge, Basel 1954; *Maurice Blanchot:* Nietzsche et l'écriture fragmentaire, in: La Nouvelle Revue Française 14, 1966, 967–983 und 15, 1967, 19–32; *Anni Carlsson:* Der Mythos als Maske Fr. Nietzsches, in: GRM 39, 1958, 388–401; *Joachim Goth:* Nietzsche und die Rhetorik, Tübingen 1970; *Johannes Klein:* Wesen und Bau des deutschen Aphorismus, dargestellt am Aphorismus Nietzsches, in: GRM 22, 1934, 358–369; *Fritz Krökel:* Europas Selbstbesinnung durch Nietzsche. Ihre Vorbereitung bei den französischen Moralisten, München 1929; *Margot Paronis:* »Also sprach Zarathustra«. Die Ironie Nietzsches als Gestaltungsprinzip, Bonn 1976; *Erich F. Podach:* Ein Blick in Nietzsches Notizbücher. Ewige Wiederkunft – Wille zur Macht – Ariadne. Eine schaffensanalytische Studie, Heidelberg 1963; *Gerhard Rupp:* Rhetorische Strukturen und kommunikative Determinanz. Studien zur Textkonstitution des philosophischen Diskurses im Werk Friedrich Nietzsches, Bern 1976; *W. D. Williams:* Nietzsche and the French. A study of the influence of Nietzsche's French reading on his thought and writing, Oxford 1952.

9. *K. Kraus:* Virtuose des Hasses

Oberflächlichen Betrachtern – an denen es seit Anton Kuh nicht gefehlt hat – müßte Karl Kraus (1874–1936) als ein ganz ähnlicher Fall wie Nietzsche erscheinen. Auch Kraus liebt die Haltung des Einzelkämpfers gegen den Rest der Welt; auch seine Aphoristik zeichnet sich, wie sein Schreiben überhaupt, durch stark kritische bis polemische Züge, ja streckenweise durch wortgewordenen Haß aus. Trotzdem werden jedem Leser mit zunehmender Kenntnis beider Autoren die tiefgreifenden Unterschiede immer deutlicher werden. Ihr wesentlicher Grund liegt in dem, was Kraus selber einmal in aphoristischer Indirektheit zu Nietzsche und seiner eigenen Beziehung zu ihm angemerkt hat:

»Der Übermensch ist ein verfrühtes Ideal, das den Menschen voraussetzt.« (BWG 57)

Diese Voraussetzung aber hat Kraus in seiner Zeit aus reichlich gegebenem Anlaß nicht für erfüllt ansehen können. Deshalb hat er im Gegensatz zu Nietzsche gegenüber tagesaktuellen Ereignissen und Problemen sehr entschieden (und durchaus nicht immer wirkungslos) Stellung bezogen: einen so fest verankerten Standpunkt, eine mit den Publizisten vor, neben und nach ihm so unverwechselbare Denk- und Wertordnung, daß er sie – wiederum im klaren Gegensatz zu dem ohne das Sicherheitsnetz fester Koordinaten polemisierenden Nietzsche – in ihren Grundrissen kontinuierlich von seinen Anfängen bis in die späteste Zeit durchzuhalten vermochte. Und während Nietzsche ineins mit seiner gedanklichen Zersplitterung in je unverträgliche, proteushaft gewechselte Positionen zunehmend auch an psychischer Ich-Integration verlor (bis schließlich zum völligen Zusammenbruch), spricht aus den Werken von Kraus ein Schriftsteller von ziemlich beispielloser Ich-Stärke. So ist er im Verlaufe seines Werks und seines Lebens (die weitgehend miteinander zusammenfallen) immer nur noch mehr er selbst geworden; denn die Zeit hat ihm immer mehr recht gegeben (und darin bis heute nicht nachgelassen).

Das aphoristische Werk von Kraus dürfte wohl eher zu seiner Nachwirkung beitragen; wichtigstes Instrument seiner Einwirkung auf die Zeit aber war natürlich die 1899–1936 allein herausgegebene und nach den Anfangsjahren bald auch nur noch mit eigenen Beiträgen bestrittene Zeitschrift »Die Fackel«. Dort sind zunächst auch die Aphorismen in kleineren Gruppen erschienen (Register mit Belegkonkordanz bei *Kerry* 155–228, ergänzt durch Kraus-Hefte 3, 1977, 14); danach erst stellte Kraus sie für sich zusammen in den drei (bis 1924 teilweise noch leicht überarbeiteten) Sammelbänden »Sprüche und Widersprüche« (1909), »Pro domo et mundo« (1912 – ein unübersetzbares, zugleich wohl auf den päpstlichen Segen ›urbi et orbi‹ gemünztes Wortspiel) und 1918 schließlich »Nachts« (eine persönliche, auch für seine Lyrik fundamentale Chiffre des Nachtarbeiters Kraus für die innere Gegenwelt zum Tagestreiben der Zeit). Erst hier wurden die Aphorismen unter thematisch andeutende Kapitelüberschriften geordnet, ohne dabei jedoch – selbst bei gedanklich verwandten Aphorismen – ihre kotextuelle Isolation im Sinne ihrer prinzipiellen Permutierbarkeit zu gefährden. Der Zusammenhang mit der »Fackel« ist allerdings noch enger, als diese textgeschichtlichen Daten aussagen: zahlreiche Aphorismen hat Kraus durch Isolation vom Kotext und weitere Überarbeitung aus seinen eigenen Essays entnommen oder umgekehrt in ihnen weiterverwendet (ebenso gelegentlich in Epigrammen und in seiner sprachlich-szenischen Weltkriegsdokumentation »Die letzten Tage der Menschheit«), und manche Aphorismen sind als ganze aus einer immer weiter zusammengedrängten Zitat-Glosse entstanden (vgl. dazu die einzige und verdienstvolle, aber seit 1961 in vielem literaturwissenschaftlich überholte und gleichwohl bis heute leider nicht durch Besseres ersetzte Monographie zum Aphoristiker Kraus von Petra *Kipphoff* 145ff.).

Der auffälligste Befund beim Lesen Krausscher Aphorismen liegt wohl in dem befremdlichen Kontrast zwischen dem hier keineswegs bloß latenten, sondern ganz offen zu Buche schlagenden Haß und dem Vergnügen, dem bis zu homerischem Gelächter reichenden Lusterlebnis des Lesers daran. Diese beobachtbar dominierende Reaktionsweise belegt, daß es sich hier wirklich um ästhetisch sublimierte und sozialisierte Aggression handelt – und damit um einen Modellfall *satirischen* Sprechens. Der Angriffspunkt der aphoristisch verkürzten Satire verschiebt sich dabei, wie in der Entwicklung der »Fackel« ganz allgemein, im Laufe der Zeit immer mehr von der objektsprachlichen auf die metasprachliche Ebene: von der sachbezogenen Justiz- und Moralkritik über den weichenstellend wirkenden Zwischenschritt der Kritik an der Gerichtsberichterstattung zur allgemeinen Pressekritik und schließlich zu einer umfassenden Sprachkritik, die Kraus selbst im Kampf gegen Weltkrieg, Korruption und Faschismus immer den Ansatz beim öffentlichen bzw. veröffentlichten Sprachgebrauch suchen läßt.

Die bevorzugten Objekte seiner aphoristischen Attacken zählt Kraus in einer Kapitelüberschrift des zweiten Aphorismenbuches selber auf: »Von Journalisten, Ästheten, Politikern, Psychologen, Dummköpfen und Gelehrten« (BWG 211). Wenn auch der pejorative Charakter dieser Reihe erst durch die »Dummköpfe« augenfällig wird, ist dies doch in der Hierarchie von Kraus noch das mildeste der gereihten Schimpfwörter: alle anderen schließen es ein, gehen aber weit darüber hinaus. Es lohnt sich, die ganze Gruppe einmal wenigstens in Form eines aphoristischen Exemplars Revue passieren zu lassen. An erster Stelle muß dabei natürlich die *Presse* stehen – und hier besonders jene Form von Feuilletonismus, die Kraus (in dem großen Essay F 329, 1–33) für eine Folge aus Heines Verflachung der deutschen Sprache erklärt hatte:

»Ein Feuilleton schreiben heißt auf einer Glatze Locken drehen.« (DA 219/11; BWG 118)

Dies ist nicht etwa bloß ein Ausdruck ästhetizistischen Mißfallens, sondern Kraus deckt die ökonomische Funktion des Kulturjournalismus für die kommerzialisierte Gesellschaft (als »Kultur im Dienste des Kaufmanns«, F 873, 1–44) mit satirischer Schärfe auf:

»Die Dorfbarbiere haben einen Apfel, den stecken sie allen Bauern ins Maul, wenn's ans Balbieren geht. Die Zeitungen haben das Feuilleton.« (DA 223/8; BWG 224)

Für keinen Deut weniger kommerzialisiert hält Kraus aber auch die ›feuilletonistische Kunst‹ selbst, nämlich den größten Teil der *Dichtung* seiner Zeit:

»Als mir da neulich einer unserer jungen Dichter vorgestellt wurde, rutschte mir die Frage heraus, bei welcher Bank er dichte. Es geschah ganz unabsichtlich und ich wollte den armen Teufel nicht beleidigen.« (BWG 125)

Die in der Galerie der Dummköpfe ja gleichfalls genannten *Gelehrten* hat Kraus im allgemeinen genauso verabscheut – und je gelehrter, desto schlimmer:

»Ja, gibt es denn keinen Schutz gegen den Druckfehler, der, sooft von einer stupiden Belesenheit gesprochen werden soll, eine stupende daraus macht?« (BWG 86)

Auch in seinen Attacken auf *Politiker* findet man den wiederkehrenden Vorwurf der Kaschierung bloßer Geschäftsinteressen durch politische Geschäftigkeit – in der monarchistischen Regierungsform und gleichermaßen in der nachfolgenden:

»Der Parlamentarismus ist die Kasernierung der politischen Prostitution.« (DA 218/1; BWG 73)

So hat Kraus denn auch als einer der ersten (und dauerhaft wenigen) die vorrangig ökonomischen Motive des Ersten Weltkriegs durchschaut und deren Eingeständnis einer verbreiteten kriegsjournalistischen Phrase abgezwungen:

»›Es handelt sich in diesem Krieg –‹ ›Jawohl, es handelt sich in diesem Krieg!‹« (DA 227/6; BWG 387)

Dabei hat sich Kraus niemals irgendeiner dogmatisch ›linken‹ (etwa: marxistischen) Position zuordnen lassen. Gleichwohl war er zeitlebens ein vehementer Kritiker der sozialen Ungerechtigkeit – im Einzelfall wie im allgemeinen:

»Sozialpolitik ist der verzweifelte Entschluß, an einem Krebskranken eine Hühneraugenoperation vorzunehmen.« (BWG 70)

Besonders der junge Kraus hat bekanntermaßen seine polemischen Energien auch gegen die Zwiegesichtigkeit der ›öffentlichen Moral‹ jener Jahre gewendet. Er hat sich dabei aber die Bundesgenossenschaft jener *Psychologen* verbeten, die mit anderen Zielen und Argumenten dasselbe kritisierten – insbesondere also der Psychoanalyse, gegen die Kraus eine zunehmende Aversion entwickelte. Freilich die Wiener Psychoanalytiker auch ganz öffentlich gegen ihn (vgl. dazu *Szasz*) – worauf Kraus seinerseits u. a. mit einem fast schon zum geflügelten Wort aufgestiegenen Aphorismus reagierte:

»Psychoanalyse ist jene Geisteskrankheit, für deren Therapie sie sich hält.« (BWG 351; ganz ähnlich BWG 83/3, 222/4, 350/3, 351/1)

Keineswegs ein Objekt seines Hasses sind die *Frauen* gewesen, obwohl dies angesichts der nach Nietzsche klingenden Redeweise von der ›geistlosen‹ Frau oberflächlich so scheinen könnte. Aber die Stellung von Kraus in der Geschichte des publizistischen Frauenbildes ist in mehrfacher Hinsicht eine ganz andere (vgl. dazu *Nike Wagner*). Zum einen ist er kein Frauenverächter wie Nietzsche und dessen Mentor Schopenhauer, sondern ein tiefer Frauenverehrer, der entschieden gegen jegliches männliche ›Benutzen‹ der Frau eingetreten ist und dies am stärksten in dem Zwei-Wort-Aphorismus verdichtet hat:

»Männerfreuden – Frauenleiden.« (BWG 14)

Zum anderen hat Kraus als einer der ersten gegenüber dem spätbiedermeierlich-viktorianischen Frauenbild der Donaumonarchie für die Anerkennung der Frau als entschieden sexuelles Wesen mit dem Recht auf eigene Wünsche (»Versorgung der Sinne: Die bangere Frauenfrage«, BWG 51) und mit eigenen, dem bloßen Geisteswesen Mann weit überlegenen Fähigkeiten plädiert:

»Die weibliche Orthographie schreibt noch immer ›genus‹ mit zwei und ›Genuss‹ mit einem ›s‹.« (BWG 14)

Diese im historischen Kontext zu verstehende Überzeichnung der Frau als Sinnenwesen (verstärkt noch durch die von Kraus hochgeschätzten und geförderten ›Lulu‹-Dramen Wedekinds) resultiert auch in dem gattungsgeschichtlich wohl einmaligen Fall eines Aphorismus als mathematische Formel (F 288, 15) – deren Kompliziertheit inzwischen freilich durch editorische Mängel unnötig vermehrt worden ist (so in DA 222/3, BWG 188/4; korrigiert in Kraus-Hefte 17, 1981, 7). Versteht man nämlich die altertümlichen Hochpunkte bei Kraus richtig als Dezimalzeichen (und nicht als durch »x« bezeichnete Multiplikation), so ergibt sich statt des unverständlichen Wertes »– 0,1104569« die weit simplere Gleichung:

$$\text{»Die Frauenseele} = \frac{x^2 + \sqrt{31.4 - 20 + 4.6} - (4 \times 2) + y^2 + 2xy}{(x + y)^2 - 3.8 + 6 - 6.2} - 0.53 + 0.47\text{«}$$

Erst in solcher Lesart errechnet sich ein Ergebnis (vgl. F 289, U3), das zusammen mit der Kompliziertheit der Berechnungsformel ein genaues Pendant zu einem anderen Aphorismus liefert:

»Nichts ist unergründlicher als die Oberflächlichkeit des Weibes.« (DA 213/3; BWG 14)

In diesem breiten Themenspektrum fallen zunächst zwei formale Gemeinsamkeiten auf: Es gibt bei Kraus keinen Aphorismus ohne deutlich zugespitzte *Pointe;* und deren Quelle liegt fast ausnahmslos in der *Sprache.* Beispiele für sprachliche Pointierung findet man nun freilich auch bei anderen Aphoristikern zuhauf – aber doch nicht in vergleichbar dominierendem Maße wie bei Kraus. Und auch nicht in derselben Weise; denn anders als etwa Lichtenberg, Seume oder Ebner-Eschenbach nimmt Kraus weniger auf die Sprache als auf *Rede* Bezug – nach seiner eigenen Unterscheidung:

»Die deutsche Sprache ist die tiefste, die deutsche Rede die seichteste.« (BWG 413)

Gegenüber seiner in erotische und oft geradezu sprachtheologische Metaphorik gehüllte Verehrung des ›alten Worts‹ der Sprache attackiert Kraus umso heftiger deren Verfallsform: die modische Phrase – so daß man zu Recht sagen konnte, er habe die Sprache weniger beim Wort als »bei der Redensart genommen« (*Mieder* 106). Eines der berühmtesten Beispiele:

»Die Deutschen – das Volk der Richter und Henker.« (DA 221/2; BWG 159)

Die Gelehrten seiner Zeit haben die Technik dieser Zitatvariationen natürlich rasch bemerkt und gelegentlich auch kritisiert. Das sollte ihnen übel bekommen:

»Ein Literaturprofessor meinte, daß meine Aphorismen nur die mechanische Umdrehung von Redensarten seien. Das ist ganz zutreffend. Nur hat er den Gedanken nicht erfaßt, der die Mechanik treibt: daß bei der mechanischen Umdrehung der Redensarten mehr herauskommt als bei der mechanischen Wiederholung. [. . .] Dabei unterscheidet sich aber die Redensart noch immer zu ihrem Vorteil von einem Literaturprofessor, bei dem nichts herauskommt, wenn ich ihn auf sich beruhen lasse, und wieder nichts, wenn ich ihn mechanisch umdrehe.« (BWG 332 f.)

Übergreifendes Prinzip all dieser verschiedenen Umdrehungen, Veränderungen oder pointierten Montagen vorhandenen Sprachmaterials ist das *Wortspiel,* das in der nach wie vor maßstabsetzenden Untersuchung zu Sprachgebrauch, Sprachauffassung und literarischer Technik bei Kraus in seinen verschiedenen Dimensionen analysiert wird. Wenigstens für die dort aufgegliederten und ebenso präzise wie fruchtbar definierten Haupttypen des Wortspiels (*Wagenknecht* 13–22) soll hier ein verdeutlichender Beleg aus den Aphorismen von Kraus angeführt werden. Die geläufigste und auch bei Kraus statistisch (vgl. ebd. 23–31) dominierende unter diesen Formen ist die *Amphibolie* als gleichzeitige Verwendung eines Wortes in verschiedenen Bedeutungen:

»Das Wort ›Familienbande‹ hat einen Beigeschmack von Wahrheit.« (DA 217/9; BWG 67)

Die traditionelle ›Paronomasie‹ der Rhetorik läßt sich adäquater in zwei unterschiedlichen Typen erfassen – zum einen als auf sprachgeschichtlich rein zufälliger Ähnlichkeit beruhendes *Klang-Wortspiel* mit bedeutungsverschiedenen Ausdrücken:

»Im Sagenkreis des Deutschtums wird dereinst ein großes Durcheinander entstehen zwischen Kyffhäuser und Kaufhäuser.« (DA 227/7; BWG 392)

Zum anderen als auf sprachgeschichtlicher Verwandtschaft beruhendes *Variations-Wortspiel* mit bedeutungsverschiedenen Ausdrücken:

»Die Effektschauspieler sind von den Defektschauspielern verdrängt worden.« (DA 219/5; BWG 100)

Gegenüber solchen verschiedenartigen Minimalpaar-Bildungen verlegen zwei andere Techniken die Pointe ins Innere eines einzigen, neugebildeten Wortes. Die *Kontamination* (Portmanteau- oder Schachtelwort) verschränkt zwei semantisch unabhängige Wörter ohne Veränderung der Bestandteile durch ein gemeinsames Mittelglied miteinander:

»Hättet ihr die Rechte des Frauenkörpers anerkannt, hättet ihr die Unterleibeigenschaft aufgehoben [. . .]« (BWG 49)

Bei der *Interferenz* hingegen werden die beiden übereinander gelagerten Ausgangswörter wenigstens partiell deformiert:

»Kompilatoren sind Wissenschaftlhuber.« (BWG 154)

All diese Verfahren stehen unter dem Gesetz der Krausschen ›lex minimi‹ (*Wagenknecht* 59ff.,): je knapper ein Gedanke in der Sprache zusammengedrängt wird, desto näher vermag er der Wahrheit zu kommen. Gleichermaßen ausgedrückt und vorgeführt wird dieses Ethos des Stils in dem Aphorismus:

»Schein hat mehr Buchstaben als Sein.« (BWG 267)

Das ist nur einer unter den zahlreichen Fällen, in denen Kraus die Tradition des ipsoreflexiven Aphorismus erneuert und weiterentwickelt (vgl. z. B. BWG 116/4, 116/8, 132/5, 238/1, 238/2, 238/4, 244/2 (!), 332/5). Einer seiner intrikatesten Beiträge zur Gattungstheorie lautet:

»Ein Aphorismus braucht nicht wahr zu sein, aber er soll die Wahrheit überflügeln. Er muß mit einem Satz über sie hinauskommen.« (DA 302/6; BWG 117)

Durch die Amphibolie dieses letzten ›Satzes‹ erfüllt Kraus schon, was er ebendamit erst verlangt.

131

So beruht das Vergnügen des Lesers an den aphoristischen Aggressionen dieses Autors wesentlich auf ihrer ästhetischen Vervollkommnung: auf dem stets gegenwärtigen und nachprüfbaren Eindruck, daß man bei dieser Prosa – sonst nach Valéry nur die »Würde des Verses« – kein Detail mehr verändern darf: »fehlt *ein* Wort, so ist alles verfehlt« (*Valéry* 168). Daß der Aphorismus ganz allgemein eine literarische Spezialform für Sprachartisten darstellt, ist schon an früheren Vertretern zum Vorschein gekommen. Aber in der Kunst, einen vielschichtigen Gedankenkomplex auf minimalem Raum zu maximaler Explosivität zu verdichten, hat diese Gattung in Karl Kraus ihren größten Virtuosen.

Weitere Literatur:
Helmut Arntzen: Literatur im Zeitalter der Information, Frankfurt 1971 (bes. 203–216, 323–338); *Elisabeth Brock-Sulzer:* Spruch und Widerspruch. Über Karl Kraus als Aphoristiker, in: Hochland 48, 1955/56, 563–567; *Jens Malte Fischer:* Karl Kraus, Stuttgart 1974; *Erich Heller:* Beim Aphorismus genommen. Imaginärer Dialog über Karl Kraus nach der Lektüre seiner gesammelten Aphorismen, in: Forum 3, 1956, 217–220; *Hugo Huppert:* Das Hauptwort ist der Kopf. Bemerkungen über Karl Kraus' Aphoristik, in: Die Weltbühne XI/36, 1956, 1154–1156; *Werner Kraft:* Karl Kraus. Beiträge zum Verständnis seines Werkes, Salzburg 1956 (bes. 200–210); *Kurt Krolop:* Nachwort, in: Karl Kraus: Anderthalb Wahrheiten. Aphorismen, hrsg. v. K. Krolop, Berlin/DDR 1969, 137–157; *Karl Riha:* Cross-Reading und Cross-Talking. Zitat-Collagen als poetische und satirische Technik, Stuttgart 1971 (bes. 23–33); *Sigurd Paul Scheichl:* Kommentierte Auswahlbibliographie zu Karl Kraus, München 1975 (auch in: Karl Kraus. Sonderband Text + Kritik, München 1975; fortgeschrieben in: Kraus-Hefte 1ff.); *Dietrich Simon:* Nachwort, in: Karl Kraus: Aphorismen und Gedichte. Auswahl 1903–1933, Berlin/DDR 1974, 429–457; *Joachim Stephan:* Satire und Sprache. Zu dem Werk von Karl Kraus, München 1964; *Siegfried Weitzmann:* Studie über Karl Kraus, in: Bulletin des Leo Baeck Institute 4, 1961, 123–133.

10. E. Canetti: Die Tradition der Innovation

Karl Kraus war »ein unantastbares Gesetz« – und »dieses Gesetz glühte.« So hat Elias Canetti später die ungeheure Wirkung beschrieben, die das Idol seiner Wiener Studienjahre besonders durch die öffentlichen Lesungen auf ihn ausübte (*Canetti* 41). Genau wie Kraus hat er dann selbst drei Aphorismenbücher veröffentlicht: als »Aufzeichnungen« aus den Jahren 1942–48 (erschienen 1965), 1949–60 (»Alle vergeudete Verehrung«, 1970), 1942–1972 (der unter dem

Haupttitel »Die Provinz des Menschen« stehende Band von 1973 schließt die beiden ersten ein, mit kleinen Auslassungen von nur ehemals Aktuellem und mit leichter, aber nirgends philologisch sensationeller Überarbeitung); über zu erwartende Fortsetzungen ist bislang nichts bekannt. Es sind dies weder chronologische Tagebücher (die Canetti wie Lichtenberg gesondert führt) noch ›Sudelbücher‹, sondern eine Art auszugsweiser Reinschrift daraus (vgl. *Schweikert 1974*, 155f.): jahrgangsweise datierte, aber ko- und kontextlose Aphorismenketten (ein Verzeichnis z. T. reichhaltigerer oder variierender Zeitschriften-Abdrucke bei *Barnouw* 115f.). Entstanden sind sie nach eigenem Bekenntnis (EC 7f.) überwiegend als Entlastung neben der langjährigen Arbeit an Canettis zwischen alle literarisch-wissenschaftlichen Schubladen fallendem Hauptwerk »Masse und Macht« (daß dieses ungelesene Jahrhundertbuch 1981 mit dem Nobelpreis für Canetti ausgezeichnet worden ist, beweist wohl nicht mehr als die vollständige Unberechenbarkeit unseres Kulturbetriebes).

Nichts ist naheliegender als die Erwartung, Canetti werde sich auch in seinen Aphorismen als Schüler von Karl Kraus erweisen – und nichts könnte falscher sein. All die gängigen Prädikate für die Kraussche Aphoristik wie »brillant«, »witzig«, »spitz«, »scharf«, »aggressiv«, »polemisch«, »satirisch« passen auf Canetti überhaupt nicht. Die Ursachen dafür benennt er selbst in einem Aufsatz mit dem sprechenden Originaltitel »Warum ich nicht wie Karl Kraus schreibe«: er erkannte eines Tages mit Schrecken, daß Kraus als »Zürnender Magier« (*Trakl* 68) seine fanatisierten Anhänger zu einer »Hetzmasse aus Intellektuellen« ohne eigenes Urteil erzog (*Canetti* 41) und daß er sich dem selbst restlos ausgeliefert hatte (»auch ich hatte meine ›Juden‹ [. . .] die Opfer und die Feinde von Karl Kraus«, *Canetti* 48). Diese Einsicht wurde sein Damaskus-Erlebnis:

»Auch ist mir, eben durch meine Erfahrung von ihr, die Unsitte des Anklagens anderer gründlich verleidet.« (Canetti 48)

Canettis Aphorismen belegen das sehr deutlich. Er scheut nicht die kritische Analyse und auch nicht die entschiedene Verurteilung. Aber unüberhörbar ist dies im ganzen ein Aphorismenschreiber, der die Menschen *liebt*, der diese Welt und dieses Leben verteidigt und weiter zu verbessern sucht. Die Triumphgebärde des Entlarvens von scheinbar Gutem als eigentlich schlecht – seit La Rochefoucauld zum festen Bestand aphoristischer Haltungen geworden – verschmäht Canetti aus Überzeugung:

»Ich habe es satt, die Menschen zu durchschauen; es ist so leicht und es führt zu nichts.« (EC 69)

Nicht daß Canetti deswegen gleich »Ohne Zähne schreiben« würde (EC 307); wo er eine Notwendigkeit sieht, weiß er durchaus energisch zu mißbilligen. Er tut dies z. B., hier genau wie Karl Kraus, gegenüber der Psychoanalyse:

»Ein Chinese stiehlt in Cambridge einen Ödipus-Komplex und führt ihn dann verstohlen in China ein.« (EC 85; vgl. 274/2, 346/1)

Er tut dies, aber anders als Kraus (nämlich ohne Bezug auf konkrete Rede), gegenüber der Sprache:

»Große Worte sollten plötzlich zu pfeifen beginnen, wie Teekessel, in denen Wasser erhitzt wird, als Warnung.« (EC 312)

Und er tut es, in einer für die Vertreter dieser Profession denn doch wohl nachdenkenswerten Weise, gegenüber der Literaturwissenschaft:

»Ich frage mich, ob es unter denen, die ihr gemächliches, sicheres, schnurgerades akademisches Leben auf das eines Dichters bauen, der in Elend und Verzweiflung gelebt hat, *einen* gibt, der sich schämt.« (EC 290)

Auch in solchen gelegentlichen Fällen massiver Kritik wird ein zweiter zentraler Unterschied zu Kraus deutlich: Canetti verzichtet selbst in solchen Bemerkungen auf jegliche Geste sprachlicher Brillanz wie den geistreichen Witz oder das rhetorische Wortspiel. Ist bezüglich der vier alternativen Merkmale des Aphorismus Kraus der Meister sprachlicher Pointierung, so dominiert bei Canetti ähnlich eindeutig die rein sachliche Pointe, die in schmuckloser, wiewohl sehr genauer Diktion präsentiert wird. Es gibt hier nur selten zu schmunzeln oder gar zu feixen; Canetti gibt zu denken. Denn für die Kühnheit seiner ins Grundsätzliche und grundsätzlich Neue zielenden Überlegungen gibt es in der Aphoristik des 20. Jahrhunderts und wohl seit Lichtenberg kein zweites Beispiel. Hier äußert sich Radikalität im Pianissimo; aus vielen Aphorismen hört man geradezu den kleinen, terlichen Mann, der mit leiser Stimme ungeheuerliche Dinge sagt. Wo beispielsweise wäre jemals vor ihm der folgende, in seiner Einfachheit zugleich spontan bezwingende Gedanke geäußert worden:

»Die Reihenfolge, in der man die Dinge erlernt hat, ist, was schließlich die Individualität des Menschen ausmacht.« (DA 280/12; EC 305)

Und bei welchem Aphoristiker außer vielleicht bei Lichtenberg könnte man so radikale Versuchsanordnungen erdacht finden wie diese:

»Wären Leute aus Glas besser? Müßten sie auf andere mehr aufpassen? Der Mensch ist nicht zerbrechlich genug. Mit seiner Sterblichkeit ist es nicht getan. Er müßte zerbrechlich sein.« (DA 281/4; EC 315)

Solche nie gedachten Gedanken füllen beinahe Seite um Seite der Aphorismen-Bücher Canettis. Manche überlassen durch ihre verwirrende Neuartigkeit fast alles dem (nach Art und Richtung noch kaum festgelegten) Weiterdenken des Lesers:

»Eine wirkliche chinesische Revolution bestünde in der Abschaffung der Himmelsrichtungen.« (EC 86)

Andere leuchten in der Plausibilität ihres Neuerungsvorschlages gedankenschnell ein:

»Gesetzgeber, die es alles genau vormachen müssen.« (EC 278)

Inmitten solcher demonstrativen Schlichtheit des Sagens und Kühnheit des Gesagten stößt man durchaus auch auf ganz neuartige Wortverknüpfungen mit stark verfremdender Kraft, jedoch ohne Anflug der zu den Gefahren der Gattung gehörenden Effekthascherei:

»Hunde haben eine Art von aufdringlicher Seelenbereitschaft, die verdorrende Menschen erleichtert.« (DA 280/8; EC 194)

Sowohl die nicht wortspielhafte, sondern nur eine Gedankenverbindung in einen regulären Neologismus versprachlichende Wortbildung »Seelenbereitschaft« als auch die eher assoziativ andeutende Rede von der ›Erleichterung verdorrender Menschen‹ belegen Canettis Suche nach Neuem in der Sprache, ohne dabei in die selbst schon abgegriffenen Schematismen des gesucht ›Originellen‹, des hochtrabend ›Poetischen‹ oder des aufdringlich ›Witzigen‹ zu verfallen:

»Zuviel Straßen in der Sprache, alles vorgebahnt.« (EC 226)

Durch seinen Rückgriff auf gedankliche Innovationskraft statt auf die sprachliche Trickkiste lesen sich Canettis Aphorismenbücher allerdings auf die *Dauer* weit abwechslungs- und überraschungsreicher als die von Kraus. Bei Canetti ahnt man im voraus nicht einmal, was kommen könnte; das als nächstes behandelte Thema im allgemeinen ist ebenso unvorhersagbar wie seine jeweilige Behandlung im besonderen. Immerhin lassen sich einige besonders häufig berührte Motivkreise oder Problembereiche ausmachen, die hier wiederum kurz benannt und exemplarisch belegt seien – wenn auch eingedenk der berechtigten Warnung Canettis:

»Die Geste des Wissens: man zieht ein Buch heraus, schlägt es rasch hintereinander an verschiedenen Stellen auf und hat zu jeder etwas zu sagen. Der andere, der die Sprünge nicht nachvollziehen kann, staunt und neidet.« (EC 312)

Eines dieser ›an verschiedenen Stellen‹ wiederkehrenden Leitthemen Canettis sind *Tiere* (»In der Geschichte ist viel zu wenig von Tieren die Rede«, EC 32). Aus diesem Bereich stammt auch der vielleicht am meisten zitierte Aphorismus des Bandes:

»Mein größter Wunsch ist es zu sehen, wie eine Maus eine Katze bei lebendem Leibe frißt. Sie soll aber auch lange genug mit ihr spielen.« (DA 279/1; EC 11)

Vielleicht gar nicht ganz unabhängig davon ist Canettis »Hunger nach Mythen« (EC 50; vgl. 229/1), die ihm (ausdrücklich im Unterschied zu Joyce) »mehr als die Worte« bedeuten (EC 122). Ganz gewiß damit verknüpft ist aber sein großes und ganze Abschnitte der Aufzeichnungen durchziehendes Interesse an China und an der mit distanzierter Intensität studierten Philosophie des Buddhismus (vgl. z. B. EC 85f., 205–208, 312f.).

Für ihn oder jedenfalls für seine Leser näherliegend sind freilich die Bemerkungen zum Verhältnis von Juden und Deutschen. Denn Canetti schreibt zwar Deutsch, ist aber als Kind einer Spaniolen-Familie 1905 in Bulgarien geboren, abwechselnd in England, Österreich, der Schweiz und dem Deutschen Reich aufgewachsen und damit (wie mit der Ebner-Eschenbach, Kraus, Lec, Laub u. a. auffällig viele sprachsensible Aphoristiker) mehrsprachig erzogen worden.

Im englischen Exil des Kriegsendes notiert Canetti dann Gedanken, die gerade durch den fehlenden Haß und das denkende Mitempfinden mit den Deutschen (die auch seine eigene Familie nicht verschont hatten) betroffen machen müssen:

»Wenn das Frühjahr kommt, wird die Trauer der Deutschen ein unerschöpflicher Brunnen sein, und es wird sie von den Juden nicht mehr viel unterscheiden. Hitler hat die Deutschen zu Juden gemacht, in einigen wenigen Jahren, und ›deutsch‹ ist nun ein Wort geworden, so schmerzlich wie ›jüdisch‹.« (EC 78; vgl. 71/1, 81/3, 82/3, 82/4)

Und aus demselben Jahr 1945 stammt der ungeheure, wohl überhaupt nur als Aphorismus mögliche Satz:

»Hitler müßte jetzt als Jude weiterleben.« (EC 93)

Canettis Lebensthema ›Masse und Macht‹ fehlt in dieser gerade als komplementäre Arbeitsform angelegten Sammlung weitgehend. Den tiefsten Punkt seiner Durchdringung des Phänomens der Masse notiert Canetti aber auch hier – den Zusammenhang von Herrschaft und Tod:

>Aus der Bemühung Einzelner, den Tod von sich abzuwenden, ist die ungeheuerliche Struktur der Macht entstanden. [. . .]« (EC 356)

Hier ist denn auch der Ansatzpunkt für den wohl kühnsten und (trotz der möglichen Anknüpfung an La Rochefoucauld, FM I, 55–58) eigensten Gedanken im Gesamtwerk Canettis: sein »unerschütterter Haß gegen den Tod« (EC 211). Daß damit nichts irgendwie Metaphorisches, sondern nüchtern und wörtlich die Abschaffung des Todes gemeint ist, hat Canetti immer wieder betonen müssen:

>Seit vielen Jahren hat mich nichts so sehr bewegt und erfüllt wie der Gedanke des Todes. Das ganz konkrete und ernsthafte, das eingestandene Ziel meines Lebens ist die Erlangung der Unsterblichkeit für die Menschen. [. . .]«
(EC 52)

Im Vorwort des Aphorismen-Bandes räumt Canetti selbst ein, daß er mit dieser Überlegung »unter allen Denkern nur Gegner gefunden habe« (noch *Schweikert 1974*, 157 äußert Zweifel an der Wünschbarkeit dieser konkreten Unsterblichkeit; und wäre nicht der Tod des Todes bald auch der Tod der Geburt?). Aber vielleicht ist dieser vermeintliche ›utopische Unsinn‹ Canettis für ein späteres Geschlecht von Unsterblichen (bei denen nämlich jeder Teil reparabel oder regenerierbar wäre) etwas ganz Ähnliches wie für uns Lichtenbergs Beharren: »wer will behaupten, daß die Menschen nie werden fliegen werden?« (GL E 431)

Canettis Neigung zum Entwerfen immer neuer, alternativer Welten wird am greifbarsten in einem (durch Einzüge als Einheit gekennzeichneten!) Aphorismus, in dem er gleich 16 Varianten vollkommen anderer Gesellschaften aufführt (EC 266f.; entstellt in DA 280/11). Sie sind durchweg von der grundsätzlichen Qualität des Infragestellens bestehender Fundamentaltatsachen:

>Eine Gesellschaft, in der Menschen lachen, statt zu essen. [. . .]
Eine Gesellschaft, in der es keinen Kot gibt, alles löst sich im Leibe auf. Es sind Leute ohne Schuldgefühle, lächelnd und fressend.«

In der Aphoristik Canettis kehrt somit ein Grundzug all seinen Schreibens, besonders seiner drei Dramen wieder, das literarisch durchgespielte Gedankenexperiment: Was wäre, wenn ein Erdbeben käme und jeder nur einen Menschen retten könnte? (»Die Hochzeit«) Was wäre, wenn Spiegel und Bilder verboten würden? (»Komödie der Eitelkeit«) Was wäre, wenn jeder bei seiner Geburt auch schon sein Todesdatum zugeteilt bekäme? (»Die Befristeten«) Bei einem promovierten Chemiker liegt es natürlich nahe, dieses hypothetische Schreiben mit seiner naturwissenschaftlichen Schulung in Verbindung zu bringen; und als eine Möglichkeit räumt er selber dies gelegentlich ein:

»Ich glaube, daß auch die Vertrautheit mit der Chemie, mit ihren Prozessen und Formeln in diese Strenge eingeflossen ist.« (*Canetti* 230f.)

Spätestens hier wird die erstaunliche Nähe der beiden Aphoristiker Lichtenberg und Canetti manifest (ausgezeichnet dazu beide Studien von *Schweikert 1974*, 156 u. 161, sowie Schweikert in *Göpfert 79–82*, der Lichtenberg sogar Canettis »geheimstes alter ego« nennt). In einem langen Aphorismus hat Canetti die charakteristischen Vorzüge des großen Vorgängers ausdrücklich gepriesen – mit Sätzen, die auch auf ihn selbst nicht schlecht passen könnten:

»Seine Neugier ist durch nichts gebunden, sie springt von überall her, auf alles zu [. . .] Es ist wahr, daß er einen zu Sprüngen verführt. Aber wer ist ihrer fähig? Lichtenberg ist ein Floh mit dem Geist eines Menschen. Er hat diese unvergleichliche Kraft, von sich wegzuspringen, – wohin springt er als Nächstes?« (EC 304)

Über die inhaltliche Grundfigur des durchgespielten Kontrafaktischen hinaus gehen die Analogien zwischen beiden bis ins sprachlich nachweisbare Detail: wie sonst nur Lichtenberg liebt Canetti die syntaktisch unvollständigen Aphorismen bis hinunter zum einzeln stehenden Kompositum (»Der Alterstrunkene.«, EC 355; »Die Altexperimentenhändler.«, EC 311), und wie jener setzt er gelegentlich das nicht anaphorische Pronomen »er« als leicht identifizierbare Umschreibung für das »Ich« des Aphoristikers (z. B. EC 172/1). Bei einem Canetti ist es deshalb gewiß kein Zufall und keine von ihm (wie allerdings von den Exegeten) unbemerkte Reminiszenz, sondern eine implizite Reverenz vor Lichtenberg, wenn Canettis aphoristisches Gesamtwerk mit folgender Eintragung beginnt:

»Es wäre hübsch, von einem gewissen Alter ab, Jahr um Jahr wieder kleiner zu werden und dieselben Stufen, die man einst mit Stolz erklomm, rückwärts zu durchlaufen. [. . .]« (EC 9)

In den ›Sudelbüchern‹ nämlich heißt es einmal:

»Wenn der Mensch, nachdem er 100 Jahre alt geworden, wieder umgewendet werden könnte, wie eine Sanduhr, und so wieder jünger würde, immer mit der gewöhnlichen Gefahr, zu sterben; wie würde es da in der Welt aussehen?« (GL K 277)

So ist in der deutschsprachigen Aphoristik die neueste mit der ältesten eng verknüpft. Das besagt auch etwas Grundlegendes über den Aphorismus: Er ist im doppelten Sinne eine zeitlose Gattung (wenn auch beileibe keine ahistorische). Bei allem Zeitbezug der Texte und aller Zeitverhaftetheit der Autoren bleibt der Aphorismus zum einen dadurch zeitlos, daß er kraft seines die aktive Ergänzung fordernden Torsocharakters für spätere Leser immer wieder aktuell werden kann. Zum zweiten zeigt sich die Zeitlosigkeit darin, daß im Gegensatz zu vielen anderen Gattungen die Möglichkeiten des Aphorismus sich nicht in einer kürzeren oder längeren Epoche verbrauchen, sondern daß große Aphoristik möglich bleibt, solange die Fähigkeit, neue Gedanken zu denken und neue Sätze zu schreiben, nicht vollständig verloren geht.

Weitere Literatur:
Dagmar Barnouw: Language and Self in the Aphorisms of Elias Canetti, in: The Literary Review 17, 1974, 479–485; *Dies.:* Masse, Macht und Tod im Werk Elias Canettis, in: Schiller-Jahrbuch 19, 1975, 344–388; *Alfons-M. Bischoff:* Elias Canetti. Stationen zum Werk, Bern 1973; *Dieter Dissinger:* Bibliographie zu Elias Canetti, in: *Göpfert* 136–166 (dort Verz. d. z. T. sehr ausf. Rezensionen zu den »Aufzeichnungen«; ebenso bei *Barnouw* 132f.); *Manfred Durzak:* Elias Canetti, in: Deutsche Dichter der Gegenwart. Ihr Leben und Werk, hrsg. v. B. v. Wiese, Berlin 1973, 195–209; *Elias Canetti.* Text und Kritik 28, 1970 (erw. Auflagen 1973, 1982); *Jürgen Jacobs:* Elias Canetti, in: Deutsche Literatur der Gegenwart, hrsg. v. D. Weber, 3. Aufl. Stuttgart 1976, 93–102; *Werner Kraft:* Canetti pour et contre Karl Kraus, in: Austriaca VI/11, 1980, 81–88; *Peter Laemmle:* Atmender Geist. Zu Elias Canettis Aufzeichnungen 1942–1972, in: Merkur 28, 1974, 385–388. *Literatur und Kritik* VII/65, 1972: Elias Canetti; *Gerhard Neumann:* La chute réfutée. Considérations sur les aphorismes d'Elias Canetti, in: Austriaca VI/11, 1980, 67–79; *Manfred Schneider:* Augen- und Ohrenzeuge des Todes. Elias Canetti und Karl Kraus, ebd. 89–101.

Erst als systematisierendes Resümee aus den historischen Über-
blicken des zweiten und den Einzelporträts des dritten Kapitels läßt
sich eine Aufgabe sinnvoll angehen, die B. Greiner treffend so um-
schrieben hat:

»Bedeutsame Untersuchungen über Wesen und Gestalt des Aphorismus ver-
merken stets diese Verwiesenheit des Aphorismus auf eine aktive Rezeption,
wenig erörtert bleibt dabei aber, wie der Aphorismus der hieraus sich erge-
benden Aufgabe, zu dieser Rezeption anzuregen und sie zu fördern, jeweils
gerecht zu werden suche.« (*Greiner* 14)

Eine geordnete Beschreibung solcher die reflektierende Leserak-
tivität auslösenden oder gar verlangenden Signale soll im folgenden
versucht werden (einige brauchbare, aber unsystematische Ansätze
dazu bei *Asemissen*, WdF 159–176). Die einzelnen Techniken der
aphoristischen Motivierung zum »Selbstdenken« (JPSW II.1, 218)
werden dabei jeweils nur kurz benannt und durch einzelne Beispiele
belegt (vorzugsweise von solchen Autoren aus der Anthologie DA,
die bislang als ›poetae minores‹ der literarischen Aphoristik oder
wegen des zweifelhaften Textstatus kaum berücksichtigt wurden).
Denn mokiert sich Lichtenberg ganz allgemein über denjenigen Li-
teraturkonsumenten, »Der noch nicht einmal passives und aktives
Lesen unterscheiden kann« (GL E 266), so stellt der Aphorismus geradezu die hohe Schule des aktiven Lesens dar: man kann ihn gar
nicht geistig passiv rezipieren. Es gilt also die vielfältigen Konstruk-
tionsweisen für die Bruchstellen des aphoristischen Torsos (oder für
seine ›poetischen Leerstellen‹) zu erfassen, durch deren Wirkung der
Leser mit dem Sog eines Vakuums in den Sinn des Aphorismus
selbst mit hineingezogen wird; dabei geht es nicht (wie in I.2) um eine Gattungspoetik des Aphorismus, sondern um eine Rhetorik des
aphoristischen Verschweigens. Die darin aufgeführten Verfahrens-
weisen sind deshalb für die Zugehörigkeit zur Textsorte Aphorismus weder notwendig noch hinreichend (sondern nur empirisch
häufig); und sie sind weder vollständig noch disjunkt, sondern ergänzen und überschneiden sich in vielfältiger Weise.

1. Überspitzung

Eine naheliegende und vielbefolgte Methode der Provokation des
Lesers zu aktiver Rezeption besteht einfach darin, in der aphoristischen Formulierung eines Gedankens erkennbar zu weit zu gehen.

Durch die überzogene Äußerung schießt der Aphorismus zwar über das Ziel buchstäblicher Wahrheit hinaus; aber dieses Verfehlen wird in Kauf genommen, gehört doch die heuristische Kraft ›kleiner Abweichungen von der Wahrheit‹ seit Lichtenbergs erstem Sudelbuch-Eintrag (und eigentlich von *Vauvenargues*, FM I, 89/13, bis *Lec 1976*, 42/3) zu den Topoi aphoristischer Selbstreflexion. Und der Leser wird durch die extreme, aber in ihrer kotextuellen Isolation begründungslose Formulierung veranlaßt, ihre Geltung anhand von Fällen aus seiner eigenen Erfahrung zu bekräftigen oder in Frage zu stellen. Verschiedene sprachliche Realisierungsformen dieser Aktivierungsstrategie bieten sich an.

Superlativ: Er ist das grammatisch unmittelbar einschlägige Sprachmittel zur Erzeugung von Maximalbehauptungen – und damit zur Erregung möglichen Leserwiderstands, wie in Gerhart Hauptmanns Aphorismus:

»Irrtum des Herzens ist der köstlichste aller Irrtümer.« (DA 166/8)

Ohne Superlativmorphem könnte man sich den Gedanken von der möglichen Annehmlichkeit auch eines Irrtums widerstandslos einleuchten lassen; die Überspitzung zwingt zur Suche nach Beleg- oder Gegenbeispielen (›Schmerzt nicht ein Irrtum in der Liebe besonders?‹). Noch stärker gilt das, wenn das Suchen nach dem sprachlichen Höchstgrad auf die Spitze getrieben wird, etwa bei Hofmannsthal:

»Die reinste Poesie ist ein völliges Außer-sich-Sein, die vollkommenste Prosa ein völliges Zu-sich-Kommen. [. . .]« (DA 208/9)

Der hier erzwungene Hyper-Superlativ durch Verbindung des semantisch nicht steigerungsfähigen Adjektivs »vollkommen« mit dem grammatischen Suffix der Höchststufe fordert das Überdenken des Lesers nachdrücklich heraus. Ganz ähnlich Hofmannsthals Gegenüberstellung zweier Antonyme im Superlativ:

»Nur der das Zarteste schafft, kann das Stärkste schaffen.« (DA 208/6)

Antithese: Das Beispiel leitet bereits zum Verfahren antithetischer Zusammenstellung über, das auch ohne Verwendung superlativischer Ausdrücke eine Verbindung zweier extremer Punkte durch ihre polare Kontrastierung herstellt. Gehäuft findet sich diese Technik z. B. bei Arthur Schnitzler:

»Die Liebe einer Frau kannst du dir durch mancherlei verscherzen: durch Vertrauen und durch Mißtrauen, durch Nachgiebigkeit und durch Tyrannei, durch zu viel und durch zu wenig Zärtlichkeit, durch alles und durch nichts.« (DA 173/1)

Der rhetorische Charakter dieses Verfahrens wird besonders dort augenfällig, wo die antithetische Wirkung durch den Einsatz sprachlicher Mehrdeutigkeit erst künstlich erzeugt wird – wie in Heinrich Wiesners amphibolischem Wortspiel:

»Das Verhalten des Atoms ist gesetzmäßig. Seine Anwendung gesetzlos.« (DA 291/6)

Allaussage: An dieser wie an vielen anderen Antithesen fällt zugleich ihr unbeschränkter Geltungsanspruch auf; die meisten solcher Aussagen sind allquantifiziert (gelten also je nachdem für ›alles‹ oder ›nichts‹, für ›immer‹ oder ›nie‹ – auch wenn sich das im Deutschen oft hinter dem unscheinbaren bestimmten Artikel verbirgt). Die Wirkung dieser Abart von Maximalbehauptung kann ein Beispiel von Ludwig Börne verdeutlichen:

»Ein Mann von Geist wird nicht allein nie etwas Dummes *sagen*, er wird auch nie etwas Dummes *hören*.« (DA 94/2)

Der abgeschwächte Gedanke, daß ein geistreicher Mensch auch in weniger geistreichen Äußerungen anderer ›oft‹ oder ›manchmal‹ noch etwas zu finden weiß, wäre hier wohl zu plausibel und ›zu wahr‹, um aphoristische Provokationskraft entfalten zu können. Dieser Zusammenhang verschärft sich noch bei wachsendem Verallgemeinerungsgrad des Gesagten – bis hin zu einem Extremfall wie F. G. Jüngers beinahe vorsokratisch klingendem Diktum:

»Das Werdende hat immer den Anschein des Gesetzlosen.« (DA 268/5)

Grundsätzlich unterscheiden von solchen Allaussagen muß man zwei andere Typen von Allsätzen, bei denen es sich nicht um behauptende Sätze handelt und deren überspitzter Geltungsanspruch deshalb auf etwas andere Weise den Leser herausfordert.

Allgemeine Verhaltensregel: Auch normative Äußerungen werden in der Aphoristik meist in extremer Generalisierung formuliert – wegen des fehlenden Kontexts einer Sprechsituation allerdings nur selten in so klarer Imperativ-Form wie einmal bei Günter Eich:

»Helft den Ehrgeizigen nicht.« (DA 283/8)

Trotz der unbeschränkt ausgesprochenen Aufforderung wird man darin nicht die Empfehlung sehen können, einen über Bord gefallenen Ehrgeizling seelenruhig ertrinken zu lassen – in welcher spezielleren Klasse von Fällen man ihm aber aus welchen Gründen nicht helfen sollte, darüber muß der Leser schon selber nachdenken. Noch stärker versteckt dürfte der eigentliche normative Kern in solchen scheinbaren Feststellungen sein wie:

»Lebensklugheit bedeutet: alle Dinge möglichst wichtig, aber keines völlig ernst nehmen.« (DA 176/7)

Vermöge des unzweideutig wertbesetzten Schlüsselwortes »Lebensklugheit« spricht Arthur Schnitzler hier eine Empfehlung und keine Tatsachenbehauptung aus – auch nicht, entgegen dem Wortlaut, über die ›Bedeutung‹ des Wortes, wie in der nächsten Figur aphoristischer Überspitzung.

Definition: Bis hin zu den beliebten aphoristischen / zynischen / teuflischen Wörterbüchern / Lexika / Alphabeten kleiden sich Aphorismen häufig in die Sprachform der Begriffsbestimmung, ohne diese Form freilich immer so schulmäßig zu erfüllen wie Grillparzers Definition:

»Das in *seiner* Art, also isoliert Vollkommene ist das ästhetisch Schöne; das in seiner Beziehung auf das Ganze Vollkommene, das moralisch Gute.« (DA 95/3)

In den meisten Fällen aphoristischen ›Definierens‹ hingegen wird gerade ein marginaler oder gar bislang ganz unbemerkter Aspekt einer Sache zum Definiens ihres Begriffs hypostasiert und damit dem Leser in provozierender Überdehnung entgegengehalten – bei Robert Musil unter ausdrücklicher Ankündigung des Sprechakttyps:

»*Definition:* Der moderne Mensch ist feig, aber er läßt sich gern zum Heroismus zwingen.« (DA 242/5)

Diese aphoristische Tendenz zur exzentrischen Definition geht bis zu dem Punkt, an dem das Definiens zum Definiendum nach gewöhnlichen Begriffen im Widerspruch steht – etwa bei Wilhelm von Scholz:

»Erinnerung – Nachholerin alles Versäumten!« (DA 212/7)

Daß man erinnernd nicht das Erlebte wiederholt, sondern das Nichterlebte nachholt, dürfte mit der konventionell geregelten Semantik dieses Wortes im Deutschen nicht recht vereinbar sein. Damit wird die aphoristische Definition endgültig zur rhetorisch aktivierenden Scheindefinition und geht zugleich in die später behandelte Figur des Paradoxons über.

2. Aussparung

Nicht weniger verbreitet als die aphoristische Strategie des Zu-Viel-Sagens ist die gegenteilige des Zu-Wenig-Sagens: entscheidende Teile des zu übermittelnden Gedankens werden ausgespart und müssen vom Leser aufgrund des fragmentarisch Angedeuteten aktiv (und das heißt oft: subjektiv divergierend) ergänzt werden. Erforderlich dafür ist jedoch eine hinreichend deutliche Markierung der Lücke, sei es durch Abbrechen eines erkennbar auf Fortsetzung hin angelegten Argumentationsstranges, sei es durch Ausbleiben eines zur Verständnishilfe dringend benötigten Kommentars – getreu nach Martin Kessels aphoristischem Prinzip:

»Geistvolle Aussprüche kommentieren hieße Schmetterlinge mit Hufeisen beschweren.« (DA 271/2 – durch das tautologische »beschweren« statt »beschlagen« überflüssig beschwert)

Exempel: Kessel selbst führt gleich eine verbreitete Variante des fühlbaren Auslassens erwarteter Kommentierung vor, nämlich die Angabe eines Beispielfalles ohne zugehörige Regel – häufig als Beobachtung an einer Einzelperson und am häufigsten an sich selbst:

»Nicht weil es dort Sonne gibt, reizt mich der Süden, sondern weil es dort angenehm ist, im Schatten zu sitzen.« (DA 270/9)

Ersichtlich verweist die Bemerkung trotz ihrer individuellen Bezugnahme auf allgemeine menschliche Neigungen und Verhaltensweisen – aber die muß der Leser selbst abstrahieren, muß also (kantisch gesprochen) die reflektierende statt bestimmende Urteilskraft in Gang setzen (vgl. dazu *Gabriel 1983* und *Fricke 1982*). Nicht weniger erforderlich wird das eigene Nachdenken freilich in Fällen, in denen außer dem Exempel auch gleich die Regel mitgeliefert wird – aber so, daß Allsatz und Einzelfall gerade nicht, oder bloß per aequivocationem, zueinander passen. So exemplifiziert Heine einmal ästhetische Theorie ausgerechnet an den Rechnungen eines Pariser Schneiders:

»In der Kunst ist die Form alles, der Stoff gilt nichts. Staub berechnet für den Frack, den er ohne Tuch geliefert, denselben Preis, als wenn ihm das Tuch geliefert worden. Er lasse sich nur die Façon bezahlen, und den Stoff schenke er.« (DA 109/5)

Banalität: Auch allquantifizierte Aussagen können eine ähnlich exemplarische Verweisungskraft aufweisen wie Einzelbeobachtungen, wenn die für sich genommen keinesfalls mitteilenswerte Trivialität des Gesagten (im Sinne eines »So what?« oder »Na und?«) die Suche nach viel weiter reichenden Einsichten unabweisbar macht. Goethes Knopfloch-Aphorismus ist ja so ein Fall; ähnlich vielbezüglich auf sehr grundsätzliche Züge menschlichen Verhaltens und gesellschaftlicher Konventionen präsentiert sich Wilhelm Buschs Alltagsbeobachtung:

144

»Wer zu spät kommt, sieht nach der Uhr.« (DA 146/6)

Wir suchen (und finden meist) den Tiefsinn in der Banalität, weil wir mit der isoliert stehenden Mitteilung überhaupt nur dann etwas anfangen können, wenn wir sie im Sinne eines ›pars pro toto‹ (oder genauer: als echte Teilmenge einer indefiniten Gesamtmenge) auffassen. Der folgende Aphorismus von Wilhelm Raabe wäre informationsleer, wollte man ihn rein meteorologisch nehmen:

»Es fällt immer eine erste Schneeflocke, was für ein Gewimmel nachher kommen mag.« (DA 143/9)

Und erst recht wird sich der Leser um eine über den Buchstaben hinausgehende Interpretation bemühen, wenn die Banalität sich bis zur Trivialität mathematischen Elementarwissens steigert, wie (unter der stillschweigenden Voraussetzung physisch intakter Zweibeiner) in Hans Kaspers scheinbarer Binsenweisheit:

»Kein Aufmarsch, bei dem nicht doppelt soviel Beine wie Köpfe kommen.« (DA 290/5)

Unvollständigkeit: Ist in diesem Beispiel schon die Syntax (aber noch nicht die logische Tiefenstruktur) reduziert, so kann sich die aphoristische Aussparung auch in einer noch gar nicht vervollständigten Prädikation manifestieren – bis hin zu den isolierten Wortpaaren oder sogar Einzelwort-Aphorismen bei Lichtenberg und dann bei Kraus, Canetti und Handke (vgl. bes. I.2). Ähnlich unbestimmt nach Referenz und Zuordnung untereinander bleibt aber auch Georg Kaisers bloße Reihung dreier Abstrakta:

»Kannibalismus – Militarismus – Nationalismus.« (DA 235/12)

Soll das eine Klimax sein? Oder eine ironische Antiklimax? Oder eine kurzgefaßte Entstehungsgeschichte? Oder gar eine Gleichung? Der Leser muß entscheiden.

Offenlassen: Unvollständigkeit etwas anderer Art kann auch bei syntaktischer und logischer Vollständigkeit erreicht werden, wenn ein begonnener Gedanke – etwa ein Vergleich – explizit oder unmißverständlich implizit abgebrochen und seine Fortführung dem Leser anheimgestellt wird. In etwas umständlicher Ausdrücklichkeit tut dies F. M. Klinger:

»Wo ein Aas ist, da sammeln sich die Adler. Wenn ich sage, das Volk ist das Aas, das der verschwenderische Fürst zum Fraß hinwirft, so brauche ich doch nicht zu sagen, wer die Adler sind?« (DA 44/6)

Stillschweigend hingegen spart Tucholsky in einem seiner polierten Bonmots die fällige Umkehrung aus:

»Ein Leser hats gut: er kann sich seine Schriftsteller aussuchen.« (DA 253/1)

Hintersinn: Eine solche ›versteckte Pointe‹ ist nicht mehr weit entfernt von dem Fall, daß zwar ein Gedanke zunächst vollständig ausgesprochen wird, daß sich dahinter aber durch den Doppelsinn eines oder mehrerer Wörter noch ein zweiter, eben ein ›Hintergedanke‹ verbirgt, den zu entdecken Aufgabe des gerade durch die scheinbare Harmlosigkeit aufmerksam gemachten Lesers ist. In politischen Aphorismen begegnet man der Technik besonders häufig:

»Sozialistische Bruderliebe kennt keine Grenzen.« (DA 291/11)

In seiner Schweyk-nahen Achtersinnigkeit ist das hier von Heinrich Wiesner demonstrierte Verfahren naturgemäß besonders geeignet, um als Mittel der (in II.7 am Beispiel der polnischen Gegenwartsaphoristik erläuterten) aphoristischen ›Sklavensprache‹ eingesetzt zu werden.

3. Überrumpelung

Überspitzung wie Aussparung kann man als quantitative Strategien für die Stimulation aktiven Leserinteresses zusammenfassen: der Aphoristiker sagt mehr bzw. weniger, als eigentlich zu sagen wäre, und schickt damit den Leser auf die Suche nach dem richtigen Maß. Es gibt aber auch rein qualitative Strategien für dasselbe Ziel: sie betreffen die Art und Weise, in der man sagt, was man zu sagen hat. Eine zunächst zu besprechende Gruppe solcher Techniken arbeitet auf verschiedenartige Weise mit sprachlichen Verblüffungseffekten: eine vorausgesetzte oder gerade erst erzeugte Erwartung des Lesers wird enttäuscht oder doch nur auf eine so nicht vorhersehbare Weise erfüllt. Die mitdenkende Aufmerksamkeit des Rezipienten wird so gleichsam in einem rhetorischen Handstreich gewonnen.

Neologismus: Wohl die schlichteste Methode, einen Gedanken auf unerwartete Weise auszudrücken und damit das Mitdenken des Lesers zu erreichen, besteht in der Verwendung eines bislang nicht in der Sprache vorhandenen Wortes. Besonders bei Emil Gött ist dieses Verfahren wiederholt zu beobachten:

»Man glaubt zu glauben, aber auch zu unglauben.« (DA 178/4)

»Ver*suchen* ist nicht so übel als Ver*finden*.« (DA 178/7)

In beiden Fällen wird das bereits eingeführte Ausgangswort ausdrücklich angegeben, und der Leser muß in Analogie dazu und unter Beachtung des antithetischen Kotexts der Neologismen deren

Sinn zu konstruieren suchen (was im zweiten Fall weniger leicht fallen dürfte als im ersten).

Wortspiel: Besonders in Götts Polyptoton »man glaubt zu glauben / zu unglauben« wird neben dem neologischen auch schon ein wortspielhaftes Element deutlich. Die Haupttypen dieses wichtigen aphoristischen Verfahrens sind bereits am Fall von Karl Kraus dargestellt worden (vgl. III.9); hier soll deshalb ein einziges Beispiel von Walter Benjamin zur Verdeutlichung genügen:

»Der Ernährer aller Menschen ist Gott, und der Staat ihr Unterernährer.« (DA 258/3)

Insofern der sprachliche Coup des letzten Wortes nachträglich auch den ersten Teilsatz in Frage stellt, wird der Leser nicht nur zum Überdenken des Sachverhalts angestachelt, sondern durch die entwaffnende Wirkung des brillanten Wortwitzes auch schon so gut wie gewonnen. Charakteristischerweise erhält der Aphorismus seine Beglaubigungskraft ja grundsätzlich nicht aus einer triftigen Begründung, sondern aus seiner plausibilitätsschaffenden, die Widerstandsbereitschaft des Lesers rhetorisch überrumpelnden Form (»Eine Maxime, die erst bewiesen werden muß, ist schlecht formuliert«, konstatiert schon Vauvenargues; FM I, 160).

Anspielung: Nicht bloß mit Wörtern, auch mit Worten spielen Aphoristiker gern – vor allem mit geflügelten und Sprichworten. Denn hier können sie einerseits bekanntes Wissen der Rezipienten stillschweigend (conditio sine qua non der Anspielung!) als Erwartungshintergrund abrufen, andererseits durch Abwandlung des bekannten Ausgangswortes Aufmerksamkeit und Zustimmungsbereitschaft des Lesers erhöhen. Hofmannsthal etwa tut dies durch impliziten Bezug auf Kants berühmtes Diktum über die wechselseitige Abhängigkeit von Begriff und Anschauung:

»Charaktere ohne Handlung sind lahm, Handlungen ohne Charaktere sind blind.« (DA 207/9)

Kontrafaktur: Wird in der Anspielung nur der geläufige Wortlaut zur Formulierung eines thematisch anders gelagerten Gedankens benutzt, so richtet sich die Kontrafaktur gegen die eigentliche Aussage des variierten oder gar genau umgedrehten Ausspruchs – z. B. bei Kafka gegen ein (mit Matth. 7,7 bemerkenswerterweise dem Neuen Testament entnommenes) Bibelwort:

»Wer sucht, findet nicht, aber wer nicht sucht, wird gefunden.« (DA 246/4)

Und z. B. bei Emil Gött in gedrängtester Form gegen ein Sprichwort:

»Ein *Mann* – kein *Wort!*« (DA 179/10)

Gerade Sprichworte fassen ja im allgemeinen vertraute Erfahrungen und Ansichten zusammen; ihre Kontrafaktur ist deshalb besonders geeignet, eine Verstörung des Lesers und damit sein selbsttätiges Nachdenken zu erwirken.

Umkehrung: Dasselbe transformierende Verfahren kann sich statt auf einen stillschweigend vorgegebenen aber auch auf einen Wortlaut beziehen, der im ersten Teil des Aphorismus selbst erst eingeführt und dann umgedreht wird (häufig in der traditionellen syntaktischen bzw. rhetorischen Gestalt eines ›Chiasmus‹ oder einer ›Antimetabole‹). In der Reinform verwirklicht dies z. B. Karl Heinrich Waggerl:

»Man sollte nicht nur zu wissen meinen, sondern auch zu meinen wissen.« (DA 265/11)

Entlarvung: Gar nicht auf einen festen Wortlaut, sondern auf eine vorherrschende Überzeugung richtet sich das seit den Gattungsanfängen bei La Rochefoucauld verbreitete Aphorismus-Schema, etwas gesellschaftlich Hochgeschätztes als in Wahrheit durch niedrige Motive bestimmt zu demaskieren. Das in diesem Bereich schon habitualisierte Bildfeld von ›Maske‹ und ›Larve‹ wird z. B. bei Arthur Schnitzler ganz ausdrücklich bemüht:

»Wenn der Haß feige wird, geht er maskiert in Gesellschaft und nennt sich Gerechtigkeit.« (DA 177/1)

Schlußpointe: So wie hier das die entlarvte Tugend bezeichnende Schlüsselwort erst als allerletztes genannt wird, so dient der Abschluß eines Aphorismus häufig zur Konstruktion einer ›Kippfigur‹: eine bis dahin aufgebaute Lesererwartung wird schlagartig enttäuscht oder doch auf verblüffende Weise eingelöst (sehr nützlich dazu die sprachwissenschaftlichen Klärungen von *Grosse*, WdF 378–398). Zur Verdeutlichung ein Beispiel von Hans Kasper:

»Natürlich kann man es sich leichtmachen und immer auf seiten der eigenen Meinung sein.« (DA 290/2)

Zu erwarten steht hier natürlich so etwas wie »auf seiten der herrschenden Meinung«; nimmt eine solche Kommutation dem Aphorismus den gedanklichen Biß, so verdirbt die Permutation der Teilsätze (»Immer auf seiten der eigenen Meinung sein heißt, es sich leicht zu machen« o. ä.) den sprachlichen Überrumpelungseffekt. Die Zweigliedrigkeit solcher (aber, gegen *Grosse* WdF 392 ff., auch nur solcher) Aphorismen ist eine quantitativ und syntaktisch durchaus asymmetrische, wie man an der Pointentechnik Tucholskys besonders gut studieren kann:

»Jeder historische Roman vermittelt ein ausgezeichnetes Bild von der Epoche [. . .]«

Bis zu diesem Punkt läßt der Aphorismus (DA 254/4) kaum etwas anderes zu als die Erwartung, es handele sich dabei um die im Roman dargestellte historische Epoche; Tucholsky aber vervollständigt den Satz: »von der Epoche des Verfassers.«

4. Verrätselung

Wie durch einen punktuellen Überraschungscoup kann der Aphorismus die Reflexionstätigkeit des Lesers aber auch durch eine insgesamt verfremdende, der aktiven Auflösung bedürftige Sprachform auslösen: durch jene ›Tropen- und Rätselsprache‹, die schon Novalis ausdrücklich für seine politische Aphoristik heranzieht (s. o. III. 4). Wie beim eigentlichen Rätsel wird mit sprachlichen Mitteln eine unklare Situation geschaffen, aus der es keinen offensichtlichen Ausweg gibt (oder aber verwirrend viele) und für die der Leser deshalb eine Lösung selbst suchen muß; eine selbst gefundene Einsicht aber bleibt erfahrungsgemäß stärker haften als eine fix und fertig zum Lesekonsum vorgesetzte.

Frage: Die geradlinigste Form der Aufforderung an den Leser zur Mitarbeit dürfte eine Frage sein, bei der der Aphoristiker zu erkennen gibt, daß er sich auch selber über die Antwort noch nicht im klaren ist:

»Was jahrzehntelang verschüttet war, nun steigt das ins Eingedenksein herauf und will verarbeitet werden – ist das das Ende? oder ein Anfang?« (Werner Bukofzer; DA 275/8)

Aber auch wo durch die grammatisch signalisierte Form der rhetorischen Frage der Autor seine eigene Antwort bereits erkennen läßt, wird dem Leser noch immer eine zustimmende oder aber ablehnende Stellungnahme abverlangt:

»Sollte nicht bereits die Beobachtung, insbesondere die des anderen Menschen, ein zweiter Sündenfall sein?« (Carl August Emge; DA 249/3)

Und selbst wenn der gestellten Frage unmittelbar die Antwort folgt, ist sie im Aphorismus doch oft noch rätselhafter als die Frage selbst und erfordert weiteres Nachdenken beim Leser:

»Ist ein schwacher Gedanke schlimmer als ein falscher? – Gewiß; denn einen ganz falschen gibt es nicht.« (Moritz Heimann; DA 182/7)

Metapher: Daß auch das dichtungssprachlich elementare Verfahren bildlicher Verhüllung viel mit dem tiefsitzenden Vergnügen am Rätselraten zu tun hat, wird in der Metapherntheorie meist übersehen (dazu jetzt *Birus* c. 9). Der Verstoß gegen kotextuelle Selektionsbeschränkungen erzeugt die enigmatische Verwirrung, die gleichwohl vorhandenen semantischen Teilanalogien geben dem mitspielenden Leser den erforderlichen Fingerzeig, in welcher Richtung eine Auflösung zu suchen wäre. Selbst in sehr kurzen Aphorismen kann dabei auch eine mehrteilige (im rhetorischen Sinne ›allegorische‹), aber bildgleiche Metaphernsequenz entstehen – bei Heimito von Doderer (in deutlicher Kraus-Nachfolge) etwa diese:

»Berufs-Schriftsteller. Der Berufs-Schriftsteller macht seine Muse zur Prostituierten und wird dann ihr Strizzi.« (DA 261/5)

Vergleich: Wird ein Gedanke zunächst direkt ausgesprochen und dann nur noch vergleichend mit ganz anderem in Analogie gesetzt, so mildert das natürlich den Rätselcharakter – aber immerhin muß der Leser das ›tertium comparationis‹ noch selber herausfinden, etwa in Börnes witzigem Vergleich:

»Klugheit ist oft lästig wie ein Nachtlicht im Schlafzimmer.« (DA 94/7)

Priamel: In dieser ausführlich am Fall Jean Pauls behandelten Vergleichsfigur (vgl. III.2) wird hingegen das ›tertium‹ ausdrücklich (und oft als zeugmatisch übergeordnetes Satzglied) angeführt, so daß der Leser nur noch die meist extrem heterogenen Elemente durch nuancierte Lesart des Leitwortes zur Deckung bringen muß. Bei Grillparzer begegnet man dabei zugleich der seit eddischen Zeiten traditionell häufigen, etwas zotig-misogynen Nutzung dieser Sprachfigur:

»Was verliert man mit Freuden? Ein Kranker sein Fieber, ein geplagter Ehemann sein Weib, ein Spieler seine Schuld und ein Mädchen – seine Jungfrauschaft.« (DA 101/9)

Proportion: Eine Sonderform des Vergleichens stellt schließlich auch die Herstellung quantitativer Relationen zwischen Verschiedenartigem dar. Dies kann die Form einer Gleichung annehmen, wie bei Hofmannsthal:

»Es gibt so viele geistige Personen, als es Begegnungen gibt.« (DA 204/2)

Oder die (oft nicht weniger die skeptische Überprüfung durch den Leser herausfordernde) Form der Klimax, wie bei Grillparzer:

»Der Ungebildete sieht überall nur Einzelnes, der Halbgebildete die Regel, der Gebildete die Ausnahme.« (DA 96/7)

Oder auch die Form einer proportionalen Gradation des »je – desto«, bei Hauptmann in der Fassung:

»Wer tiefer irrt, der wird auch tiefer weise.« (DA 166/7)

Paradoxon: Die Verknüpfung von tieferem Irrtum mit tieferer Weisheit nähert sich bereits jener Form paradoxer Zusammenstellung, für deren aphoristische Ausnutzung nicht allein in der witzigen Variante Schlegels und der mystischen Variante des Novalis zahlreiche Belege angeführt worden sind. Tucholsky verschärft die scheinbare Widersprüchlichkeit gelegentlich noch durch eine doppelte Kehrtwendung des Gedankens:

»Shaw. So ernst, wie der heiter tut, ist er gar nicht.« (DA 253/2)

Angesichts der außerordentlichen Häufigkeit solcher rhetorisch erzwungenen Paradoxien im Aphorismus kommt die Warnung nicht von ungefähr, die Erich Brock selbst wieder einem Aphorismus anvertraut hat:

»Wenn man mit dem Widerspruch spielt, wird man leichtsinnig wie ein Anatomiediener mit dem Leichengift.« (DA 252/6)

Brocks Stichwort vom ›Spiel‹ mit dem Widerspruch hebt sehr zu Recht hervor, wie nah verwandt diese wie andere Typen aphoristischer Leseraktivierung der alten geselligen Form des Rätselspiels sind (das von den literarischen Höhen eines Schiller inzwischen in die Unterhaltungsecke von Tages- und Wochenblättern abgesunken ist). Die dominierenden Sprachfiguren des literarischen Rätsels wie Paradoxie, Wortspiel, metonymische und metaphorische Einkleidung finden sich ja im Aphorismus kaum weniger häufig; und so konnte noch Karl Kraus ein versifiziertes Rätsel in eines seiner Aphorismenbücher aufnehmen (BWG 283), ohne daß diese Nachbarschaft von ihm oder von einem seiner Interpreten als störend empfunden worden wäre.

An diesen beiden literarischen Textsorten tritt freilich nur besonders markant der Grundzug des in der sozialen Gemeinschaft fundierten Spiels hervor, den Poesie auch in ihren jahrtausendealten Weiterentwicklungen noch immer bewahrt hat (und der ja die Gewinnung ernsthafter Einsichten keineswegs ausschließt). Im Gegensatz zu den meisten anderen Spielen stehen freilich bei dem der Poesie die Regeln nicht vorher fest, sondern erfüllen genau Wittgensteins Beschreibung:

»Und gibt es nicht auch den Fall, wo wir spielen und – ›make up the rules as we go along‹? Ja auch den, in welchem wir sie abändern – as we go along.« (PU 83)

Für die Dichtung gehört es gerade zu ihren Hauptregeln, daß ihre Regeln immer wieder neu entworfen und verändert werden müssen. Eins aber steht unabänderlich fest: So wie auf verpackt zu kaufenden Gesellschaftsspielen meist die Mindest- und Höchstzahl der Mitspieler aufgedruckt ist, so steht unsichtbar auch auf den vielfältigen Spielarten der Poesie – und nirgends deutlicher als beim Aphorismus – die Angabe: »Für 2 Mitspieler«. Erst die aktive Partnerschaft von Autor und Leser ergibt das aphoristische ›jeu des maximes‹ – wie dies ein Aphorismus August von Platens (DA 106/8) für Dichtung überhaupt hervorgehoben hat:

»Es gehört zu den Finten der Poesie, eine Idee, die man in einem Gedichte besonders heraushebt, nicht mit dem klar sie bezeichnenden Worte zu nennen, weil sonst viel von der Wirkung verlorengeht. Es bleibt dem Leser überlassen.«

Adorno, Theodor W.: Gesammelte Schriften, hg. v. R. Tiedemann, Frankfurt 1970ff.

AF = Athenäums-Fragmente, in: FS II.

Agricola, Johannes: Die Sprichwörtersammlungen I, hg. v. S. L. Gilman, Berlin 1971.

Aphorismen über den Kuß. Ein Geschenk für die kußlustige und kußgerechte Welt [hg. v. F. F. Hempel], Leipzig 1808, Faks. Frankfurt 1978.

Arntzen, Helmut: Aphorismus und Sprache. Lichtenberg und Karl Kraus, in: Ders.: Literatur im Zeitalter der Information, Frankfurt 1971, 323–338.

Aufklärung über Lichtenberg. Mit Beiträgen von H. Heißenbüttel u. a., Göttingen 1974.

AWS = August Wilhelm Schlegel: Sämtliche Werke, Leipzig 1846.

Bacon, Francis: Das neue Organon, übs. v. M. Buhr, Berlin/DDR 1962.

Barnouw, Dagmar: Elias Canetti, Stuttgart 1979.

Bartholomä, Christian: Gathas des Awesta. Zarathustras Bergpredigten, Straßburg 1905.

Batt, Kurt (Hg.): Georg Christoph Lichtenberg: Aphorismen. 2. Aufl. Frankfurt 1977.

Baudelaire, Charles: Werke in 3 Bänden, übs. v. T. Blei, München o. J.

Bauer, K. H. (Hg.): Aphorismen und Zitate für Chirurgen, Berlin/Heidelberg/New York 1972.

Beaugrande, Robert-Alain de/*Dressler*, Wolfgang: Einführung in die Textlinguistik, Tübingen 1981.

Beer, Roland (Hg. u. Übs.): Indische Spruchweisheit, Weimar o. J. (1975).

Benjamin, Walter: Gesammelte Schriften, hg. v. Th. W. Adorno u. a., Frankfurt 1972ff.

Besser, Kurt: Die Problematik der aphoristischen Form bei Lichtenberg, Fr. Schlegel, Novalis und Nietzsche. Ein Beitrag zur Psychologie des geistigen Schaffens, Berlin 1935.

Birus, Hendrik: Vergleichung. Ein komparatistischer Kommentar zu Goethes Einführung in die Schreibweise Jean Pauls. Göttinger Habilitationsschrift 1983 (Publ. in Vorb.)

Bloch, Ernst: Spuren. Neue erw. Ausg. Frankfurt 1969.

Börne, Ludwig: Sämtliche Schriften, hg. v. I. u. P. Rippmann, Bd. 2, Düsseldorf 1964.

Bonsack, Wilfried M. (Hg.): Das Kamel auf der Pilgerfahrt. 1111 Arabische Sprichwörter, Weimar 1978.

Boyle, Nicholas: Lichtenberg and the French *Moralistes*, Diss. (masch.) Cambridge 1974 [1 Expl. in UB Göttingen]

Brecht, Bertolt: Gesammelte Werke in 20 Bänden, Frankfurt 1967.

Büchmann, Georg: Geflügelte Worte und Zitatenschatz. 33. Aufl., neub. v. W. Hoffmann, Frankfurt 1981.

BWG = Karl Kraus: Beim Wort genommen, in: KK III.

Canetti, Elias: Das Gewissen der Worte. Essays, München 1975.

Cioran, E. M.: Syllogismen der Bitterkeit (1952), übs. v. K. Leonhard, Neuausgabe Frankfurt 1980.

Couturat, Louis (Hg.): G. W. Leibniz: Opuscules et fragments inédits, Paris 1903 (Neudruck Hildesheim 1966).

Crnčević, Brana: Staatsexamen. Aphorismen, Frankfurt 1966.

DA = Deutsche Aphorismen, hg. v. G. Fieguth, Stuttgart 1978.

Diels, Hermann/*Kranz*, Walther: Die Fragmente der Vorsokratiker, Neuausgabe Reinbek 1957.

Dressler, Wolfgang (Hg.): Textlinguistik. Wege der Forschung 427, Darmstadt 1978.

EC = Elias Canetti: Die Provinz des Menschen. Aufzeichnungen 1942–1972, München 1973.

Edda, Die. Götterdichtung, Spruchweisheit und Heldengesänge der Germanen, hg. v. F. Genzmer. Neuausg., eingel. v. K. Schier, 2. Aufl. Düsseldorf 1982.

EE = Marie von Ebner-Eschenbach: Werke in drei Bänden, hg. v. J. Klein. Bd. 1: Das Gemeindekind. Novellen. Aphorismen, München 1956.

Erasmus von Rotterdam: Ausgewählte Schriften in acht Bänden, lat. u. dt. hg. v. W. Welzig, Bd. 7, Darmstadt 1972.

Erxleben, Johann Christian Polykarp: Anfangsgründe der Naturlehre. 3. Aufl., hg. u. m. Zusätzen vers. v. G. C. Lichtenberg, Göttingen 1784.

F = Die Fackel, hg. v. K. Kraus, Wien 1899ff.

F. G. Jünger: Gedanken und Merkzeichen, Frankfurt 1949.

Fieguth, Gerhard Wolf: Jean Paul als Aphoristiker, Meisenheim 1969.

Fink, Arthur-Hermann: Maxime und Fragment. Grenzmöglichkeiten einer Kunstform. Zur Morphologie des Aphorismus, München 1934.

FM = Die französischen Moralisten. In zwei Bänden, übs. u. hg. v. F. Schalk. Neubearbeitete Auflage Bremen 1962 [Bd. I ist, ohne Bandzahl, 1980 nochmals in einer völlig neu gesetzten und paginierten Ausgabe mit einzelnen Zusätzen ebd. erschienen]

FN = Nietzsche: Werke. Kritische Gesamtausgabe v. G. Colli u. M. Montinari, Berlin 1967ff.

Franck 1532 = Sebastian Franck's [?] erste namenlose Sprichwörtersammlung vom Jahre 1532, hg. v. F. Latendorf, Poesneck 1876.

Franck 1541 = Sebastian Franck: Sprichwörter, Schöne, Weise, Herrliche Klugreden und Hoffsprüch, o. O. 1541.

Fricke 1981 = Harald Fricke: Norm und Abweichung. Eine Philosophie der Literatur, München 1981.

Fricke 1982 = Harald Fricke: Wie, was und zu welchem Ende ›bedeutet‹ Literatur? Neue sprachphilosophische Ansätze zu einer poetologischen Semantik, in: Götting. Gel. Anz., 234. Jg. 1982, 116–134.

Fricke 1983 = Harald Fricke: Sprachabweichungen und Gattungsnormen. Zur Theorie literarischer Textsorten am Beispiel des Aphorismus, in:

Textsorten und literarische Gattungen. Dokumentation des Germanistentages in Hamburg v. 1. b. 4. April 1979, Berlin 1983, 262-280.

FS = Kritische Friedrich-Schlegel-Ausgabe, hg. v. E. Behler u. a., Paderborn 1958 ff.

Fußhoeller, Ludwig: Die metaphysischen Grundlagen des aphoristischen Denkens, Diss. phil. (masch.) Köln 1953.

Gabriel, Gottfried: Fiktion und Wahrheit. Eine semantische Theorie der Literatur, Bad Cannstatt 1975.

Gabriel 1983 = Gottfried Gabriel: Über Bedeutung in der Literatur. Zur Möglichkeit ästhetischer Erkenntnis, in: Allg. Zs. f. Philos. 8/2, 1983, 7-21.

George = Blätter für die Kunst 2-5, Berlin 1894-1901, Faks. Düsseldorf 1968.

GL = Georg Christoph Lichtenberg: Schriften und Briefe, hg. v. W. Promies, München 1968ff.

Gockel, Heinz: Individualisiertes Sprechen. Lichtenbergs Bemerkungen im Zusammenhang von Erkenntnistheorie und Sprachkritik, Berlin 1973.

Göpfert = Canetti lesen. Erfahrungen mit seinen Büchern, hg. v. H. G. Göpfert, München 1975.

Gottfried-Benn-Brevier. Aphorismen, Reflexionen, Maximen aus Werken und Briefen, hg. v. J. P. Wallmann, München 1979.

Gottsched, Johann Christoph: Handlexikon oder Kurzgefaßtes Wörterbuch der schönen Wissenschaften, Leipzig 1960.

Gracian: Handorakel und Kunst der Weltklugheit, übs. v. A. Schopenhauer. M. e. Einl. v. K. Voßler, Stuttgart 1938.

Greiner, Bernhard: Friedrich Nietzsche: Versuch und Versuchung in seinen Aphorismen, München 1972.

Grenzmann, Wilhelm: Georg Christoph Lichtenberg, Salzburg 1939.

Grillparzer, Franz: Sämtliche Werke, hg. v. P. Frank u. K. Pörnbacher, München 1964f.

Grothe, Heinz: Anekdote, Stuttgart 1971.

Gülich, Elisabeth/*Raible,* Wolfgang: Linguistische Textmodelle. Grundlagen und Möglichkeiten, München 1977.

HA = Goethes Werke. Hamburger Ausgabe, hg. v. E. Trunz. 12., neubearb. Aufl. München 1981.

Habermas, Jürgen: Philosophisch-politische Profile, Frankfurt 1971.

Häntzschel-Schlotke, Hiltrud: Der Aphorismus als Stilform bei Nietzsche, Diss. phil. Heidelberg 1967.

Handke, Peter: Das Gewicht der Welt. Ein Journal (November 1975 – März 1977), Salzburg 1977.

Hebbel, Friedrich: Sämtliche Werke. Hist.-krit. Ausg. v. R. M. Werner, Berlin 1901ff., Abt. 2, Bd. 1–4: Tagebücher.

Heller, Peter: »Von den ersten und letzten Dingen«. Studien und Kommentar zu einer Aphorismenreihe von Friedrich Nietzsche, Berlin 1972.

Herder, Johann Gottfried: Sämmtliche Werke, hg. v. B. Suphan, Berlin 1877ff.

Hess, Gerhard: Guicciardini und die Anfänge der moralistischen Literatur, in: Ders.: Gesellschaft – Literatur – Wissenschaft. Gesammelte Schriften 1938–1966, München 1967, 14–29.

Hieber, Jochen: Nein zum Leben. E. M. Cioran – der radikale Zweifler unter den zeitgenössischen Denkern. Porträt-Essay, in: Die Zeit, 8. 4. 1983, S. 45.

Hippokrates: Werke, übs. u. hg. v. R. Kapferer u. G. Sticker, Stuttgart 1934ff.

Hjelmslev, Louis: Prolegomena zu einer Sprachtheorie, übs. v. R. Keller u. a., München 1974.

Hofmannstahl, Hugo von: Aufzeichnungen. Gesammelte Werke in Einzelausgaben, hg. v. H. Steiner, Frankfurt 1959.

Hofmiller, Josef: Die Sprüche in Prosa, in: Ders.: Wege zu Goethe, Bergedorf 1947, 29–39.

Ideen = Friedrich Schlegel: Ideen, in: FS II.

Iser, Wolfgang: Die Appellstruktur der Texte. Unbestimmtheit als Wirkungsbedingung literarischer Prosa, Konstanz 1970.

Jean Pauls Geist oder Chrestomathie der vorzüglichsten, kräftigsten und gelungensten Stellen aus seinen sämtlichen Schriften, [hg. v. K. H. L. Pölitz], 4 Bde. Weimar 1801–1816.

JGS = Prosaische und poetische Werke von J. G. Seume in 10 Bänden, Berlin 1879.

Jochmann, Carl Gustav: Über die Sprache, hg. v. Ch. J. Wagenknecht, Göttingen 1968 [Bel. n. mod. Pag.]

Jolles, André: Einfache Formen, Tübingen 1930.

Joost, Ulrich und Albrecht Schöne (Hgg.): Georg Christoph Lichtenberg: Briefwechsel, München 1983ff.

JP = Jean Paul: Werke, hg. v. N. Miller u. a., München 1959ff.

JPSW = Jean Paul: Sämtliche Werke. Hist.-krit. Ausg. v. E. Berend u. a., Weimar 1927ff.

Jünger, Ernst: Werke, Stuttgart 1962.

Kästner, Abraham Gotthelf: Gesammelte poetische und prosaische schönwissenschaftliche Werke, Berlin 1841, Faks. Frankfurt 1971.

Kafka, Franz: Gesammelte Werke, hg. v. M. Brod. Neuausgabe in 7 Bänden, Frankfurt 1976.

Kaiser, Georg: Werke, hg. v. W. Huder, Bd. 4, Frankfurt 1971.

Karnick, Manfred: »Wilhelm Meisters Wanderjahre« oder die Kunst des Mittelbaren. Studien zum Problem der Verständigung in Goethes Altersepoche, München 1968.

Kerry, Otto: Karl-Kraus-Bibliographie, 2. Aufl. München 1970.

Kersten, Hanns-Herrmann: Div. Überblicksrezensionen zur aktuellen Aphoristik in: Die Zeit (25. 11. 1977, 16. 11. 1979, 25. 3. 1983 u. ö.).

KF = Friedrich Schlegel: Kritische Fragmente, in: FS II.

Kierkegaard, Sören: Gesammelte Werke, übs. v. E. Hirsch, Düsseldorf 1964ff.

Kipphoff, Petra: Der Aphorismus im Werk von Karl Kraus, Diss. phil. München 1961.

KK = Werke von Karl Kraus, hg. v. H. Fischer, München 1954ff.

Klinger, Friedrich Maximilian: Ausgewählte Werke, Stuttgart 1880.

Knauff, Manfred: Lichtenbergs Sudelbücher. Versuch einer Typologie der Aphorismen, Dreieich 1977.

Konfuzius = Gedanken und Gespräche des Konfuzius (LUN-YÜ), übs. u. eingel. v. H. O. H. Stange, München 1953.

Koran, übs. v. R. Paret, Stuttgart 1963.

Kostencki, Gert: Johann Gottfried Seume. Absicht, Selbstdarstellung, Gedankenwelt. Versuch einer Revision, Frankfurt 1979.

Kraft, Werner: Ludwig Wittgenstein und Karl Kraus, in: Die Neue Rundschau 72, 1961, 812–844.

Kries = Lichtenberg's Vermischte Schriften, hg. v. L. Ch. Lichtenberg u. F. Kries, 9 Bände, Göttingen 1800–1806.

Krüger, Heinz: Studien über den Aphorismus als philosophische Form, Frankfurt 1957.

Krupka, Peter: Der polnische Aphorismus. Die »Unfrisierten Gedanken« von Stanisław Jerzy Lec und ihr Platz in der polnischen Aphoristik, München 1976.

Krupka 1983 = Peter Krupka: Das Geheimnis der unfrisierten Gedanken oder: Auch Zwerge geben sich manchmal den Anschein von Tiefe, in: Titanic. Das endgültige Satiremagazin 5/1983, 64–66.

Kruse, Margot: Die Maxime in der französischen Literatur. Studien zum Werk La Rochefoucaulds und seiner Nachfolger, Hamburg 1960.

Kuh, Anton: Luftlinien. Feuilletons, Essays und Publizistik, hg. v. R. Greuner, Wien 1981.

La Bruyère: Die Charaktere oder die Sitten des Jahrhunderts, übs. u. hg. v. G. Hess, 4. Aufl. Leipzig 1970.

Laotse, hg. v. Lin Yutang, übs. v. G. Coudenhove, Frankfurt 1955.

Laub, Gabriel: Verärgerte Logik. Aphorismen, übs. v. F. Torberg, München 1969.

Lavater, Johann Kaspar: Ausgewählte Schriften, hg. v. Johann Kaspar [sic!] Orelli, Zürich 1841.

Lec 1959 = Stanisław Jerzy Lec: Unfrisierte Gekdanken, hg. u. übs. v. K. Dedecius, München o. J. (1959).

Lec 1971 = Stanisław Jerzy Lec: Das große Buch der unfrisierten Gedanken. Aphorismen, Epigramme, Gedichte und Prosa, hg. u. übs. v. K. Dedecius, München 1971.

Lec 1976 = Stanisław Jerzy Lec: Spätlese unfrisierter Gedanken, hg. u. übs. v. K. Dedecius, München 1976.

Leibniz, Gottfried Wilhelm: Die philosophischen Schriften, hg. v. C. J. Gerhardt, Berlin 1875 ff., Faks. Hildesheim 1960f.

Leitzmann, Albert (Hg.): Georg Christoph Lichtenbergs Aphorismen, 5 Bände, Berlin 1902–1908.

Lessing, Gotthold Ephraim: Sämtliche Schriften, hg. v. K. Lachmann u. F. Muncker, Stuttgart 1886ff.

Mautner 1965 = Franz H. Mautner: Aphorismus, in: Fischer-Lexikon Literatur, hg. v. W.-H. Friedrich u. W. Killy, Frankfurt 1965, Bd. II.1, 43–48.

Mautner 1968 = Franz H. Mautner: Lichtenberg. Geschichte seines Geistes, Berlin 1968.

Mautner 1969 = Franz H. Mautner: Der Aphorismus als Literatur, in: Jb. d. dt. Ak. f. Spr. u. Dichtg. 1968, Darmstadt 1969, 51–71.

May, Karl: Lichte Höhen. Gesammelte Werke 49, Bamberg 1956 [Wortlaut, wie in allen Bänden dieser editio corrupta, ungesichert].

Mead, George H.: Geist, Identität und Gesellschaft aus der Sicht des Sozial-behaviorismus, Frankfurt 1968.

Mieder, Wolfgang: Karl Kraus und der sprichwörtliche Aphorismus, in: Muttersprache 89, 1979, 97–115.

MM = Minima moralia, in: *Adorno* IV [Bel. n. Adornos Numerierung]

Morgenstern, Christian: Stufen. Eine Entwicklung in Aphorismen und Tagebuchnotizen, München 1929.

Müller, Jost Andreas: Formprinzipien des Aphoristischen. Eine Unter-suchung der Aphorismen Georg Christoph Lichtenbergs, Diss. phil. Zürich 1967.

Müller-Seidel, Walter: Goethes »Maximen und Reflexionen«. Denkformen und Bewußtseinskritik, in: Goethe-Jb. 97, 1980, 114-123.

MuR = Johann Wolfgang Goethe: Maximen und Reflexionen, hg. v. M. Hecker, Neuausgabe Frankfurt 1976.

Musil, Robert: Tagebücher, Aphorismen, Essays und Reden, hg. v. A. Frisé, Reinbek 1955.

Neumann, Gerhard: Ideenparadiese. Untersuchungen zur Aphoristik von Lichtenberg, Novalis, Friedrich Schlegel und Goethe, München 1976.

Nike Wagner: Geist und Geschlecht. Karl Kraus und die Erotik der Wiener Moderne, Frankfurt 1982.

NOV = Novalis: Schriften. Die Werke Friedrich von Hardenbergs, hg. v. P. Kluckohn, R. Samuel u. a., 2., erw. Aufl. Stuttgart 1960ff.

PA = Denkspiele. Polnische Aphorismen des 20. Jahrhunderts, hg. v. A. Marianowicz u. R. M. Groński, 2. Aufl. Berlin/DDR 1975.

Pascal, Blaise: Über die Religion und über einige andere Gegenstände (Pen-sées), übs. u. hg. v. E. Wasmuth, Heidelberg 1963.

Patzig, Günther: Die Sprache, philosophisch befragt, in: Die deutsche Sprache im 20. Jahrhundert. Mit Beiträgen von G. Patzig u. a., Göttingen 1966, 9–28.

Petan, Žarko: Mit leerem Kopf nickt es sich leichter. Satirische Aphorismen, übs. v. M. Dutsch u. D. Grah, Graz 1979.

Preitz, Max: Friedrich Schlegel und Novalis. Biographie einer Romantiker-freundschaft in ihren Briefen, Darmstadt 1957.

PU = Ludwig Wittgenstein: Philosophische Untersuchungen. Schriften I, Frankfurt 1960 [orig. Zählung]

Raabe, Wilhelm: Sämtliche Werke, Berlin-Grunewald o. J. (1913ff.)

Requadt, Paul: Lichtenberg. 2., erw. Aufl. Stuttgart 1964.

Rilke, Rainer Maria: Sämtliche Werke, hg. v. E. Zinn, Frankfurt 1955ff.

Rivarol = Ernst Jünger: Rivarol. Neuausgabe Frankfurt 1962.

Röhrich, Lutz/*Mieder*, Wolfgang: Sprichwort, Stuttgart 1977.

Schlaffer, Heinz: Denkbilder. Eine kleine Prosaform zwischen Dichtung und Gesellschaftstheorie, in: Poesie und Politik. Zur Situation der Literatur in Deutschland, hg. v. W. Kuttenkeuler, Stuttgart 1973, 137–154.

Schlerath, Bernfried (Hg.): Zarathustra. Wege der Forschung 169, Darmstadt 1970.

Schmidt, Lothar: Aphorismen von A–Z. Das große Handbuch geflügelter Definitionen, München 1971.

Schneider, Albert: Les aphorismes de Marie von Ebner-Eschenbach, in: Etudes germaniques 26, 1971, 168–193.

Schnitzler, Arthur: Aphorismen und Betrachtungen, hg. v. R. O. Weiss, Frankfurt 1967.

Schnurre, Wolfdietrich: Der Schattenfotograf. Aufzeichnungen, München 1978.

Schöne, Albrecht: Aufklärung aus dem Geist der Experimentalphysik. Lichtenbergsche Konjunktive, München 1982.

Schopenhauer, Arthur: Sämtliche Werke, hg. v. P. Deussen, München 1913.

Schröder, Dirk: Fragmentpoetologie im 18. Jahrhundert und bei Friedrich von Hardenberg, Diss. phil. Kiel 1976.

Schweikert 1970 = Uwe Schweikert: Rez. zu *Fieguth*, in: Jb. d. Jean-Paul-Ges. 5, 1970, 162–170.

Schweikert 1974, = Uwe Schweikert: Der Weg durch das Labyrinth. Versuch über Elias Canettis ›Aufzeichnungen‹, in: Neue Rundschau 85, 1974, 154–163.

Sengle, Friedrich (Hg.): G. Chr. Lichtenberg: Aphorismen, Stuttgart 1977.

Seume, Johann Gottfried: Prosaschriften, eingel. v. W. Kraft, Köln 1962.

Škreb 1976 = Zdenko Škreb: Grillparzer. Eine Einführung in das dramatische Werk, Kronberg/Ts. 1976.

Škreb 1977 = Zdenko Škreb: Das Epigramm in deutschen Musenalmanachen und Taschenbüchern um 1800, Wien 1977.

Škreb 1981 = Zdenko Škreb: Arthur Schnitzlers Kunst des Aphorismus, in: Studien zur Literatur des 19. und 20. Jahrhunderts in Österreich. FS A. Doppler, hg. v. H. Holzner u. a., Innsbruck 1981, 79–88.

Škreb 1981a = Zdenko Škreb: Die Sentenz als stilbildendes Element, in: Jb. f. Int. Germ. XIII/2, 1981, 76–84.

Söhne = Lichtenberg's Vermischte Schriften, hg. v. G. Chr. u. Chr. W. Lichtenberg, 14 Bände, Göttingen 1844–1853.

Stephan, Inge: Johann Gottfried Seume. Ein politischer Schriftsteller der deutschen Spätaufklärung, Stuttgart 1973.

Stephenson, R. H.: On the widespread use of an inappropriate and restrictive model of the literary aphorism, in: Mod. Lang. Rev. 75, 1980, 1–17.

Stern, J. P.: Lichtenberg. A Doctrine of Scattered Occasions. Reconstructed from his Aphorisms and Reflections, Bloomington 1959.

Strauss, Botho: Paare, Passanten, München 1981.

Stroszeck, Hauke: Pointe und poetische Dominante. Deutsche Kurzprosa im 16. Jahrhundert, Frankfurt 1970.

Szasz, Thomas: Karl Kraus and the soul-doctors: A pioneer critic and his criticisms of psychiatry and psycho-analysis, London 1977.

Talmud = Der Babylonische Talmud. Ausgew., übs. u. erkl. v. R. Mayer, München 1963.

T + K = Text + Kritik. Sonderband Jean Paul, hg. v. H. L. Arnold. 3., erw. Aufl. München 1983.

Tolstoj, Lev: Aphorisms, in: World's Wit and Wisdom, hg. v. N. Lockridge, Baltimore 1945.

Tract. = Ludwig Wittgenstein: Tractatus logico-philosophicus. Schriften I, Frankfurt 1960.

Trakl, Georg: Dichtungen und Briefe, hg. v. W. Killy u. H. Szklenar, 2. Aufl. Salzburg 1971.

Valéry, Paul: Windstriche. Aufzeichnungen und Aphorismen, übs. v. B. Böschenstein u. a., Wiesbaden 1959.

Verweyen, Theo: Apophthegma und Scherzrede. Die Geschichte einer einfachen Gattungsform und ihrer Entfaltung im 17. Jahrhundert, Bad Homburg 1970.

Wagenknecht, Christian Johannes: Das Wortspiel bei Karl Kraus. 2. Aufl. Göttingen 1975.

Wagner, Richard: Sämtliche Schriften und Dichtungen in 16 Bänden, Leipzig 1911.

WdF = Der Aphorismus. Zur Geschichte, zu den Formen und Möglichkeiten einer literarischen Gattung. Wege der Forschung 356, hg. v. G. Neumann, Darmstadt 1976.

Weinrich, Harald: Tempus. Besprochene und erzählte Welt, Stuttgart 1964.

Wilde, Oscar: Werke in 2 Bänden, hg. v. A. Zweig, Berlin o. J. (1930).

Wittgenstein, Ludwig: Briefe an Ludwig von Ficker, Salzburg 1969.

Wolfskehl, Karl: Blicke und blitze, in: *George* III.

(zusammengestellt von Rüdiger Zymner)

162

SAMMLUNG METZLER

J.B. METZLER

Printed in the United States
By Bookmasters